理系の視点からみた「考古学」の論争点

新井 宏 Hiroshi Arai

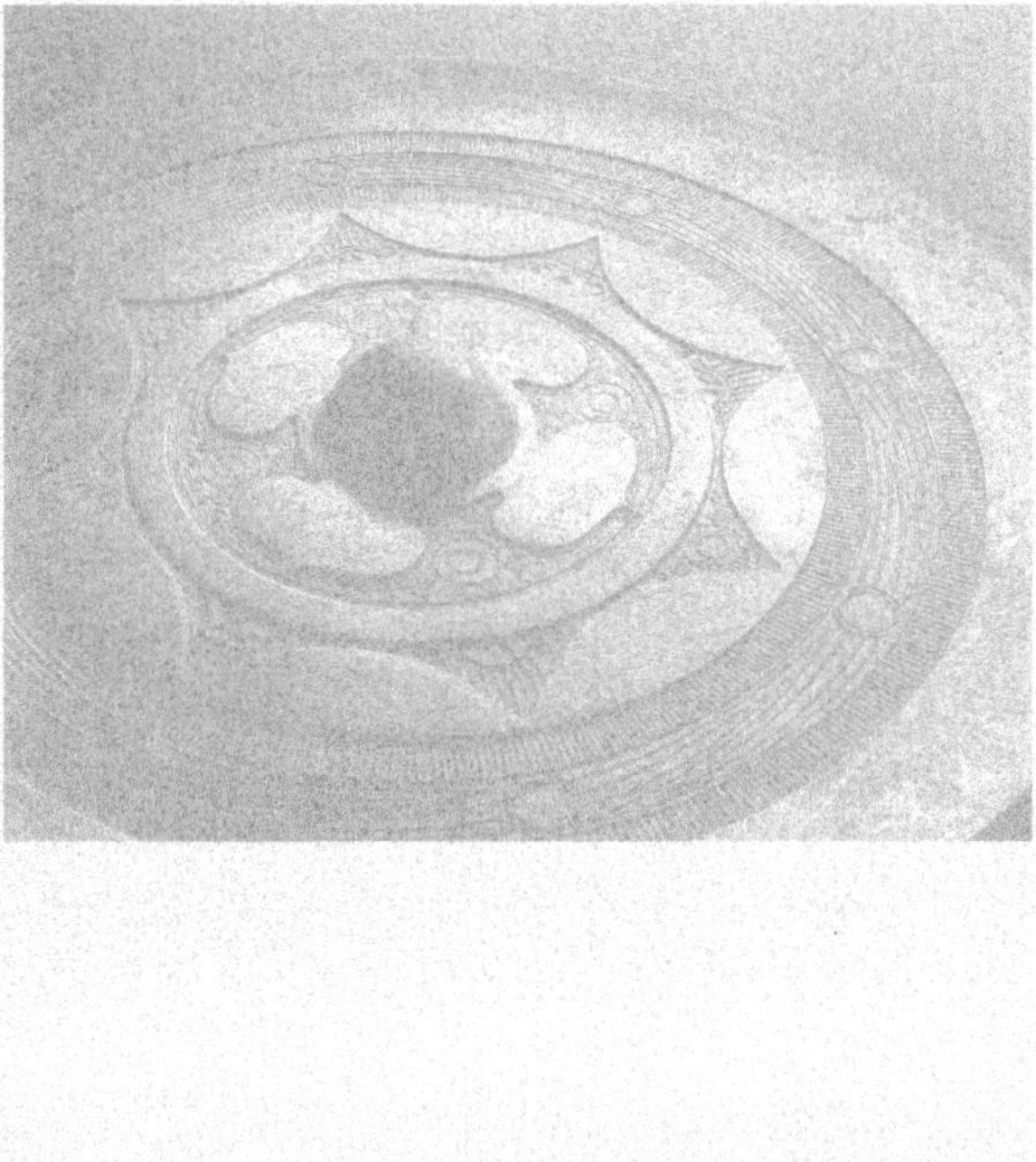

大和書房

理系の視点からみた「考古学」の論争点

プロローグ

「論争」は人々を惹きつける。特に、争点がきわめて明快であって、百家争鳴の状態にあるテーマほど面白い。政治論争でさえ、郵政問題を「抵抗勢力か否か」と単純化してせまれば国民は反応する。ましてやロマン溢れる考古学や古代史の論争は、時には関連ニュースが新聞のトップを飾ったとしても不思議ではない。

「邪馬台国はどこにあったか」。

このテーマひとつだけでも、数多くのアマチュアが人生を楽しませてもらっている。専門学者の多くが「大和説」なのに、アマチュア側では「九州説」が優勢で、国民投票をすれば「九州説」が勝つかも知れない。

関連して**「三角縁神獣鏡は魏鏡か国産鏡か」**も面白い。最近では、魏鏡説が多い専門家の中にあっても、「中国からは一枚も出ない」という重い事実から国産説を唱える学者も増えている。その議論の帰趨によっては「邪馬台国論争」にも大きな影響を与えるが、ここでもプロ対アマの構図が見てとれる。

「弥生時代は五百年遡るのか」というテーマも興味尽きない。炭素十四法や年輪年代法など科学的な手法が描く世界は、はたして旧来学説を葬り去ることができるだろうか。考古学の定説とはそんなひ弱なものだったのか。

また、**「古墳はどんなものさしで造られたか」**という尺度問題も「ひとつの古墳にひとつの尺度」と揶揄されるほど百家争鳴の論争テーマである。そもそも、わが国の古代史分野では「法隆寺は再建か非再建か」の論争が最もエキサイティングであった。その際の主要な論点として、法隆寺が高麗尺で作られたという尺度論争があったので、その伝統を引き継いだのかも知れない。

その他にも、金属考古学の世界では、「弥生時代には製鉄が本当に行われなかったのか」とか「古代日本に間接製鉄法があったか」あるいははたして「古代日本では硫化銅の製錬が行われたか」などの論争が繰り広げられている。

考古学や古代史の世界では、論争の種は尽きることがない。

筆者は、四十年間、鉄鋼会社で生産管理や研究開発に携わってきたが、それと同時に、趣味として東アジアの古代史や考古学研究を続けてきた。今、韓国の国立慶尚大学で招聘教授として金属工学を教えながら、考古学等の研究をしているのも、間違いなくその延長線上のことである。

継続は力である。最近になって相次いで、永年の研究成果を学説としてまとめ上げ学術誌に発表した。ありがたいことに、その内容を新聞でも紹介してくれているので、ご存知の方もおいでだろう。実は、そのテーマの多くが、論争としての条件を兼ね備えた右記の三角縁神獣鏡問題、弥生時代遡上問題、古代尺度問題、あるいは金属考古学の諸問題と大きく関連している。要は、野次馬的な好奇心に満ちていたのである。

このように、考古学や古代史の論争はまことに興味津々である。アマチュアの立場なら、思い付きを主張することだけでも充実感があり、同好者が賛同してくれれば、それでも十分である。事実、アマチュアの多くの問題提起は、同人誌的な研究誌とかインターネット上に載せられ、専門家のレビューを必要とする学会誌に載ることは少ない。そればかりでない。最近では、専門家たちでさえ、学術論文としての発表よりも新聞発表を先行させている事例も多くある。

しかし筆者は理系の技術分野、学術分野で永く生活してきた。基礎データに基づかない主観的な推論は好まないし、学会誌のレビューを受ける前に、新聞発表する風習もルール違反だと思っている。だから、アマチュアであっても、これから述べることは全て学会誌あるいはそれに準ずる学術誌に載せたものである。

「理系の視点から」と修飾語をつけたのは、もちろん板倉聖宣氏の『日本史再発見』という良書を意識してのことである。基礎データに基づき、偏見を排除して、理系の立場から歴史を見直したら、そこには通説とは異なった世界が見えてきたと板倉氏はいう。理系らしい論理的な手続きに説得力がある。

また最近、藤原正彦氏はベストセラー『国家と品格』の中で、数学者としての観点から、「長い論理は危うい」「短い論理は深みに達しない」と述べている。筆者なりに三角縁神獣鏡に例を採っていえば、「風が吹けば桶屋がもうかる」式の長い論理によって魏鏡であることを説明する議論がある一方で「なぜ三角縁神獣鏡が中国から出土しないか」との問いかけに「特鋳説」で答え、その「特鋳説」の論拠はと問われて「中国から出土しないから」と答えるような短い論理もある。確かに、いずれも危うい。

理系の視点からいえば、これらの論理展開の問題点についても書いてみたい。しかし、不十分とはいえ、既に問題指摘も多くあるので、それは筆者の役割とはいえないだろう。筆者の特徴はあくまでデータに基づく議論、それも数値データに基づく推論にあると自認している。現場操業データや実験データを見て、問題点を発見するのは、技術者、研究者の最も重要な能力であり、その点ではいささか自負しているものがあるからである。

したがって、筆者の主張は、主観的な思考を排し、基礎的な数値データに基づき展開したものである。すなわち、従来の論点とは全く異なる形での理系的なアプローチが多く、その結論は、従来の結論とは独立的な意味をもっている。

ここで、読者の便のために、これから本書で述べようと思っている内容について、その概要をあらかじめまとめて紹介しておきたい。

三角縁神獣鏡問題

三角縁神獣鏡の製作地を特定するためには、鉛同位体比の比較が有効な手段である。三角縁神獣鏡の鉛が後漢鏡や魏晋鏡の鉛とどんな関係にあるかわかれば研究は大きく前進するだろう。しかし、その簡単なことが未だ十分に検討されているとはいえないのである。すなわち、中国で出土した後漢鏡や魏晋鏡については、ただの一面も鉛同位体比の分析が行われておらず、分析値の知られているのはすべて日本で出土した「舶載鏡」ばかりなのである。

論理的な問題であるが、「舶載鏡」の中には複製鏡が含まれており、三角縁神獣鏡と同様に、それらが全て中国で作られたという証拠は何もない。したがって、日本出土の後漢鏡や魏晋鏡の中から複製鏡等を除外しないことには、真の中国鏡の鉛同位体比は確定できない。そこでデータ解析技術の威力が発揮されることになる。

すなわち、後漢鏡や魏晋鏡については、中国での出土状態から、いつ頃流行したものかがわかっている。一方、「舶載鏡」の副葬時期も考古学的にはわかっている。したがって、中国での流行時期と日本での副葬時期の差が少ないほど真の中国鏡の可能性が高く、時期差が大きいほど複製鏡の可能性が高いと考えてみるのが着眼点となる。

その結果は、時期差によって舶載鏡の鉛同位体比の分布が見事に二分され、その片方が日本製の仿製鏡や銅鏃と一致したのである。かくして、真の中国鏡の組成は引算として残りの組成と判明したが、問題の三角縁神獣鏡の組成は中国鏡とは全く一致せず、日本製の仿製鏡や銅鏃と一致した。

また、鋳造時に添加して使用する補助的な鉛に関する考察でも、朝鮮半島かあるいは日本産の鉛が使用されたことが判明した。

その他にも、鉛同位体比からみて、紀年鏡の中に、年号が異なるにも拘らず同一時に作られたとしか思えないほど類似した組成を持つグループがある反面、いわゆる同笵鏡でも鉛同位体比が異なり、他所でつくられた可能性が高いものがあることを見出した。それらは複製鏡の証左となると考える。

以上の解析によって、結論的にいえば、**三角縁神獣鏡は魏鏡ではあり得ない**。

なお、平成十六年に、泉屋博古館がスプリング8の分析によって、「三角縁神獣鏡は魏鏡である」との結論を出したことがあるが、それは金属考古学の基礎を理解せずに展開した議論であり、前提条件に誤りがあり、結果は全く無意味である。この点についても関連して紹介したい。

弥生年代遡上問題

歴史民俗博物館（以下歴博）の主導する炭素十四による弥生年代遡上論は、年代較正基準が地球上どこでも同じだとする前提条件によっている。しかしその前提自体に科学的な見地からも問題がある。例えば、歴博の主張に基づいて弥生中期の年代を設定し、歴博の炭素年代データと対比してみても、九州の海岸地方のデータは較正基準から百年単位で古い側にシフトしている。これは海水中の炭素十四が数百年古い時期を示すことと関係があり、海洋国日本においては（特に海岸においては）、無条件で国際較正基準を適用することはできないことを示している。

また、弥生青銅器の鉛同位体比の解析結果によると、初期の細形銅剣、多鈕細文鏡、菱環式銅鐸など朝鮮半島系と称される青銅器の鉛は、極めて特殊なもので、殷周以前の中国でのみ使用されていたものである。鉛産地としても中国の四川省・雲南省などしか知られていない。それが、五百年以上後の燕国や朝鮮半島、弥生前期末から中期初頭の日本に突然現れるのである。このような異常なことが起こったのは、燕国の楽毅将軍が斉国で奪ってきた祭器の再使用としか考えられない。

燕国の将軍・樂毅は、三晋や楚、秦と連衡し、昭王二十八（紀元前二八四）年に斉の臨淄を陥落させ、その際に斉の宝物祭器を根こそぎ奪って昭王のもとに送り届けたと『史記』は伝えている。宝物や祭器などが殷周期の伝世青銅器で、それら青銅器に特殊な鉛が含まれていたことは疑いがない。そしてこれら略奪品が青銅器原料として燕や朝鮮半島、日本で再活用されたことも十分に有り得ることである。そうであるならば、弥生中期の始まりは紀元前二百五十年頃となり、歴博の主張する紀元前三百七十年頃とはまったく合わない。むしろ考古学界の旧説に近い。

したがって、歴博の主導する**弥生年代の大幅遡上論は現状では成り立たない。**

古代尺度問題

古墳がどのようなものさしで設計されたか。まことにロマンあるテーマで筆者が最も精力を注いできた研究である。しかし、「ひとつの古墳にひとつの尺度がある」と揶揄されるほどの百家争鳴の状態であり、古墳の計測値の解析研究からだけでは、とても解決し得ない問題でもある。

そこで筆者が採った方法は、遠回りになるが、朝鮮半島を含めた古代宮殿、寺院の尺度の研究であり、朝鮮半島の土地制度の研究である。実に長期にわたる研究となったが、その結果、ついに**朝鮮半島と日本の古代土地計量制度が同一であった**との画期的な論証を得ることに結実した。

すなわち、膨大な遺跡計測資料と東アジアの文献資料から、古墳設計に使用された尺度が、朝鮮半島や日本の土地計測尺と同一であり、しかも法隆寺・法起寺や慶州の皇龍寺などの建築尺度すなわち「古韓尺」であったことを実証した。これは、古代の朝鮮半島との交流を、尺度という「物証」で裏付けたものである。

しかも、これらの土地計量システムは中国周代の土地制度とも共通していることを『礼記』の記載記事との対比で突き止めた。すなわち、古代東アジアの土地計量制度は、全て同じルーツを持っていたと考えられるのである。新事実の発掘が期待薄な古代史分野にあっては、きわめてスケールの大きな理論となったと自賛している。

金属考古学の諸問題

金属考古学は特殊な分野である。考古学関係者だけでは、技術的な把握が難しいので、金属専門家の助力を仰ぐことになるが、その場合でも判断が正しくできるとは限らない。一口に金属と言っても、分野は極めて多岐にわたり、問題ごとに適切に対応することなど困難だからである。ところが、世の常として、特定少数の専門家の私見が、いつの間にか解説書として出版され、定説化されていく。

いったん定説化されると、それを否定するにはエネルギーが要る。よほど明快な反論でないと、見解の相違で終わってしまい、相変わらず間違った内容が定説として生き続ける。そのような事例に「古代日本に間接製鉄法があったか」とか「硫化銅の製錬は行われたか」などの問題がある。

筆者は、金属の理論的な側面を援用しながら、これらの問題について、同じ考古学的なデータの上に立って、誤謬を指摘し否定してきた。その際に感じたことは、批判に晒されることのない理系研究者等の専門家の見解には、誤謬が放置されている場合が多いということである。だから研究者が限定されている場合はその結論を妄信してはならないのである。

考古学や歴史学は人間の営みを対象としているため、政治、経済、社会、文化から理学、工学、医学、農業、漁業、繊維、土木建築などに至るまでほとんどの学問分野と密接に関連している。逆にいえば、あらゆる分野の研究者が考古学や歴史に参与できる可能性を持っており、現にトイレ考古学、地震考古学、天文考古学、年輪考古学、人骨考古学など意表をつく命名の分野が話題になっている。

しかし残念ながら、各分野の一般的な研究者は、歴史や考古学でどのようなことが話題になっているか、必ずしも知っているわけではない。その点で、考古学や歴史学において争点が明確化され、新聞等が取り上げることは意味のあることだと思っている。

これからの時代は、職業としての専門知識を、それだけでは終わらせずに、趣味の分野でも活かすことが一般的になってくるだろう。そんな時、歴史や考古学は絶好な分野である。筆者が、本書を通して本当に伝えたいことも、実は論争に参加することの楽しさなのである。

本書は、ある意味で理屈っぽく硬い内容である。しかし、アマチュアの、いや人間本来の好奇心をいささかでも満足させようという趣旨のものでもある。もし、最後まで一緒に楽しんでいただけたら筆者の最も歓びとする所である。いや、拾い読みして頂けるだけでも、その歓びは変わらない。

理系の視点からみた「考古学」の論争点　目次

第二章 炭素十四法によって弥生年代は遡上するか

第三章
古墳の築造にはどんな尺度が使われたか

第四章
金属考古学上の諸論争

第一章

三角縁神獣鏡は魏鏡か

一、三角縁神獣鏡の論争の歴史

三角縁神獣鏡の研究史は長い。富岡謙蔵氏が「銅出徐州師出洛陽」の句に関して、徐州と洛陽の地名と師の文字が司馬師の諱で晋代には使用されなかったことから、魏鏡と省察したのは、大正九（一九二〇）年のことである。それ以降、富岡氏の衣鉢を継いだ梅原末冶氏を初め、多くの研究が続いたが、特に魏鏡説に疑問が生ずるようなことはなかった。

その流れの中で、小林行雄氏が「景初三年」「正始元年」の紀年鏡を根拠に、三角縁神獣鏡こそ、卑弥呼に下賜された鏡だとし、同笵鏡の分有関係から、大和を邪馬台国とする壮大な古代国家像を示し始めたのが昭和三十二（一九五七）年のことである。ここに三角縁神獣鏡の研究は歴史研究と深く結びつくことになった。

一方、三角縁神獣鏡の非魏鏡説は昭和三十七（一九六二）年の森浩一氏に始まる。中国から一枚も出ていないことが主な論拠であったが、続いて松本清張氏、古田武彦氏も銘文のみだれなどから非魏鏡説を展開し、その結果を受けて、昭和五十六（一九八一）年には奥野正男氏が三角縁神獣鏡には傘松文という非中国的な紋様があることなど型式学的に見ても国産鏡が大部分であると主張した。

ただし、これらの問題提起は、学界の主流からは全く顧みられることはなかった。魏鏡説が自明のことだと信じていた研究者にとっては、「中国本土から出土した例がない事実だけを論拠として」の「この種の批判は、これまでの三角縁神獣鏡を含めた中国鏡に関する研究を意識的に軽視しているものといわざるをえない」と田中琢氏が極論するほどの認識であった。

状況が変わったのは昭和五十七（一九八二）年に中国の有力な考古学者王仲殊氏が、中国呉の渡来工人による日本産説を発表した頃からである。論拠は三角縁神獣鏡の源流となっている神獣鏡や画像鏡は江南の呉の領域で発達したものであり、華北の魏には類似鏡が見あたらないということであった。

王仲殊氏の学説はさすがに無視されることはなく、魏鏡説を守ろうとする立場の学者から、系譜論や銘文解釈をめぐって個々に反論が行われるようになった。それによって三角縁神獣鏡の系譜の研究が急速に深められたが、おおまかに言って、魏鏡説を採る学者たちの帰着点は、三角縁神獣鏡の生産地は必ずしも魏の都洛陽近辺というわけではなく、魏の周辺地域である渤海湾岸地域や朝鮮半島の楽浪郡も視野に入れようとする立場であった。

魏鏡論者の反論

その代表的な研究が福永伸哉氏の長方形鈕孔論である。それは三角縁神獣鏡の多くが倭鏡や仿製鏡には少ない長方形の鈕孔を持っており、そのような鈕孔を持つ鏡は、魏の東北部の勢力圏すなわち渤海湾岸地域でのみ発見されていることから、「公孫氏の勢力下で銅鏡製作を行っていた工人集団が、公孫氏滅亡後、魏によって再編成され、卑弥呼下賜用の鏡製作にあたった」可能性を指摘したものである。

もうひとつは西川寿勝氏の楽浪郡説である。中国出土の銅鏡と日本出土の舶載鏡を詳細に比較した研究の結果、舶載鏡の大部分が中国本土出土鏡とはあまり共通する要素がなく、むしろ楽浪郡の出土のものに共通性が高いとするのである。ただし、三角縁神獣鏡は卑弥呼の鏡ではなく、卑弥呼には宝飾鏡クラスの高級な鏡が下賜されたはずだと推論している点で、魏鏡説では異色である。

その他にも、車崎正彦氏が舶載三角縁神獣鏡と仿製三角縁神獣鏡の様式変化が連続的であり、明確に区分できないことなどを主な理由として、仿製三角縁神獣鏡も中国で製作されたものだという斬新な学説を提示している。

しかし、魏鏡説側は、基本的には「魏鏡説」も成立し得るとの立場であり、守勢にあるのは否めない。魏鏡説が崩れ去ると、日本の古代国家像まで大幅に修正する必要があるので、なんとか踏みとどまっているような印象なのである。

攻勢をとる非魏鏡説

それに対して、非魏鏡説側は攻撃的である。①なぜ中国から一枚も出土しないのか、②なぜ下賜鏡なのに銘文が韻を踏んでいないのか（森博達氏）、③なぜ中国鏡にない文様があるのか（奥野正男氏）、④なぜ民間信仰を弾圧した魏が仏獣鏡を下賜したのか（小山田宏氏）、⑤なぜ下賜鏡なのに、仕上げ加工が行われていない鏡が多いのか、⑥なぜ棺外に副葬されるものが多いのか、⑦なぜ寸法が中国鏡の二倍もあるのか、⑧なぜ下賜された百枚をはるかに超えて発見されるのか等々である。このように、証明責任を相手側に投げかけて、議論を進めている場合が多いのが国産鏡説の特徴である。

もちろん、対等な関係での議論なら、すなわち「ご破算で願いましては」が成り立てば、これで非魏鏡説が有利に立てる。しかし、定説である魏鏡説側から見れば、決定的な証拠が現れない限り、「魏鏡説も成り立つ」と言っていれば済んでしまう。いったん成立した定説は、諸論考と絡み合い「ご破算で願いましては」とはいかないのが、理系の視点と大きく異なるところである。

想像になるが、魏鏡説が成立した頃は、三角縁神獣鏡を国産鏡だと疑うような視点はまったくなく、中国製は自明のことであったろう。なぜなら、倭鏡とは様式的に系列が異なり、しかも中国鏡を真似た仿製鏡とも、漢字の知識や鋳造技術に大きな差があると思っていたからである。いわば三角縁神獣鏡のような鏡は日本で作れるはずがないという常識がベースにあった。

しかし、論理的にいえば、「漢字を知らなかった」とか「鋳造技術がなかった」とかの認識は、何らかの事実によって逆に検証されるべき性質のものであって、それを前提条件として議論するのは本末転倒である。いわば「なぜ三角縁神獣鏡が中国から出土しないか」との問いかけに「特鋳品だから」と答え、その「特鋳説」の論拠はと問われて「中国から出土しないから」と答えるようなものであり、典型的な循環論法である。

事実、弥生末期の平原周溝墓古墳から発見された多数の内行花文鏡や方格規矩鏡群は豊富な銘文を持っていて、永らく舶載鏡とされていた。しかし、今ではそのほとんどが仿製鏡と判断されている。しかも、直径四十六・五センチの超大形の仿製内行花文鏡（五組）も出土しているし、また古墳時代初期の柳井茶臼山古墳からも直径四十四・八センチの秀麗な仕上がりの倭製単頭双胴鏡怪獣鏡が出土していて、大型鏡の鋳造面では日本の方がむしろ中国よりも経験豊かで、技術的にも進んでいた可能性が高いのである。理系の視点でいえば、需要地・製造地でのみ技術が発達する。したがって、当初の暗黙の前提条件はもはや成り立たなくなっている。

未だ魏鏡か国産鏡か確定しえない膠着状態は、一般のアマチュア愛好者やマスコミ関係者にとっては、論争の楽しみが継続するので好ましい状況かも知れない。しかし、歴史や考古学の進展にとっては何とか打開すべきものである。待たれるのは、疑問の余地のない形で、三角縁神獣鏡が中国本土から発見されるか、日本国内でその鋳型が発見されるかであるが、それとても決定打とはならないかも知れない。

様式論では産地が決まらない

その意味で、原料面の研究によって三角縁神獣鏡の製作地を確定できないかと考えるのは当然のアプローチである。泉屋博古館が大型蛍光X線分析スプリング8を利用して、産地の差を求めようとしたのは、まさにその一環であろうが、残念ながら金属考古学的な前提条件に重大な誤りがあり、有効な結論を得ていない。この点については後ほど触れたい。

一方、鉛同位体比分析を利用して、この問題に迫ろうとする考えもあるが、データの複雑性から解析が進んでいない。しかし機は熟してきている。不十分とはいえ、中国や朝鮮半島の青銅器との比較データも増加している。これらをフルに活用したらどのような結論となるか、データ解析の腕のみせどころでもある。

二、青銅器の産地推定に使われる鉛同位体比法とは

さて、鉛同位体比法とはどのような方法であろうか。

鉛は不思議な金属である。天然の放射性元素であるウランやトリウムが崩壊した後の落着き先は全て鉛である。そのため重元素としては、地球上での存在比が異常に高く、しかも融点が低く製錬が容易なので、古代ローマ時代から水道管などに多量に使われ、一説では鉛中毒がローマの活力を奪ったといわれているほどである。

その鉛は質量の異なる四種類の同位体で成り立っている。その内で、地球ができた時から鉛として存在していたのは鉛二〇四（原始鉛）だけで、その他はウラン二三八から生まれた鉛二〇六、原爆製造に使われるウラン二三五から生まれた鉛二〇七、トリウム二三二から生まれた鉛二〇八である。これらの鉛の同位体比は鉛鉱床を作る前には、ウランもトリウムも鉛も交じり合って存在していたので崩壊によって比率が時間と共に変わっていたが、いったん鉛だけが集まって鉛鉱床を形成してからはその比率は変わることがなかった。そのため、地球物理関係では、地殻形成時期の推定に利用している。その時には、地殻形成時期の判定に便利なように、同位体相互の比率すなわち同位体比を使用する。

このように鉛同位体の比率は、鉛鉱床のできた時期や地域によって異なるので、それを利用して鉛の原産地を推定しようとする試みが一九六〇年代の後半から始まっている。日本では山崎一雄氏がそのパイオニアであるが、測定実績の面では、測定精度にすぐれた東京国立文化財研究所の質量分析器を使った馬渕久夫氏と平尾良光氏が膨大なデータを提供している。

なお、青銅器の鉛について、類似性などを解析する場合には、本来ならその百分率が適している。すなわち、鉛二〇六が二十五パーセント、鉛二〇七が二十一パーセントなどと表示すればよいのであるが、地球物理で鉛同位体比を使用した関係で、今でも同位体比で示すのが慣行である。時には、グラフが直線状になり、表示効率が悪いが歴史的な表現を優先させているわけである。筆者も基本的には、この伝統的な表示方法を用いるが、やむを得ず百分率を使う場合もある。

鉛同位体比の測定には質量分析器を用いる。原理的には原子の数を測定する方法なので、ごく微量のサンプルで分析ができる。青銅器の場合でも、付着した錆を集める程度の分量で分析が可能なので、いわば非破壊分析のように用いられている。

筆者が手元に集めた測定例は、日本、中国、韓国で約三千五百件以上に達していて、目的によっては統計的な取り扱いが十分に可能なほどである。逆にいえば、解析技術の差によって導き出せる情報に大差が生ずる。測定資料を生かすために、精緻な解析技術を必要とするのはそのためである。

三、誤っていた過去の鉛原産地の定説

高精度の質量分析器を用いて、東京国立文化財研究所の馬渕久夫氏や平尾良光氏が青銅器の鉛同位体比分析結果を精力的に発表し始めたのは昭和五十五（一九八〇）年からである。それと同時に、考古学関係者の協力を得ながら、鉛同位体比の測定データを四種類に分類するようになった。

図1にその模式図を示すが、鉛二〇八と鉛二〇六の比率を縦軸に、鉛二〇七と鉛二〇六の比率を横軸にして、測定値を図示すると、その大部分が領域A、領域Bそして直線Dにのるという。その他、参考として西日本の方鉛鉱の鉛を瓢簞形であらわした領域Cに示している。

そして馬渕氏らは、各地鉛鉱山や各種青銅器の鉛同位体比を総合的に考えて、各領域を次のように説明するようになった。

領域A…　前漢鏡が分布する領域で、華北産の鉛である。弥生時代の後半の銅鐸や弥生仿製鏡が入る。

領域B…　後漢・三国時代の青銅鏡が分布する領域で、華南産の鉛である。古墳出土の青銅鏡の大部分はここに入る。

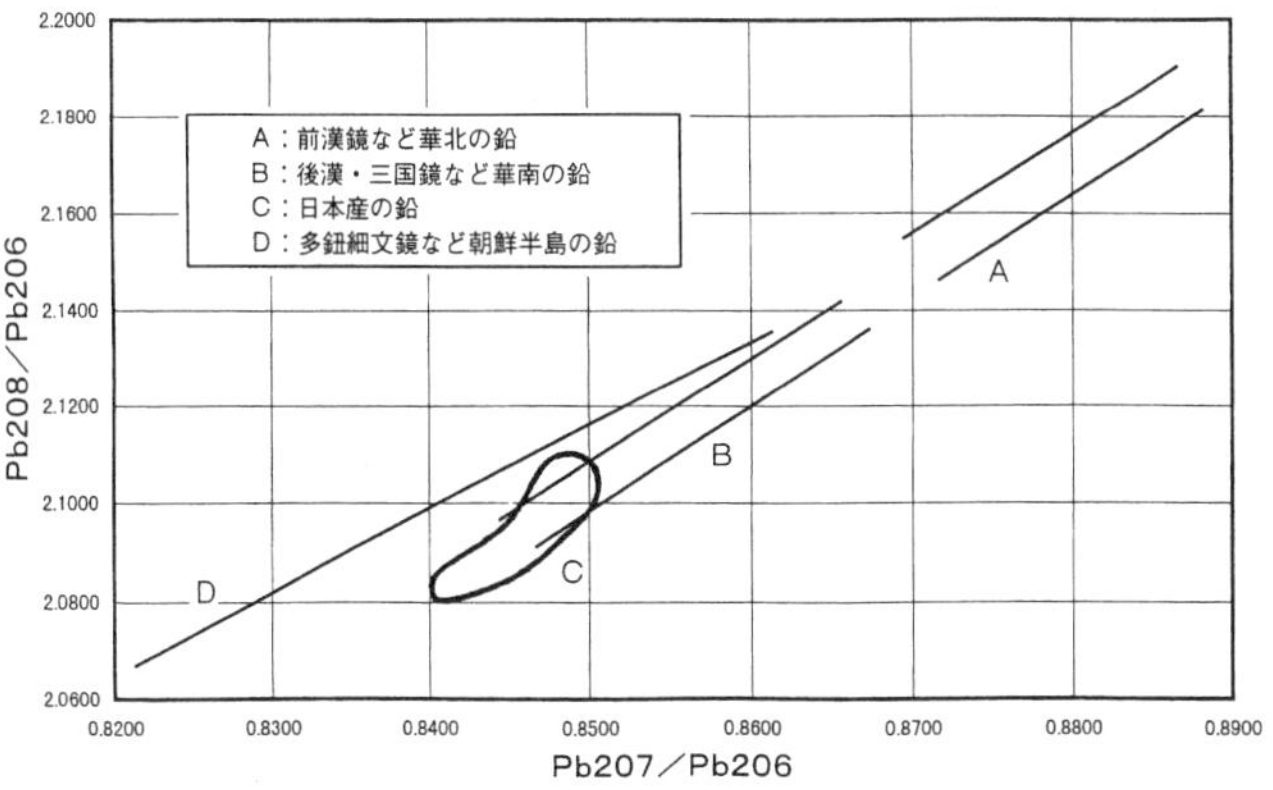

図１　馬渕久夫氏らの青銅器鉛同位体比表示の基準図

領域C…現代の日本の大部分の鉛鉱床が示す領域。
直線D…多鈕細文鏡、細形銅剣など弥生時代に朝鮮半島から将来された朝鮮系遺物が位置するラインである。前期の銅鐸などが入る。朝鮮半島産の鉛。

すなわち、新たな遺物の分析結果が得られると、まずこの図上にプロットして概要を知り、華北の鉛が用いられたとか、朝鮮半島の鉛が用いられたと判定するようになったのである。

ところで、このような判定図が存在する以上、鉛の産地別に、すなわち華北や華南あるいは朝鮮半島の鉛鉱石別に、鉛同位体比の間に明瞭な差があるのであろうか。しかし、鉛同位体比の分布は、同一地域でさえも大きく異なる場合があり、議論はそれほど単純ではない。華北とか華南といっても、それぞれ極めて広大な地域であり、とてもひとつの鉛同位体比で代表できるほど均一とはいえない。

それならば、図上の領域の範囲は、華北あるいは華南の「特定な鉱山の鉛」を意味しているのであろうか。しかしどの報告書を見ても、鉛鉱山が特定されている様子はない。いわば説明上の明解さを求めた表現であり、初期的な段階では、ひとつの有力な仮説ではあったが、厳密な手続きを経た結論ではなかったのである。

しかし、このような判定は、二十年間に渡って繰り返され、考古学の世界に完全に定着してしまった。この判定を基にして、出土青銅器について議論することが多くなったのである。いわば定説化してしまった。

弥生初期の青銅器鉛は朝鮮半島産ではなかった

この状況に対して、筆者は二〇〇〇年に「鉛同位体比による青銅器の鉛産地推定をめぐって」を『考古学雑誌』第八五巻二号に発表した。「ご破算で願いましては」式に、二十年間に蓄積された各種の鉛同位体比を全て参照して、鉛産地推定の再構築を図ったのである。

その結果、まず最初に明らかになったのは、直線Dを朝鮮半島産鉛とする説が完全に誤りであったことである。そもそも成立過程からしておかしかった。朝鮮半島系の青銅器、すなわち細形銅剣、多鈕細文鏡、菱環鈕式銅鐸がこの線上に分布することから、当初は「朝鮮半島系青銅器の鉛」と表現していたのに、いつのまにか「朝鮮半島産鉛」と変わってしまったのである。

その根拠は、どうも朝鮮半島系の青銅器鉛が、直線状に分布する現象と、朝鮮半島の鉛鉱山の中で、同じく直線状に分布する場合があることを結びつけたものだったようである。

しかし、朝鮮半島の鉛の分布が直線状に分布するのは事実であるとしても、その直線状の分布は、直線Dとは完全に異なっているのである。ふたつの資料を示そう。ひとつは馬渕久夫氏らが発表した朝鮮半島鉛鉱山の分布図（図2）であり、他のひとつは佐々木昭氏が発表した朝鮮半島鉛鉱山の分布図（図3）である。いずれを見ても直線Dとは全く異なった分布である。

それに対して、中国の商周期の青銅器には、直線Dにのる例が豊富にある。例えば、江西省新幹大洋州商墓の青銅器（図4）、三星堆の青銅器（図5）、泉屋博古館所蔵の古代中国青銅器（図6）などである。しかも、三星堆に近い雲南省の鉱山の鉛も直線Dによくのっている（図7）。

すなわち、総合的に判断すれば、直線Dの鉛は中国起源（おそらく雲南省）のものであり、商周時代の青銅器のリサイクル品が混入したと考える方がはるかに合理的なのである。朝鮮半島産と中国産では青銅器時代すなわち弥生時代の認識が大きく異なるので、誤りは正されなければならない。

また、華北の鉛の規定にも問題がある。中国では領域Aに入る鉛鉱山は、馬渕氏らの調査でも中国の彭子成氏らの調査でも未だ見つかっていない。ただ、中国における南部の鉱山と北部の鉱山では、鉛同位体比の分布に差があり、概して南部では鉛二〇七と鉛二〇六の比が〇・八六以下なので、領域Aを北部の鉛とみることには異論がない。

しかし馬渕氏らは陝西省に鉛同位体比が近い鉱山があることを論拠として、最終的に華北産と結論を出しているのであり、その点については簡単には同意できない。それは陳育蔚氏らの別の資料があるからである。陳氏らの結果によれば、分析精度は著しく劣るが、遼寧省青城子鉱山の三つの分析値が領域Aの枠内に入っているのである。遼寧省と華北あるいは陝西省では意味が全く異なる。

更に華南の鉛の規定にも問題がある。確かに湖南省などの鉛は領域Bの下半部に分布していて、領域Bの鉛といえるが、上半部については、全く事例がないのである。特に鉛二〇七と鉛二〇六の比が〇・八六以上の鉛は華南では全く見つかっていないのだから、この部分も含めて華南の鉛と規定するのは速断であろう。

実は、この領域Bこそ、古墳時代の仿製鏡や三角縁神獣鏡の鉛が集中しているところなのである。これを華南の鉛と断定してしまっては、後への議論が続かない。分析精度は劣るが、前述した陳氏らのデータには遼寧省や河北省の鉱山に、この上半部のデータがあるし、精度のよいデータとしては、朝鮮半島の全州鉱山や月岳鉱山、日本の神岡鉱山がまさにこの分布に一致しているのである。この点については、後で詳述したい。

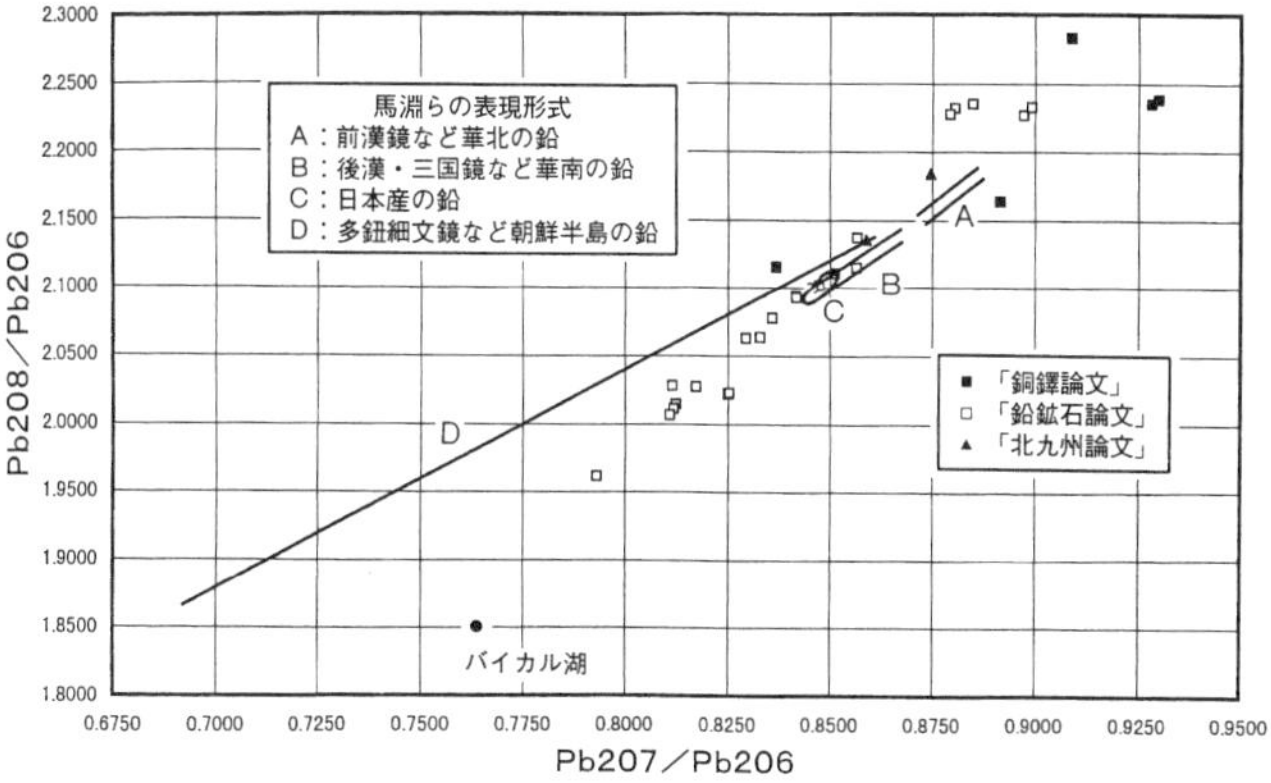

図２　馬淵久夫氏らによる朝鮮半島鉛鉱石の鉛同位体比

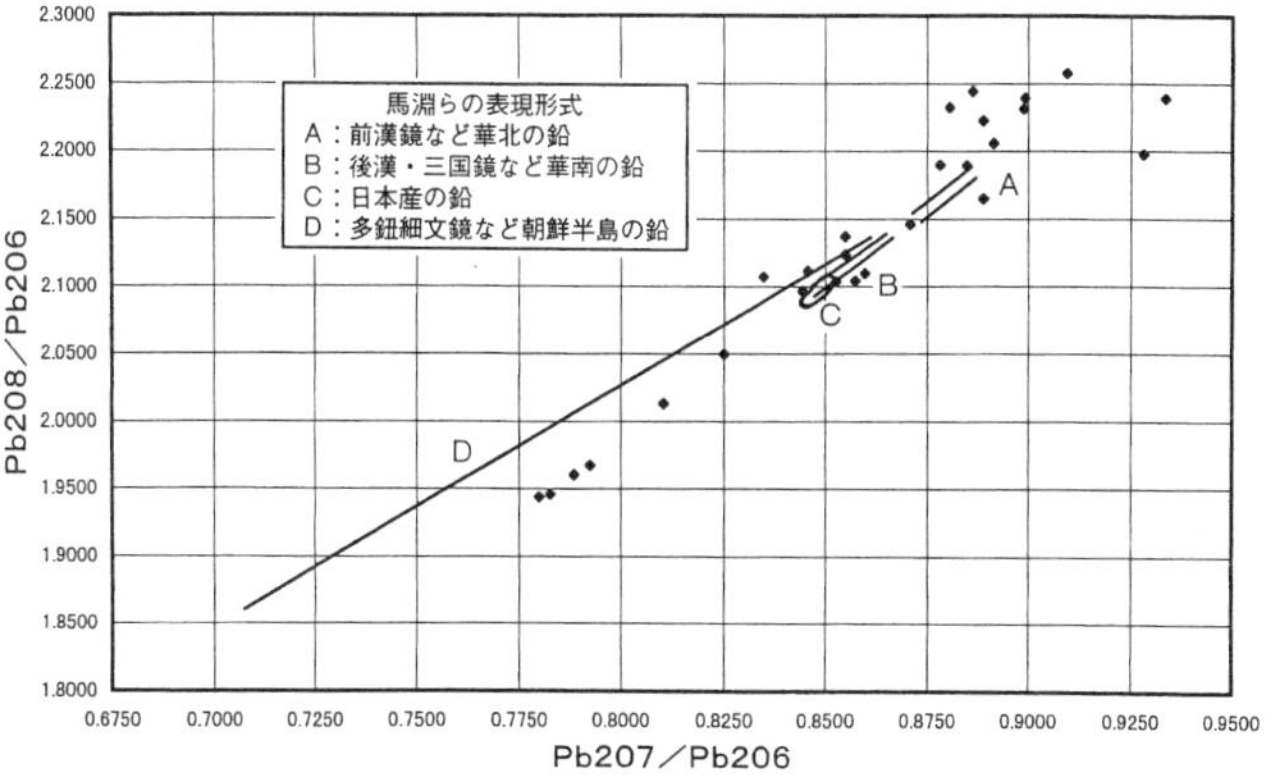

図３　佐々木昭氏による朝鮮半島鉛鉱石の鉛同位体比

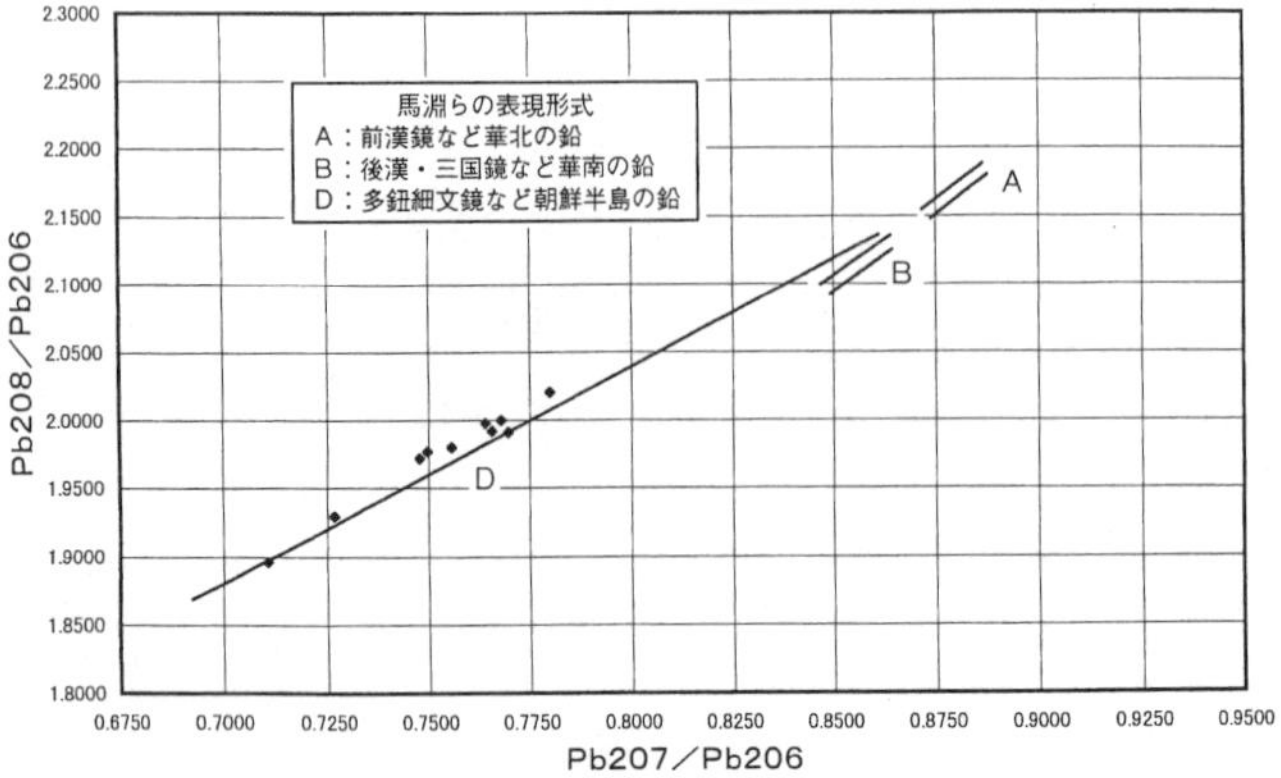

図４　江西省新幹大洋州商墓出土青銅器の鉛同位体比（金正耀氏ほか）

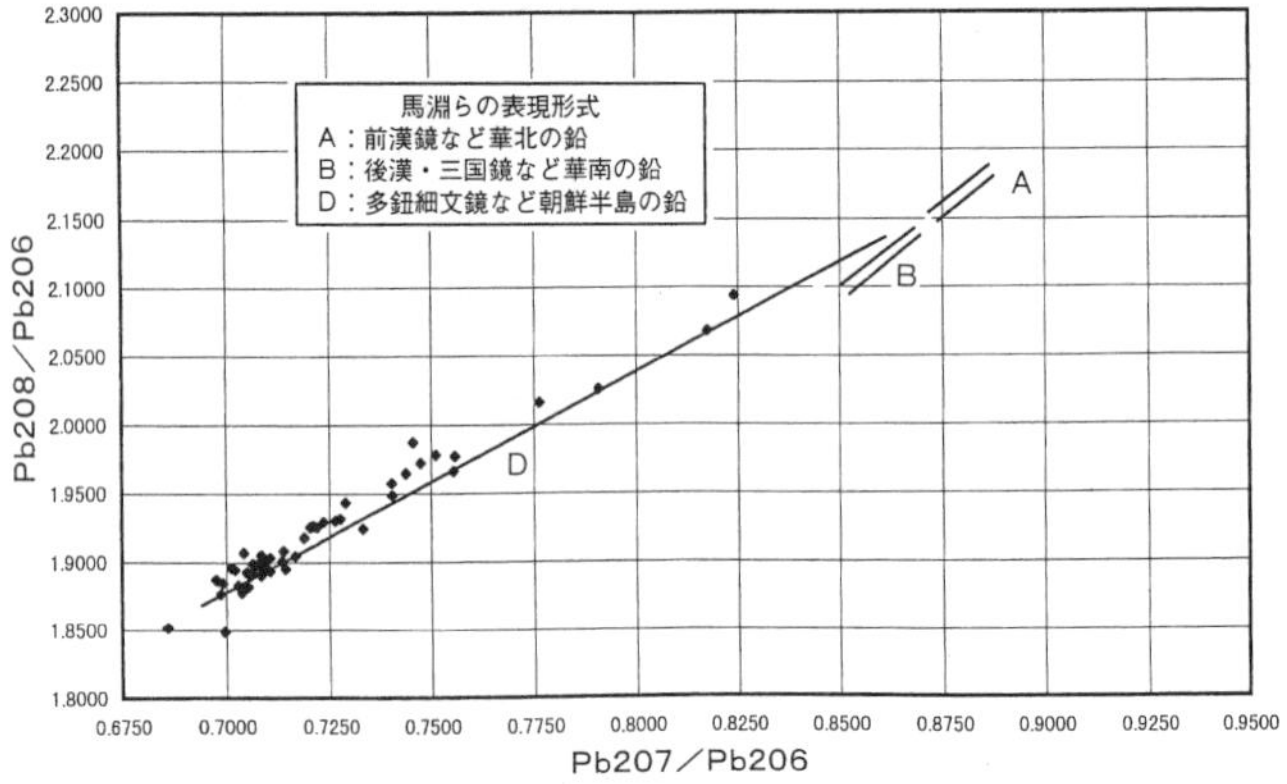

図５　三星堆出土青銅器の鉛同位体比（金正耀氏ら）

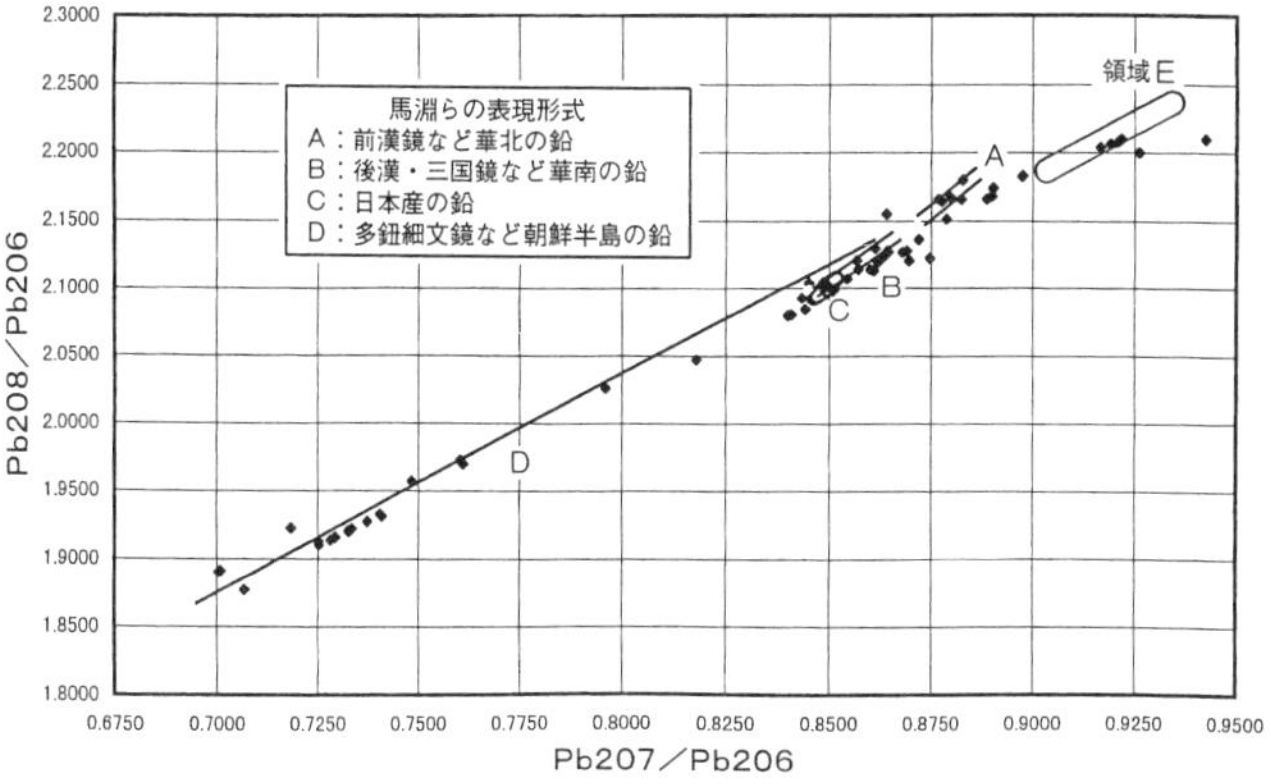

図６　泉屋博古館等の古代中国青銅器の鉛同位体比（平尾良光氏ほか）

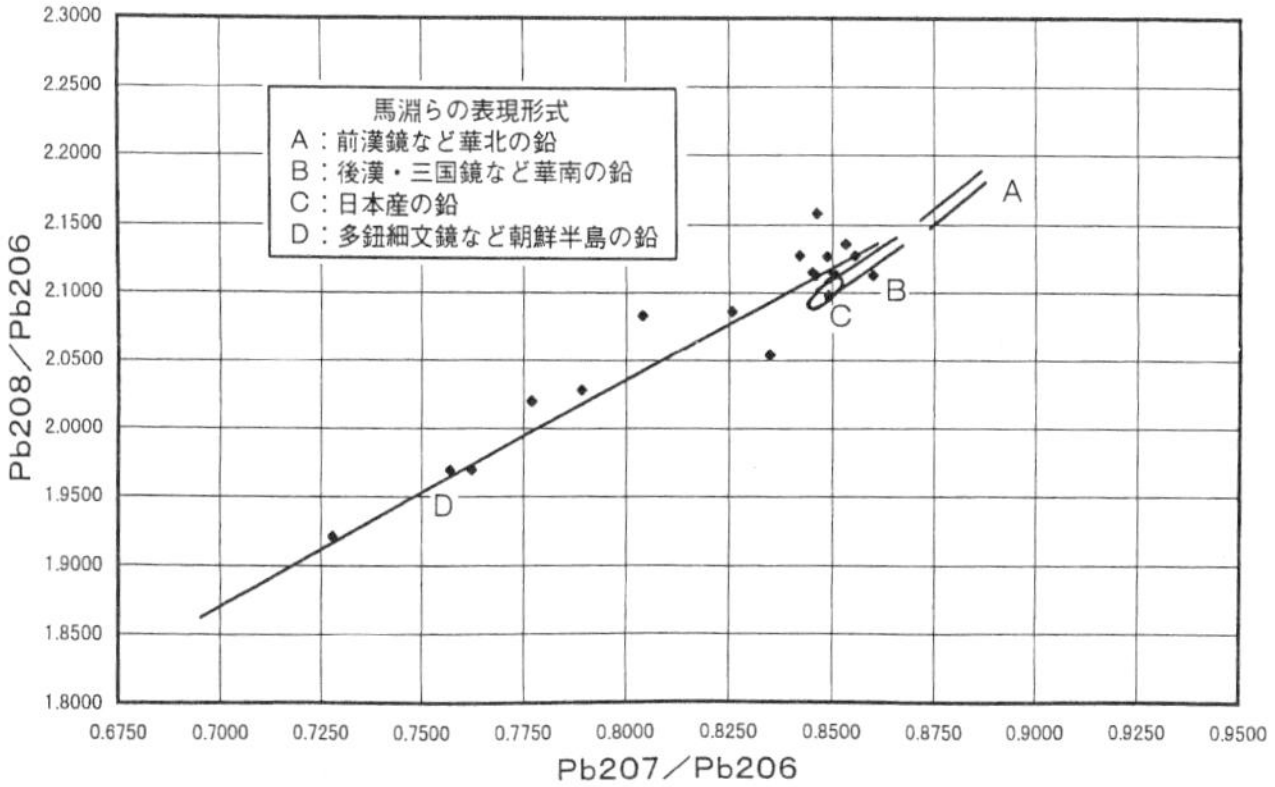

図７　雲南省の鉛鉱山の鉛同位体比（陳氏、馬渕氏、彭氏など）

四、泉屋博古館の発表で中国鏡と確定したのか

三角縁神獣鏡の製作地を確定したい。それは魏鏡論者も国産論者も全く変わらないだろう。しかし、現在の議論の中心は様式論である。それは鏡が複製し得るということ、あるいは模写、復古できるということを考慮外に置けば成り立つであろうが、極端な言い方をすれば製作地を決めるにあたっては無意味である。

だから、製作地を確定させるためには、無い物ねだり、すなわち中国における三角縁神獣鏡の発見とか、日本における三角縁神獣鏡の鋳型の発見を期待するしかない。

次善の方法は、使用原料の微量成分問題である。もちろん、これとても製作地を直接示す訳ではないが、結果の出方によっては有効である。複製と思われる鏡と原鏡と思われる鏡の間に、明確な差異でもあれば、ひとつの有力な手がかりとなり得る。

そのため、古鏡研究者として最も著名で、かつ魏鏡論者の樋口隆康氏が所長を務める泉屋博古館では、スプリング8の超大型蛍光X線分析を利用し、所蔵の魏鏡、仿製鏡などの他に、三角縁神獣鏡、仿製三角縁神獣鏡について、微量成分のアンチモンや銀、そして錫の分析を行い、アンチモンと錫の比率、銀と錫の比率をグラフ化した。図8に示すが、舶載三角縁神獣鏡が魏鏡と一

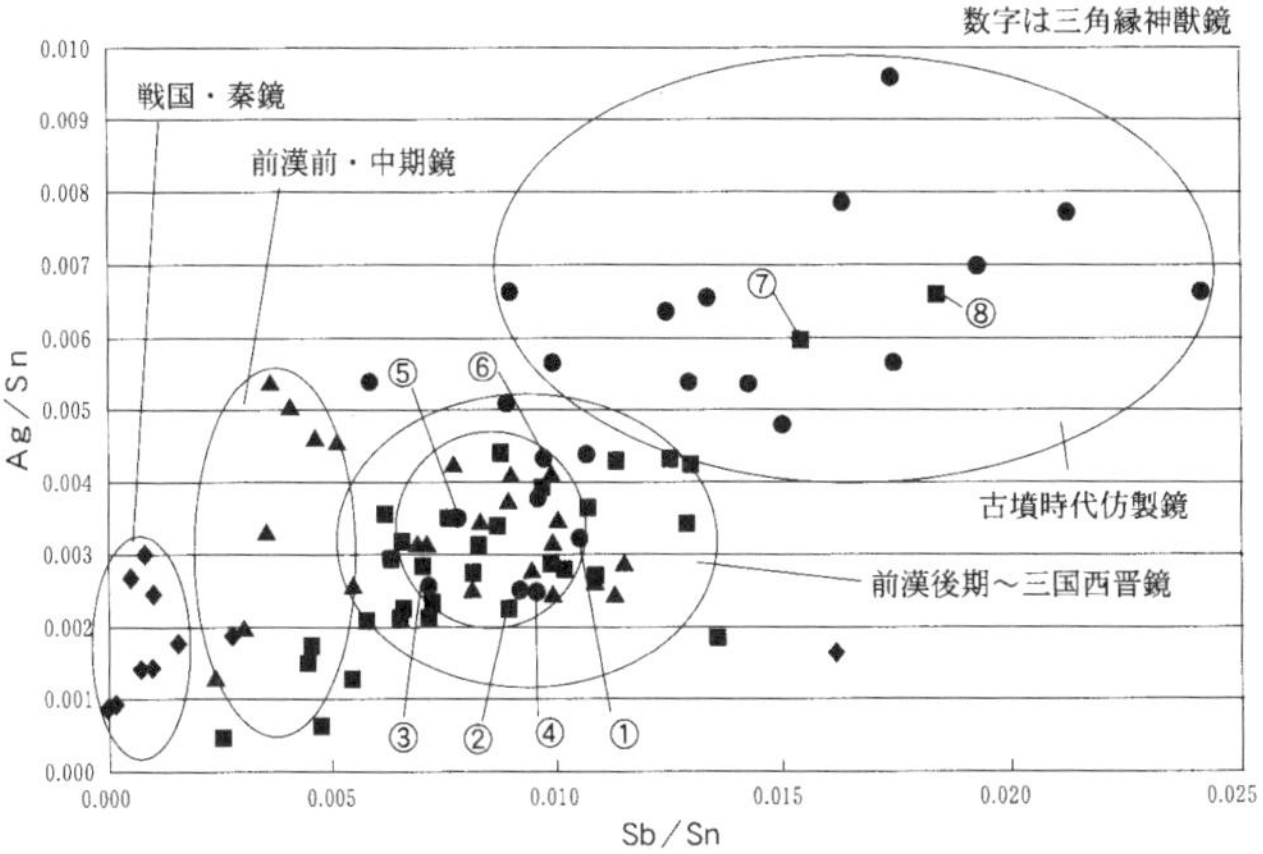

図８　泉屋博古館の発表した各種鏡のSb/SnとAg/Snの関係

（①～⑥舶載三角縁神獣鏡、⑦⑧仿製三角縁神獣鏡）広川守ほか「Spring-8 放射光蛍光X線分析による青銅鏡微量成分の研究」日本文化財科学会要旨集（2004. 5）より

致している様子がよくわかる。

その結果が大々的に新聞等で発表されたのは平成十六年の五月のことであった。これで三角縁神獣鏡が中国鏡であると確定したと、魏鏡論者の福永伸哉氏など「論争のボールはふたたび三角縁神獣鏡国産説の側に投げかけられたといってよかろう」と喜びを隠さなかった。

ちょうどその頃、筆者は韓国にいて、この重要なニュースを知らずにいた。気付いたのは年末帰国して、たまたま三角縁神獣鏡関係の資料を集めていた時である。

そして驚いた。すくなくとも、金属考古学を多少でも知る者にとっては、とても容認しがたい議論がそこには展開されているではないか。結論からいえば、微量成分のアンチモンが錫原料からもたらされたという前提条件そのものが完全に間違っている。だから当然ながら結論も間違っている。

早速、誤謬を訂正しなければならない。しかし、これらの発表は学会の論文を通してのものでなく、新聞報道を通じてのものであった。だから学会誌に論文として反論を提出するのも、ちょっと場違いである（ただし、三角縁神獣鏡の部分を除く、大半の研究内容については、『泉屋博古館紀要』二十号に載せられているので、これを基にしての議論はできる）。そこで、反論は安本美典氏の主宰する『邪馬台国』八十七号で行うことにした。以下にその骨子を紹介する。

アンチモンは銅原料から来る

泉屋博古館の論拠は、前述したようにアンチモンが錫原料からもたらされたとするものである。確かに、アンチモンは錫とよく似た性質を持っており、錫に含まれていたと考えるのは自然の発想であろう。しかし、錫にアンチモンが含まれる例は極めて少ないのである。それに対して銅鉱石には黝銅鉱のようにアンチモンを多量に含むものもあり、古代青銅器に比較的多く含まれたアンチモンが銅からもたらされたとするのは、いわば金属考古学の常識なのである。

例えば、表1の漢代の五銖銭を見てみよう。錫が三パーセント程度なのにアンチモンを一パーセント近く含んでいる。また表2の日本の例でも錫が少ないにも拘らず概して〇・二から〇・四パーセント程度のアンチモンを含んでいる。それどころか、図9に示すように、錫が多いほどア

表１　漢代の五銖銭の分析値例

	Pb（%）	Sn（%）	Fe（%）	As（%）	Sb（%）
正様銭A	15.1	2.5	0.65	0.63	0.86
五銖銭 正様銭B	13.1	3.9	2.1	1	0.78
五銖銭 正様銭C	11.9	3	0.75	0.59	0.77
五銖銭 下半星A	12.4	2.3	1.3	0.46	0.73
五銖銭 上横文A	12.6	1.9	1.1	0.34	0.86

表２　古代日本のの（錫を含まぬ）銅にアンチモンを検出した例

分析の事例	鉛	錫	アンチモン
銅鏃	1.15%	0.45%	0.45%
銅滴	1.31%	0.01%	0.30%
銅塊・山口県秋芳町中村遺跡	0.11%	0.71%	0.20%
銅塊・山口県秋芳町国秀遺跡	0.13%	0.24%	0.13%
相輪部品・大阪府海会寺	0.38%	0.40%	0.10%
相輪部品・加古川市西守廃寺	0.51%	0.58%	0.21%
銅滴・兵庫県多可寺遺跡	0.60%	0.82%	0.10%

ンチモンが少なくなるという、出雲荒神谷の銅剣データさえあるのである。アンチモンは錫から来たのではないのである。

したがって、錫とアンチモンの比率を比較して、原料の違いを議論することは的外れである。なぜならば錫は青銅器の主要成分であり、用途によって添加量を変えており、原料産地とはまったく無関係だからである。銀と錫の比率についても同様である。

それではなぜ舶載三角縁神獣鏡と仿製鏡との間で、アンチモンと錫の比に差が出たのであろうか。その原因は簡単なことである。仿製鏡には鉛が多く錫が少ないものが大部分だからである。それは田辺義一氏の貴重な分析例でも明示されているし、澤田正昭氏の蛍光X線分析でも示されている。錫の量が異なれ

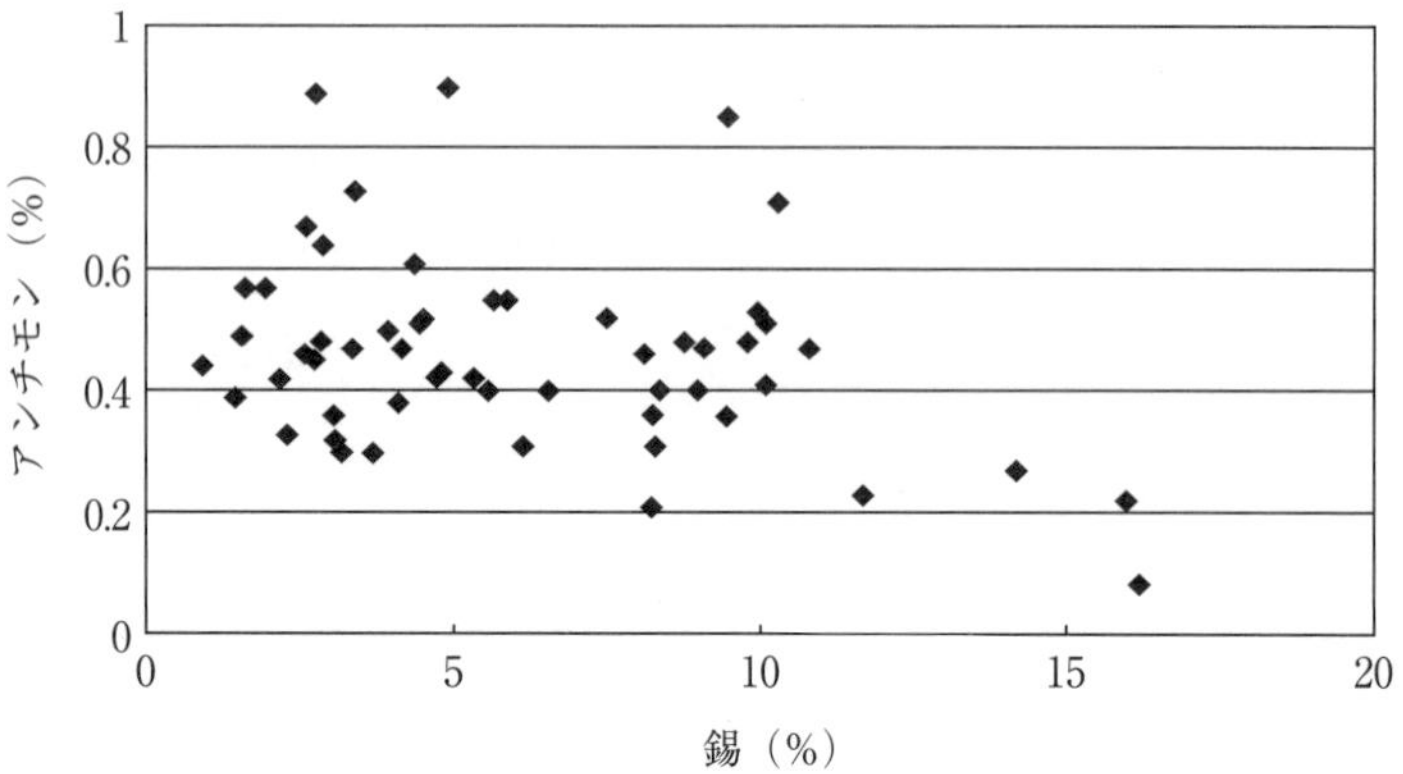

図９　出雲荒神谷銅剣の錫とアンチモンの関係

ば、アンチモンと錫の比が異なるのは当然であり、原料源の差とはまったく無関係のことなのである。

このようにして、泉屋博古館の発表が意味を持たないものであったことは証明できたであろう。それにしてもなぜ金属考古学に関する初歩的なことで躓いたのであろうか。そこには、先人たちの業績に対する不勉強も関与していたように思われる。

例えば泉屋博論文の末尾に「これまで、鏡にかぎらず古代青銅器について、主要成分以外の不純物として存在している微量成分に着目した研究はほとんどなされておらず……」とあるが、これなどは七十年以上も前の昭和十二年に、梅原末治氏が小松茂氏、山内淑人氏に依頼して行った五十五件にもおよぶ古鏡の分析事例について「全く知らなかった」ことを示していて極めて遺憾である。そこにはアンチモンをはじめとして、砒素、鉄、ニッケル、亜鉛などの微量成分の分析が明示されているからである。

そればかりではない。泉屋博論文では山崎一雄氏が行った椿井大塚山古墳出土の三角縁神獣鏡の分析結果についても全く触れていない。それは二十二面にもおよぶ「舶載」三角縁神獣鏡について、錫、鉛、鉄、ニッケル、砒素、ビスマス、コバルトのほかに、銀やアンチモンについても定量分析を実施したものである。これを基にして、泉屋博論文と同じように、アンチモンと錫の比をX軸に、銀と錫の比をY軸にとって図示したのが図10である。図8とは全く異なった様相を示していて、舶載三角縁神獣鏡が仿製鏡の領域に入ってしまっている。もっとも、この点に関しては、泉屋博古館の表示はX線強度比であり、組成比とは異なって当然というのが泉屋博古館側の見解である。それにしても紛らわしい。

思い出の蛍光X線分析

以上によって、泉屋博古館がスプリング8の蛍光X線分析によって、三角縁神獣鏡を中国鏡と判定したことが無意味であったことは論証できたと思う。なお、蛍光X線分析については、筆者にとって忘れ得ない思いがあるので、次に示しておきたい。

筆者は四十数年前、日本金属工業というステンレス鋼専業メーカーで新入社員として勤務していた。その時に出会ったのが、先輩であると共に生涯の親友としてお付き合い願った杉本正勝

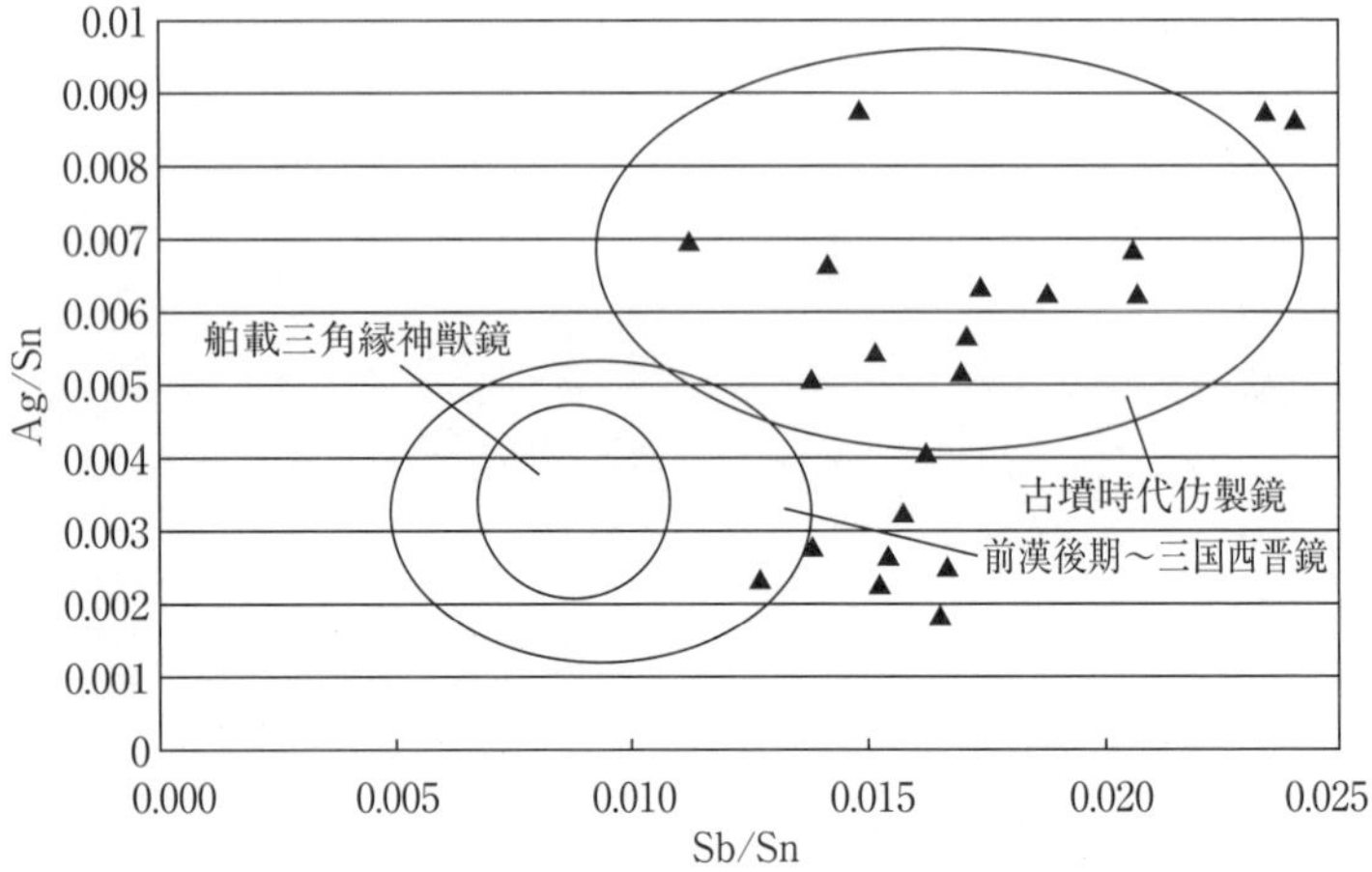

図10 椿井大塚山古墳の舶載三角縁神獣鏡組成（田辺氏の分析値）

博士である。その頃、杉本博士は日本で初めて蛍光X線分析を工業用として使うために悪戦苦闘しておられた。たまたま筆者は物理屋であり、数値処理に詳しかったので、業務とは無関係ながら、研究のお手伝いをし、蛍光X線分析について多くのことを学んだ。その時に思ったことは、蛍光X線分析を金属遺物や文化財に適用したならば多大な成果を挙げることができるだろうという確信であった。できるならば、文化財保護委員会にでも転職して、片っ端から遺物の分析をしてみたい。そのような願望は結局実現できなかったが、今では古代史や考古学の分野で第二の人生を謳歌している。これも杉本正勝博士のお陰であると日ごろ感謝しているが、残念なことに杉本博士は十年ほど前にお亡くなりになられてしまった。

ところで、この度のスプリング8を利用した分析も、本質的には蛍光X線分析の一種である。したがって、蛍光X線の利点とか欠点についてよく知っておく必要がある。その点からみると、泉屋博古館の論文では記載が不十分で、なかなか踏み込んだ議論ができない状態にある。巨額な費用を使った研究であるだけに、研究内容のレベルを高めると共に、もっとデータの公開にも意を用いてもらいたいと願っている。

五、鉛同位体比が示す複製鏡の存在

同一個体の青銅器では、鉛同位体比の分析個所による差は極めてすくなく分析誤差程度である。したがって同一溶解で製作した青銅器であれば、ほぼ同一の鉛同位体比を示すし、同一原料を使用した場合にも同一の鉛同位体比を示す。

鉛同位体比法は原料産地推定に利用する以前に、類似する青銅器のグループ化や差別化に極めて有効で、鏡の様式を見て類似するグループを系統化することと同じように、鉛同位体比もグループ化や系統化に利用できるのである。すなわち、一見無関係と思われた鏡の中にも、鉛同位体比が著しく似ていれば、「他人の空似」の可能性もあるが、一緒に、あるいは同じ頃、同じ地域で作られた可能性を考えてみる必要があり、その反面、同笵鏡のように同時製作と思われるものでも鉛同位体比に大きな差があれば、別の時期、別の場所で作られた可能性を疑ってみる必要があるのである。

このような観点に立って研究を行ったのが『情報考古学』十一巻二号に発表した「鉛同位体比から見た三角縁神獣鏡の製作地―舶載紀年鏡等の複製問題を通して―」である。以下の内容はその一部の要約である。

まず論文では、鉛同位体比の相互間の類似性を図11に示すような鉛同位体比類似指数として定義している。一般的には鉛同位体分析結果は鉛二〇八と鉛二〇六の比、鉛二〇七と鉛二〇六の比、鉛二〇七と鉛二〇四の比、鉛二〇六と鉛二〇四の比で示されているが、それぞれを、鉛二〇四、鉛二〇六、鉛二〇七、鉛二〇八のパーセントとして計算し直してから、各成分の差を相対値として出し、その絶対値を平均したものを類似指数としたのである。類似指数がゼロに近ければよく似ているということである。指紋判定のようなものだ。

このように定義した類似指数が、まず同一鏡中でどうなっているかを調べてみると、その事例は二十七件あり、その内の二十件までが、〇・〇五パーセント以下に入っており、最大でも〇・〇九パーセント以下であった。また、同時に鋳造したと推定される同型鏡・同笵鏡としては仿製三角縁神獣鏡に四組、平原弥生古墳の大型仿製鏡に五面（組合せとしては十組）あるが、十四組中の十二組までが〇・一二パーセント以下であった。

同型・同笵鏡で異なる鉛同位体比

ところが同様な考え方に基づいて、いわゆる舶載鏡について、同型鏡、同笵鏡の相互間の関係を計算してみると状況は大きく異なっていた。すなわち三十二件の事例の内、〇・一二パーセントを超える例が二十四件もあり、同時に製作したとは考え難いものが大半だったのである。状況を整理して表3に示すが、これはどうしたことであろうか。

想定される原因は、舶載鏡の同型鏡・同笵鏡の中には、異なった時期あるいは異なった場所で作られたものがあるということである。すなわち複製鏡がかなり多数存在しているという可能性である。

その一方で、舶載鏡や仿製鏡を問わず、「他人の空似」を探すと、奇妙なことに同一遺跡に副葬された鏡に極めてよく似た鉛同位体比を示すものがあるのである。

例えば、福岡県藤崎遺跡から出土した二面の仿製鏡と舶載三角縁神獣鏡の例や、長野県兼清古墳から出土した内行花文鏡（後漢鏡）、画文帯神獣鏡（華南の魏晋鏡）、斜縁二神二獣鏡（楽浪の魏晋鏡）の例のように、製作時期や製作場所の異なるはずの鏡が、同一個体とも思えるほどよく似た鉛同位体比（類似指数でいえば、〇・〇五パーセント以下）を示しているのである（表4に示す）。大和柳本天神山出土鏡にも同様な例が多くある。

これを単なる偶然であると排除してしまうにはまことに奇妙な現象である。やはり、それらが同時に複製等の方法で作られた可能性を疑ってみる必要があろう。

異なる年の紀年鏡が一緒に作られていた

同じような趣旨で紀年鏡の相互関係を調べてみると、ここにもまた奇妙な現象がある。紀年鏡には同型鏡として有名な正始元年三角縁神獣鏡（群馬蟹沢古墳鏡、山口竹島古墳鏡、兵庫森尾古墳鏡）、景初四年盤龍鏡（京都広峯15号墳鏡、辰馬鏡）、青龍三年方格規矩鏡（京都大田南5号墳鏡、個人蔵鏡）

がある。その他にもほぼ同型の景初三年三角縁神獣鏡（島根神原神社古墳鏡）、景初三年画文帯神獣鏡（大阪黄金塚古墳鏡）の鉛同位体比が知られている。それらの関係については、重要な議論なので相互の鉛同位体類似指数を表5にまとめて示すが、個々について述べると次のようになっているのである。

まず、正始元年銘鏡に関しては、柴崎蟹沢古墳鏡と竹島古墳鏡あるいは森尾古墳鏡が同一時期、同一場所で製作されたとは考え難く、また景初四年銘鏡についても、広峯15号墳鏡と辰馬鏡が同一時期、同一場所で製作されたとは考え難い。更に、景初四年銘盤龍鏡は景初三年銘の三角縁神獣鏡と銘文がほとんど等しく、同じ場所で作られたといってもよいほど類似しているが、少なくとも京都府広峯15号墳鏡とは別に作られた可能性が高い。

一方、青龍三年銘鏡に関しては、大田南5号墳のものと個人蔵のものは同一時期、同一場所で製作された可能性が高い。ところが、同型鏡ではないが紀年鏡の間に極めて鉛同位体類似指数の近いものが数多く存在しているのである。すなわち正始元年銘森尾鏡と景初四年銘辰馬鏡は類似指数が〇・〇二パーセントで、同一鏡内の分析値よりも近い関係を示しており、また正始元年銘柴崎鏡と景初四年銘広峯鏡の関係も類似指数が〇・〇五パーセントとなっており、同時に製作された可能性が高い。これらの関係をわかりやすく示すとAとBのグループに分かれて製作された状況を示唆している。

Aグループ　　　　　　Bグループ
正始元年森尾鏡　　　　正始元年柴崎鏡
景初四年辰馬鏡　　　　景初四年広峯鏡
青龍三年大田南鏡
青龍三年個人蔵鏡

すなわち年号の異なる紀年鏡がセットとなり、二回にわたり別々に製作された可能性が高いのである。

このような状況もまた複製が行われていた状況を強く示唆している。かくして、鉛同位体比の解析の中で、奇妙な現象と思われるものが全て、複製鏡と関連させると理解できるのである。

なお、『情報考古学』に載せた論文では、このような事実を基にして、舶載鏡の中に存在する複製鏡を見つけ出し、これを除去した後の舶載鏡の鉛同位体比を求め、三角縁神獣鏡との関係を議論しているが、この点については次項の論文でより精度の高い分析を行っているので割愛する。ただし、『情報考古学』の論文と次項の論文では解析手法に差があるにも拘らず、ほとんど同一の結論を得たことだけをコメントしておきたい。

表 3　各種鏡間の鉛同位体類似指数の分布

鉛同位体類似指数分布	同一鏡内		仿製同型鏡間		舶載同型鏡間	
	件数	累積%	件数	累積%	件数	累積%
0.000 ～ 0.050%	20	74	2	14	1	3
0.051 ～ 0.100%	7	100	6	57	7	25
0.101 ～ 0.150%			4	86	2	31
0.151 ～ 0.200%			2	100	12	47
0.201 ～ 0.300%					6	87
0.301 ～ 0.400%					3	97
0.401 ～ 0.500%					1	100

表 4-1　福岡県藤崎遺跡出土鏡の鉛同位体比

鏡の名称	出土位置	岡村分類	$^{206}Pb/^{204}Pb$	$^{207}Pb/^{206}Pb$	$^{208}Pb/^{206}Pb$	$^{207}Pb/^{204}Pb$
①変形文鏡	10 号方形周溝墓	仿製	18.073	0.8634	2.1345	15.604
②珠文鏡	7 号方形周溝墓	仿製	18.095	0.8626	2.1328	15.609
③三角縁神獣鏡	6 号方形周溝墓	舶載	18.090	0.8625	2.1321	15.602

いずれの場合も鉛同位体比類似性が極めて高い。
①と②の間：鉛同位体比類似係数　0.042%
①と③の間：鉛同位体比類似係数　0.036%
②と③の間：鉛同位体比類似係数　0.022%

表 4-2　長野県兼清塚古墳出土鏡の鉛同位体比

鏡　の　名　称	流行地域	岡村分類	$^{206}Pb/^{204}Pb$	$^{207}Pb/^{206}Pb$	$^{208}Pb/^{206}Pb$	$^{207}Pb/^{204}Pb$
①内行花文鏡	華北	漢 5	18.204	0.8597	2.1235	15.650
②画文帯神獣鏡（？）破片	華南	漢 7	18.209	0.8600	2.1271	15.660
③斜縁二神二獣鏡	楽浪	漢 7	18.218	0.8592	2.1245	15.653

いずれの場合も鉛同位体比類似性が極めて高い。
①と②の間：鉛同位体比類似係数　0.089%
①と③の間：鉛同位体比類似係数　0.051%
②と③の間：鉛同位体比類似係数　0.042%

表５　紀年鏡の相互間の鉛同位体類似指数

	鏡出土地	鏡名称	$^{206}Pb/^{204}Pb$	$^{207}Pb/^{206}Pb$	$^{208}Pb/^{206}Pb$
S1	群馬県柴崎蟹沢古墳	正始元年三角縁神獣鏡	18.074	0.8630	2.1342
S2	山口県竹島古墳	正始元年三角縁神獣鏡	18.071	0.8644	2.1381
S3	兵庫県森尾古墳	正始元年三角縁神獣鏡	18.196	0.8600	2.1275
V1	京都府広峯15号墳	景初４年盤龍鏡	18.062	0.8643	2.1365
V2	辰馬考古資料館	景初４年盤龍鏡	18.193	0.8602	2.1287
W1	京都府大田南５号墳	青龍３年方格規矩鏡	18.208	0.8588	2.1246
W2	出所地不明、個人蔵	青龍３年方格規矩鏡	18.171	0.8613	2.1305
B1	島根県神原神社古墳	景初３年三角縁神獣鏡	18.261	0.8573	2.1226
B2	島根県神原神社古墳	景初３年三角縁神獣鏡	18.277	0.8577	2.1227
Y	大阪府黄金塚古墳	景初３年画文帯神獣鏡	18.123	0.8621	2.1328

	S2	S3	V1	V2	W1	W2	B1	B2
S1	0.28	0.21	0.05	0.20	0.24	0.16	0.34	0.35
S2		0.15	0.20	0.13	0.19	0.14	0.18	0.15
S3	0.15		0.25	0.02	0.05	0.05	0.13	0.14
V1	0.20	0.25		0.24	0.28	0.19	0.38	0.39
V2	0.13	0.02	0.24		0.07	0.05	0.14	0.15
W1	0.19	0.05	0.28	0.07		0.09	0.10	0.11
W2	0.14	0.05	0.19	0.05	0.09		0.18	0.20
B1	0.18	0.13	0.38	0.14	0.10	0.18		0.04
B2	0.15	0.14	0.39	0.15	0.11	0.20	0.04	
Y	0.20	0.13	0.12	0.12	0.16	0.08	0.27	0.26

鉛同位体類似指数（%）＝

$$
\begin{aligned}
& \left| (^{204}Pb\,A - {}^{204}PbB) / (^{204}Pb\,A + {}^{204}PbB) \right| \times 100 / 4 \\
+ & \left| (^{206}Pb\,A - {}^{206}PbB) / (^{206}Pb\,A + {}^{206}PbB) \right| \times 100 / 4 \\
+ & \left| (^{207}Pb\,A - {}^{207}PbB) / (^{207}Pb\,A + {}^{207}PbB) \right| \times 100 / 4 \\
+ & \left| (^{208}Pb\,A - {}^{208}PbB) / (^{208}Pb\,A + {}^{208}PbB) \right| \times 100 / 4
\end{aligned}
$$

図11　Ａ鏡とＢ鏡の間の鉛同位体比類似指数の定義

六、製錬の容易な鉛は自給されていた

青銅器の場合には、各種原料の混合が必要であるばかりでなく、リサイクル材の使用、鋳造性の改善のための鉛の追加使用などが一般的であり、その鉛は単一産地の値を示すとは限らない。そのため、鉛鉱山との直接的な対比が困難で、産地推定の隘路となっている。

その点、鉛製品や鉛ガラスでは原理的に混合使用は考え難く、ましてや原料としての方鉛鉱では混合はあり得ないので、青銅器よりも産地推定が容易であり確実なのである。しかも、鉛は技術的にみて銅原料よりはるかに製錬が容易であり、銅原料を中国に依存していた時代にあっても、朝鮮半島や日本において、自給されていた可能性が高い。

このような観点から、鉛関係の鉛同位体比について注目していたところへ、貴重な情報が飛び込んできた。それは歴史民俗博物館（歴博）が、朝鮮半島と日本の青銅器を対象として、鉛同位体比による日韓共同の研究を行った報告書『東アジア地域における青銅器文化の移入と変容および流通に関する多角的比較研究』（代表者斉藤努氏、二〇〇六・三）である。

実は、この日韓共同研究の韓国側の受け皿となったのが、筆者の所属する韓国国立慶尚大学の付属博物館であり、共同研究のスタートにあたっては筆者も若干の役割を果たしたと自負してい

る。そんなことより何よりも、従来の鉛同位体比の測定のほとんどが東京国立文化財研究所によって行われていたのに対して、今回は歴博の測定によって、乏しかった韓国の青銅器の資料が大幅に増えたことが大きな成果であった。これによって、日本と中国が先行していた鉛同位体比の研究に朝鮮半島のデータが加わることになったのである。

以下に述べる内容は、筆者が『東アジアの古代文化』一二九号（二〇〇六・秋）に発表したものの要約であるが、鉛が朝鮮半島や日本において、全面的ではないかも知れないが、自給されていたことを実証した部分なので、やや詳しく追いかけてみたい。

朝鮮半島遺跡の方鉛鉱

まず注目すべきは、日韓共同研究において紹介された二件八点の方鉛鉱、すなわち北朝鮮の楽浪土城から出土した方鉛鉱（六点）と、韓国の慶尚南道金海郡の内徳里古墳群から出土した方鉛鉱（二点）の分析結果である。鉛の性質からみて、これらが鉛原料として使用されたことはまず間違いないと思われるが、事実、内徳里の方鉛鉱は熔けたような形状をしていて、青銅器溶解時の残存物のように見える。

しかも、これら二件の鉛の同位体比と全く同一の鉛同位体比を持つ鉛製品や鉛ガラスが、弥生後期や古墳時代の遺跡から多く発見されているのである。これらを一覧表として表6に示す。

表６　朝鮮半島出土の方鉛鉱と類似する鉛製品・鉛鉱山

	出土地など	時期	$^{206}Pb/^{204}Pb$	$^{207}Pb/^{206}Pb$	$^{208}Pb/^{206}Pb$	$^{207}Pb/^{204}Pb$
方鉛鉱	朝鮮半島楽浪土城遺跡	～4C	17.005	0.9171	2.2614	15.595
勾玉	春日市ウトロ遺跡	弥生期	17.049	0.9150	2.2561	15.600
鉛製耳環	岡山県中原25号墳	古墳期	16.936	0.9232	2.2657	15.635
方鉛鉱	韓国京畿道富平	現代	17.338	0.8972	2.2265	15.556
方鉛鉱	韓国京畿道富平		17.299	0.8992	2.2327	15.555
方鉛鉱	韓国平安南道大倉		17.158	0.9089	2.2829	15.595
方鉛鉱	韓国金海市内徳里古墳	1C-2C	18.481	0.8475	2.1092	15.661
			18.427	0.8498	2.1130	15.650
鉛矛	佐賀県久里大牟田遺跡	弥生期	18.393	0.8498	2.1084	15.630
鉛矛	佐賀県久里野田遺跡		18.403	0.8500	2.1089	15.643
鉛錘	福岡市海の中道遺跡	9C頃	18.472	0.8478	2.1106	15.661
鉛板	福岡市海の中道遺跡		18.461	0.8477	2.1097	15.650
鉛棒	福岡市鴻ろ館跡SK-01		18.460	0.8477	2.1100	15.649
鉛片	福岡市多多良込田遺跡		18.474	0.8478	2.1103	15.662
方鉛鉱	長崎県対馬対州鉱山	現代	18.476	0.8479	2.1099	15.666
			18.477	0.8481	2.1125	15.670
			18.478	0.8476	2.1093	15.662
鉛製耳環	美濃加茂市下古井（２点）	古墳期	17.370	0.8994	2.2384	15.673
鉛製耳環	岐阜県川辺町一本松	古墳期	17.365	0.8994	2.2407	15.618
鉛製耳環	兵庫県市川町美佐	古墳期	17.349	0.8995	2.2399	15.605
鉛ガラス	福岡宮地嶽神社（２点）	7C	17.484	0.8988	2.2384	15.625
ガラス玉	小牧西牟田11号横穴墓		17.399	0.8977	2.2367	15.619
鉛ガラス	大阪府アカハゲ	7C	17.335	0.8985	2.2401	15.575
方鉛鉱	韓国京畿道富平	現代	17.338	0.8972	2.2265	15.556
方鉛鉱	韓国京畿道富平		17.299	0.8992	2.2327	15.555
方鉛鉱	韓国京畿道ソウル		17.639	0.8850	2.2350	15.611
ガラス璧	朝倉郡夜須町峰遺跡（２点）	弥生期	17.498	0.8848	2.1974	15.517
璧 管玉	三雲遺跡南小路1号（３点）	弥生期	17.603	0.8852	2.1950	15.582
ガラス	春日市五反田遺跡（２点）	弥生期	17.529	0.8839	2.1854	15.494
勾玉	春日市須玖岡本遺跡	弥生期	17.421	0.8899	2.1973	15.503

楽浪土城の六点の鉛同位体比は、ほとんど同一の値（鉛二〇八と鉛二〇六の比が二・二六程度）を示しているので平均値を載せる。しかも鉛二〇八と鉛二〇六の比が二・二〇を超えるような鉛は、日本、韓国および中国の青銅器、鉛、鉛ガラス、鉱石を通じて一パーセント程度しかなく、極めて特殊な鉛である。産地同定には絶好なデータといえるであろう。

まず注目すべきことは、中国、朝鮮半島、日本の鉱山二百二十件あまりの鉛同位体比の内で、楽浪土城の方鉛鉱に最も近いのが、表6に示したように、朝鮮半島の京畿道富平鉱山と平安南道大倉鉱山ということである。これらの鉱山は楽浪土城とは隣接した地域にあり、鉱山は特定できないとしても同地域からもたらされた方鉛鉱である可能性が極めて高い。その上、まったく同一と見なせる鉛同位体比を持つ勾玉（弥生期）や鉛製耳環（古墳期）が日本でも見つかっている。したがって弥生後期以降の時期には、鉛原料は朝鮮半島と日本において共通化され、その産地は朝鮮半島にあったと考えられる。

しかし、隣接鉱山の鉛同位体比と一致したからといって、中国産鉛の可能性を完全に否定し去ることはできない。古代中国における鉛鉱山について、全てが知られているわけではないからである。鉛鉱山は知られていなくとも、同じ傾向を示す青銅器が中国で出土していれば、論理的には中国産を考慮してみる必要がある。

その状況を整理してみたのが図12である。図は中国の鉛鉱山と戦国期から宋代までの銅銭、青銅器、鉛錠などの内、鉛同位体比、鉛二〇八と鉛二〇六の比が二・〇〇以上を示す場合について全てを抽出して鉛二〇七と鉛二〇六の比との関係を示したものである。

図から明らかなように、楽浪土城出土の方鉛鉱は中国青銅器等の鉛同位体比の分布に全く一致することがない。それに対して、同じく鉛同位体比、鉛二〇八と鉛二〇六の比がほぼ二・〇〇以上を示す朝鮮半島の鉛鉱山と朝鮮銅銭について楽浪土城の方鉛鉱と比較したのが図13である。楽浪土城出土の方鉛鉱は朝鮮半島の鉛鉱石あるいは朝鮮銅銭の分布内に完全に納まっていて、矛盾することがない。

以上によって、楽浪土城出土の方鉛鉱およびその鉛同位体比と同一値を示す勾玉（弥生期）や鉛製耳環（古墳期）の原料が朝鮮半島産であったとの推論は確定し得たと考える。

一方、内徳里古墳の方鉛鉱についても、類似する鉛製品や鉛鉱山の鉛同位体比と共に表6に整理して示したが、ここでも注目すべきことは、佐賀県の久里大牟田遺跡や久里野田遺跡から出土した鉛矛（弥生期）の鉛同位体比とほぼ誤差範囲内で一致していることである。更には福岡市の海の中道遺跡から出土した鉛錘等も極めて近い値を示している。

しかも鉛同位体比が両者にほぼ一致する対馬の対洲鉱山は、内徳里古墳から海上百キロの距離にあり、佐賀県や福岡県とも近い。このような鉛同位体比を持つ鉛鉱山は中国では全く知られていないので、内徳里古墳の方鉛鉱が対馬あるいはその近傍からもたらされた可能性は極めて高い。

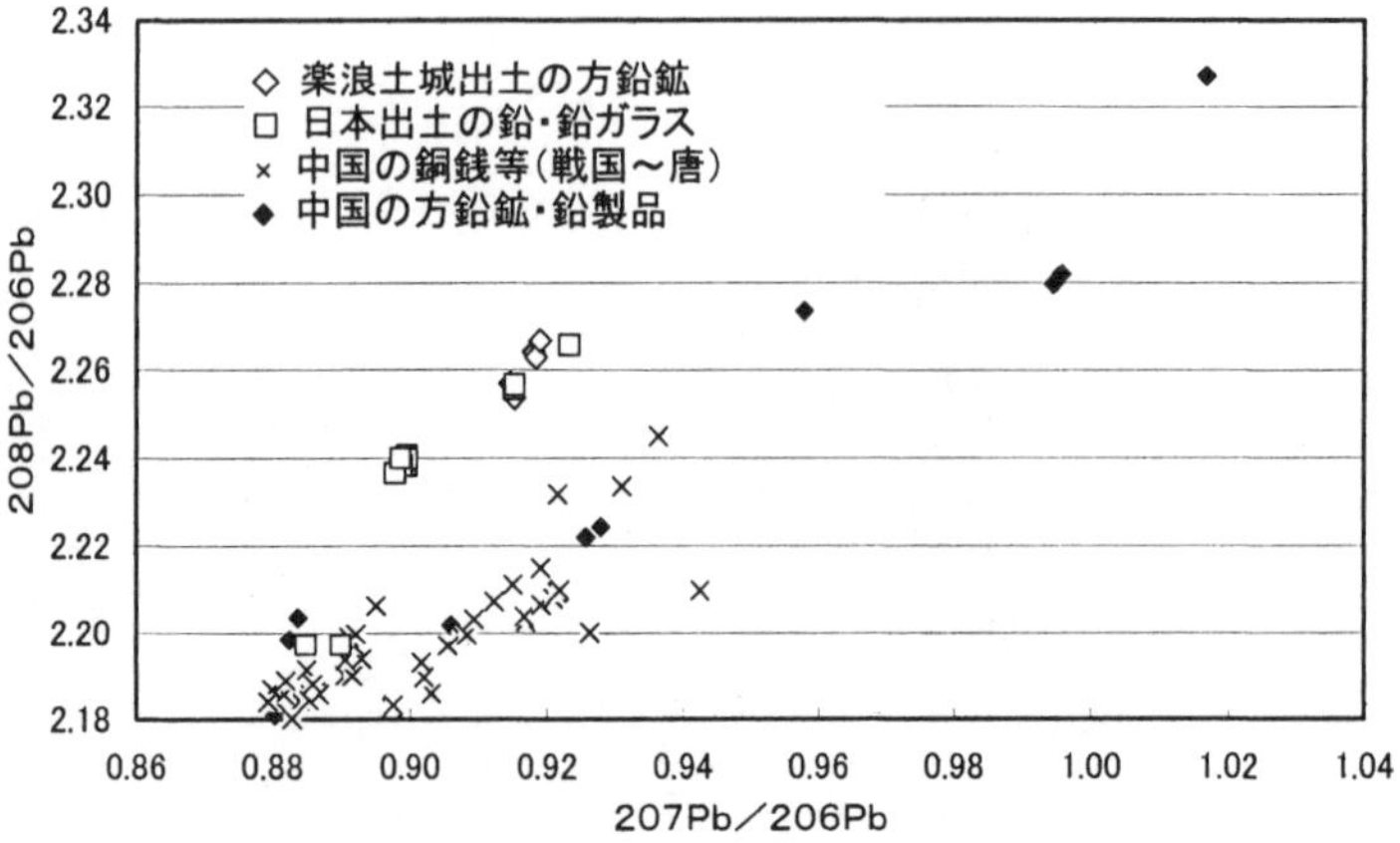

図12　楽浪土城等の鉛と中国方鉛鉱・銅銭鉛の比較

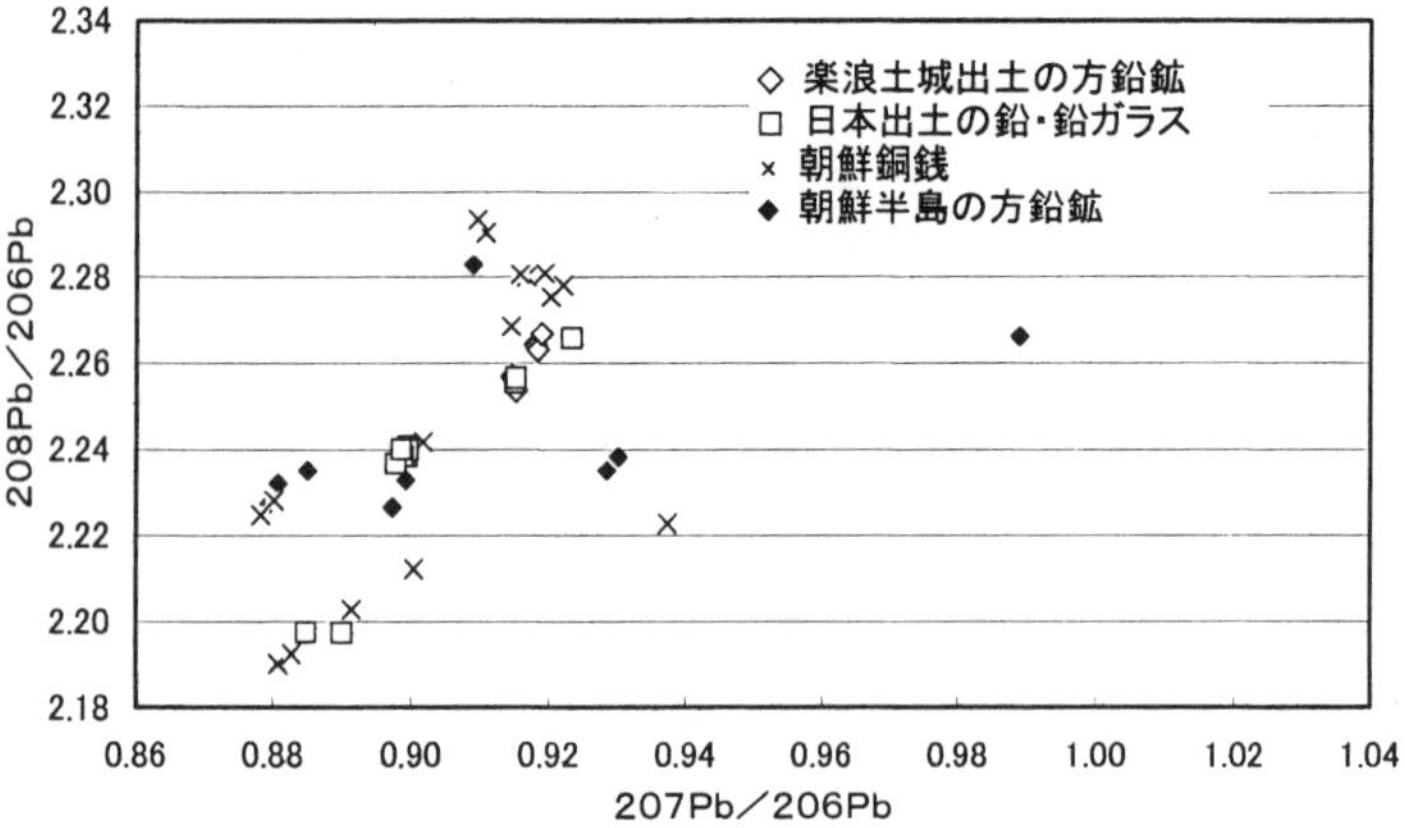

図13　楽浪土城等の鉛と朝鮮半島方鉛鉱・銅銭鉛の比較

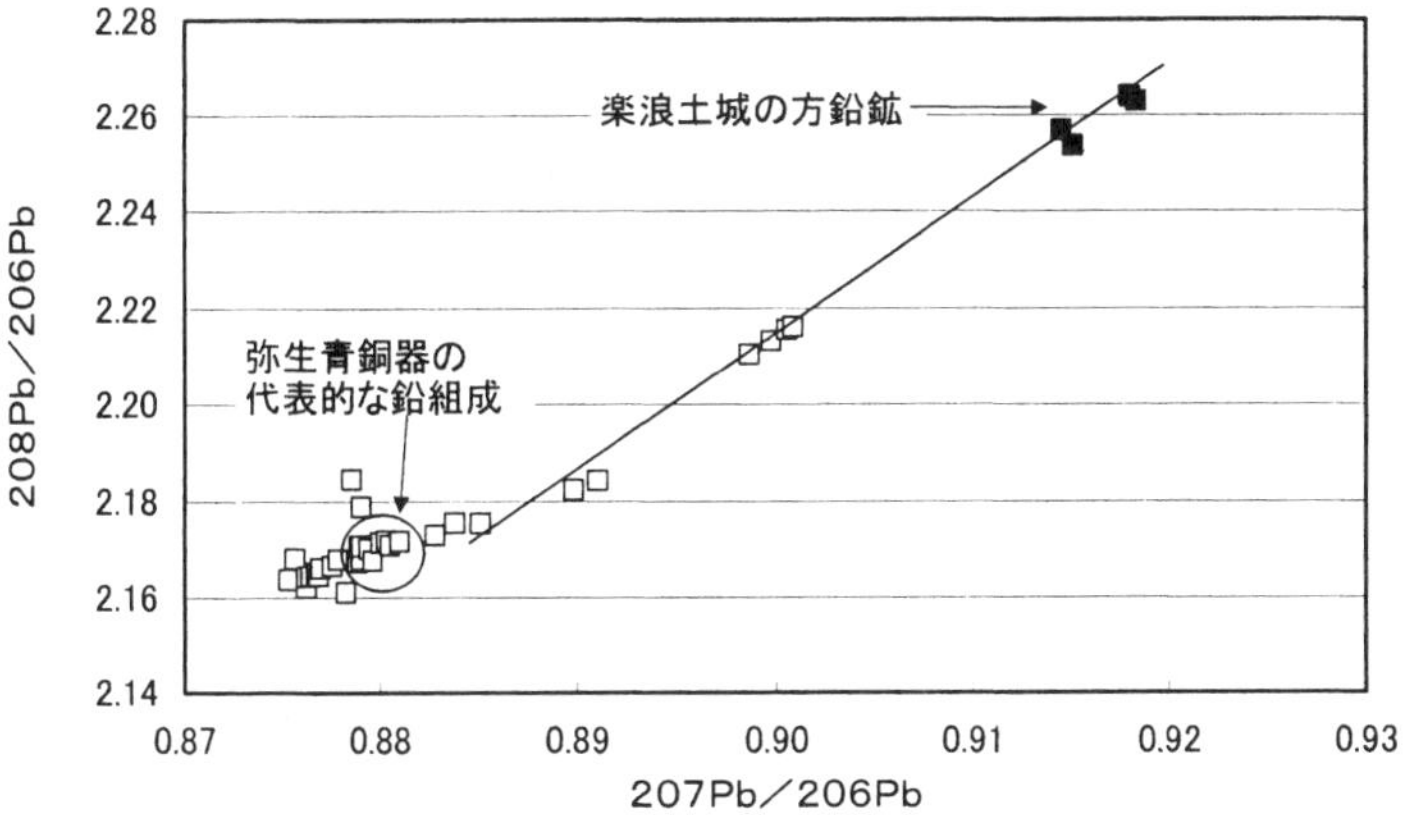

図14　楽浪土城出土の遺物と方鉛鉱の関係

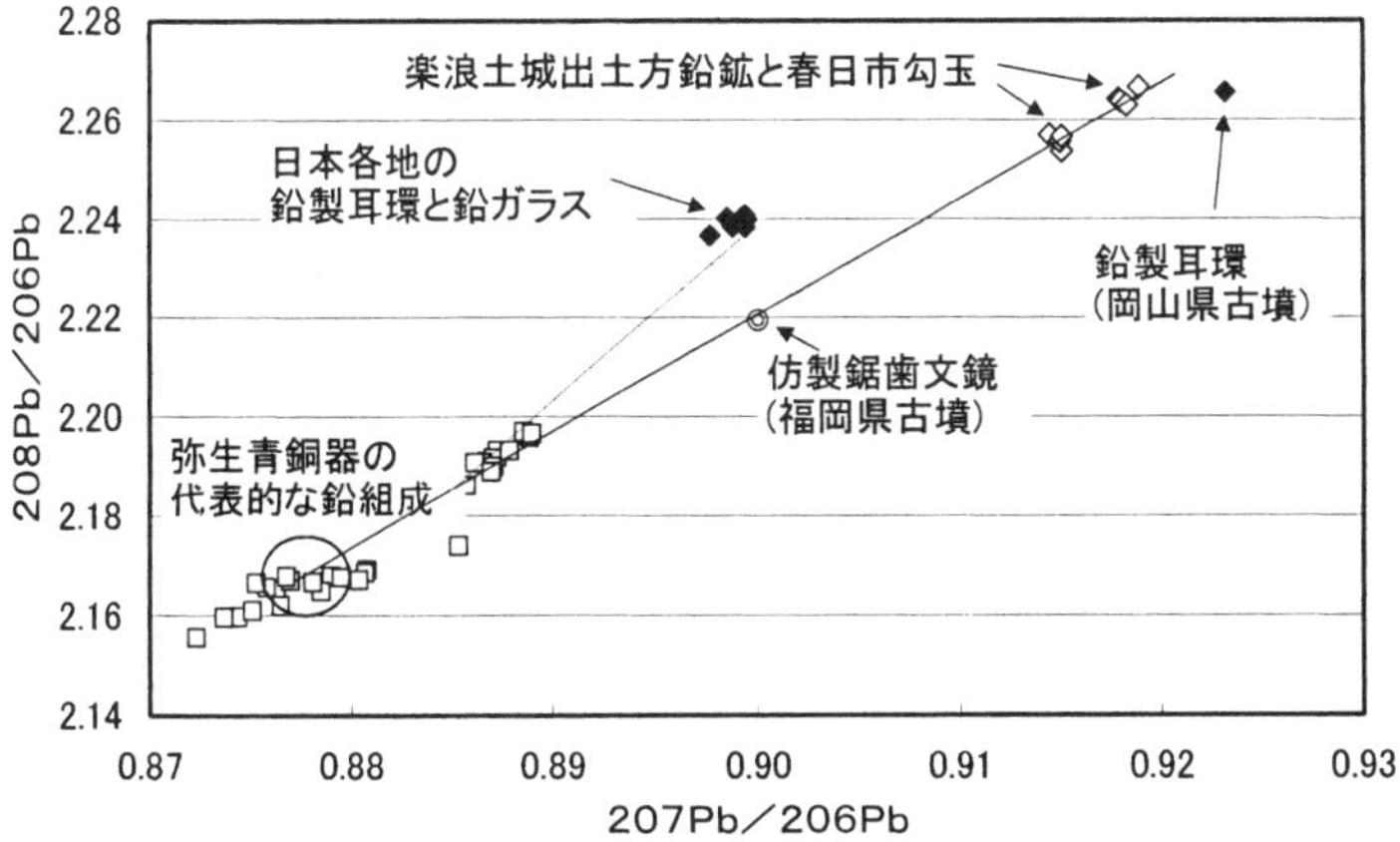

図15　平原遺跡出土の弥生漢式鏡と添加鉛の関係

かくして、朝鮮半島で発掘された方鉛鉱は二件とも朝鮮半島あるいはその近傍の産出であることが確実となり、弥生時代後期には朝鮮半島や日本において鉛原料が自給されていた状況が明らかとなったと考える。なお、その他の遺跡出土の鉛製品や鉛ガラスについても表6に示すが、特徴的なことは、青銅器の場合と異なり、それぞれが相互間でまとまった値を示していることである。鉛同位体比からみると、朝鮮半島でも中国でもあり得る値なので、その原産地を確定できないが、少なくとも、鉛製品や鉛ガラスでは異種の原料を混合して使用することは少なかったことを示している。

朝鮮半島の鉛が使われた実例

さてそれでは、これらの朝鮮半島産の鉛原料が青銅器の製作にあたって実際に使用された例はどこかにないだろうか。そのような観点で資料を探索すると次の二例がある。

ひとつは楽浪土城から出土した青銅器群である。図14に方鉛鉱等の鉛原料や鉛製品と青銅器群の鉛同位体比の関係を示す。漢代の代表的な鉛同位体比の青銅原料、すなわち日本における弥生時代後半の鉛同位体比と同じ青銅原料に、楽浪土城の方鉛鉱が添加された様子がよく判るであろう。同一遺跡からの出土であり、確実に現地産の鉛が使用された証拠といえるであろう。

他の例は、弥生末期の平原弥生古墳遺跡から出土した三十五面の「舶載鏡」と五面の仿製鏡である。仿製鏡は直径が四十六・八センチもあり、世界最大の鏡であるが、「舶載鏡」はそのほとんどが方格規矩鏡と内行花文鏡である。鉛同位体比の分布を鉛原料や鉛製品の実例と共に図15に示す。

図から直ちにわかるように、これらの「船載鏡」の内、半数は漢代の代表的な鉛同位体比を示しているが、十七面がこの分布から離れ、楽浪土城の方鉛鉱や日本各地の鉛製耳環・鉛ガラスの鉛同位体比に向かって直線的に分布している。すなわち、朝鮮半島の鉛が添加された様子を明示しているのである。

添加された鉛が同位体比からみて朝鮮半島産であることには注目する必要がある。

もともと平原弥生古墳の「船載鏡」は超大型仿製鏡の五面以外にも仿製鏡の疑いがもたれていたものがあった。事実、二〇〇〇年三月に刊行された前原市の公式報告書『平原遺跡・前原市文化財調査報告書七〇集』の中で、柳田康雄氏は数多くの証拠を掲げ、その大部分が仿製鏡であると結論づけている。仿製鏡なら日本で作られた可能性が濃厚であり、朝鮮半島産の鉛が使われたとしても何の不思議もない。

このように、考古学的な知見と鉛同位体比の解析から得られた結論は一致して平原鏡が仿製鏡、すなわち現地産の鉛を添加して溶解した鏡であったことを示している。

なお、図14には平原弥生古墳の例の他に、福岡県小倉区今村清川町の前期古墳から出土した仿製鋸歯文鏡の例を追記している。この鉛同位体比は日本出土の銅鏡としては、唯一、鉛同位体比、鉛二〇八と鉛二〇六の比が二・二〇を超える鏡で異例のものであるが、現地産の鉛が添加されたものと考えれば納得がいく。

七、真の魏鏡の鉛同位体比を求めて

いわゆる「舶載鏡」の鉛同位体比分析は三角縁神獣鏡を除いても二百件以上あるが、中国本土から出土した鏡の鉛同位体比の分析例は今までにおそらくひとつもない。中国における青銅器の鉛同位体比の分析例は豊富にあるが、そのほとんど全てが二里頭、三星堆、殷墟など商周期以前を対象としたものか、南方の銅鼓に関するものであり、日本との関心の相違が際立っている。したがって、厳密な意味では、中国の漢代や後漢・魏晋期に、どのような青銅器鉛が使われていたかわからないのである。

しかし、弥生時代の後期に日本で使用されていた青銅器鉛が中国漢代の青銅器鉛と同一であったことを疑う必要はない。それは前漢鏡（仿製鏡の可能性のほとんどない）や、泉屋博古館、馬の博物館が所蔵する前漢期の遺物（中国本土出土と信じられている）の鉛同位体比と弥生後期の青銅器（銅剣、銅矛、銅戈、銅鐸、銅鏃、銅釧、仿製鏡など）の鉛同位体比がほぼ完全に一致している上に、朝鮮半島からも同種の青銅器鉛がしばしば発見されているからである。参考のために、各青銅器の鉛同位体比の中心的な値を表7に示す。

ところが、古墳時代に入る前後から、国産の青銅器も舶載鏡等の青銅器も鉛同位体比が大きく変化する。中国における原料事情の変化を反映したものであろうが、漢代から大きく変わったばかりでなく、舶載鏡と仿製鏡の間にも分布を異にする部分が生まれる。

ここで、もし舶載鏡の鉛同位体比をそのまま中国鉛と理解できれば議論は簡単である。しかし古墳時代の舶載鏡には、複製鏡や復古鏡が存在しており、その全てを中国製と認定することはできない。すなわち、中国における真の舶載鏡の鉛同位体比は日本出土の舶載鏡の分析値から直接求めるわけにはいかないのである。このことが三角縁神獣鏡の鉛同位体比を議論する上での大きな隘路となっている。

一件もない中国出土鏡の分析例

それではどのようにして真の後漢鏡・魏晋鏡の鉛同位体比を求めるか。もちろん中国出土の後漢鏡・魏晋鏡について数多く分析すれば、その回答は得られる。しかし現在までのところ、中国出土の後漢鏡・魏晋鏡の鉛同位体比分析は未だ唯の一件も行われていない。そもそも舶載鏡に複製

表７　漢代および弥生後期を代表する鉛同位体比（中心値）

漢代および弥生後期を代表する青銅器	$^{206}Pb/^{204}Pb$	$^{207}Pb/^{206}Pb$	$^{208}Pb/^{206}Pb$	$^{207}Pb/^{204}Pb$
神戸博物館・馬の博物館所蔵の漢代青銅器	17.728	0.8768	2.1658	15.543
朝鮮半島楽浪土城の銅鏃・銅器類	17.699	0.8785	2.1688	15.548
舶載漢鏡（岡村分類　２期～５期）	17.770	0.8752	2.1626	15.553
出雲荒神谷の中細形銅剣	17.576	0.8778	2.1669	15.429
弥生後期平形銅剣	17.715	0.8778	2.1671	15.546
弥生後期広形銅矛	17.738	0.8762	2.1646	15.542
弥生後期中広形銅戈	17.739	0.8770	2.1668	15.556
弥生後期突線鈕式銅鐸	17.730	0.8763	2.1649	15.536
弥生後期扁平鈕式銅鐸	17.694	0.8776	2.1657	15.528
弥生時代の銅鏃	17.746	0.8762	2.1651	15.548
弥生時代の小型仿製鏡	17.758	0.8763	2.1655	15.561

鏡が混入しているとする研究の視点が不足しているのである。
それでは次善の策として如何にして舶載鏡から真の中国鏡を見出すか。そこでデータ解析技術の威力が発揮される。以下の内容も、前項と同じく『東アジアの古代文化』一二九号に発表したものである。

副葬時期によって鉛の異なる舶載鏡

後漢鏡や魏晋鏡については、中国での出土状況から、鏡種ごとに、いつ頃流行したものかわかっている。一方、「舶載鏡」の副葬時期も遺跡の性質や共伴土器の関係で考古学的にはわかっている。中国での流行時期と日本の副葬時期の差が少ないほど真の中国鏡としての可能性が高いし、時期差が大きければ、複製鏡が含まれる確率が高くなる。

漢式鏡については魏晋鏡も含めて、岡村秀典氏の分類（漢鏡1期から7期に分類）がしばしば用いられているが、古墳時代の副葬鏡の大部分を占めるのが、その漢鏡6期（蝙蝠座内行花文鏡、盤龍鏡、一部の方格規矩鏡、双頭龍文鏡など）と漢鏡7期（夔鳳鏡、画文帯環状乳神獣鏡、上方作系浮彫獣帯鏡、画像鏡、斜縁二神二獣鏡など）である。

これらの「舶載鏡」は、古墳からばかりでなく、それ以前の庄内期や布留0期の遺跡からも出土している。そのため、まず漢鏡6期と7期の舶載鏡について、出土時期別に鉛同位体比を比較し、更に仿製鏡についても同様な比較を行ってみた。参考のため、三角縁神獣鏡、仿製三角縁神獣鏡、古墳期の銅鏃、韓国出土の馬形帯鉤や筒形銅器、それから唐の開元通宝と中国の方鉛鉱山の鉛についても、分布として比較して表8に示す。

なお、表8において、おおよその分布傾向を把握するため、鉛二〇八と鉛二〇六の比が二・一四以下の事例の内、二・一二以下となる比率を分布指数として定義して追記した。

これを見て、議論を単純化していえば、中国製が確実な青銅器等の分布指数は〇・七以上であり、国産あるいは朝鮮半島産が確実な青銅器は〇・二以下である。その中で、問題の三角縁神獣鏡は分布指数で〇・〇九を示し、確実に中国鉛と想定されているものとは大きく異なり、むしろ仿製鏡などとよく一致している。

これらの状況は、数値よりもグラフによる比較がわかりやすいので、図16に示す。その結果、漢鏡6期7期の舶載鏡については、庄内・布留0期以前の遺跡出土と古墳出土の分布にかなり大きな差があることがわかるが、これを更に漢鏡6期に限定して比較するとその差は極めて明確である。

これらの事実は、古墳に副葬された漢鏡6期の大部分が複製鏡や復古鏡であった可能性を強く示している。7期の場合も、もちろん傾向は同じである。差異が6期ほど大きくないのは、6期よりも後に日本にもたらされたので、真の中国鏡がそのまま古墳に副葬された場合も多かったと考えれば納得できよう。

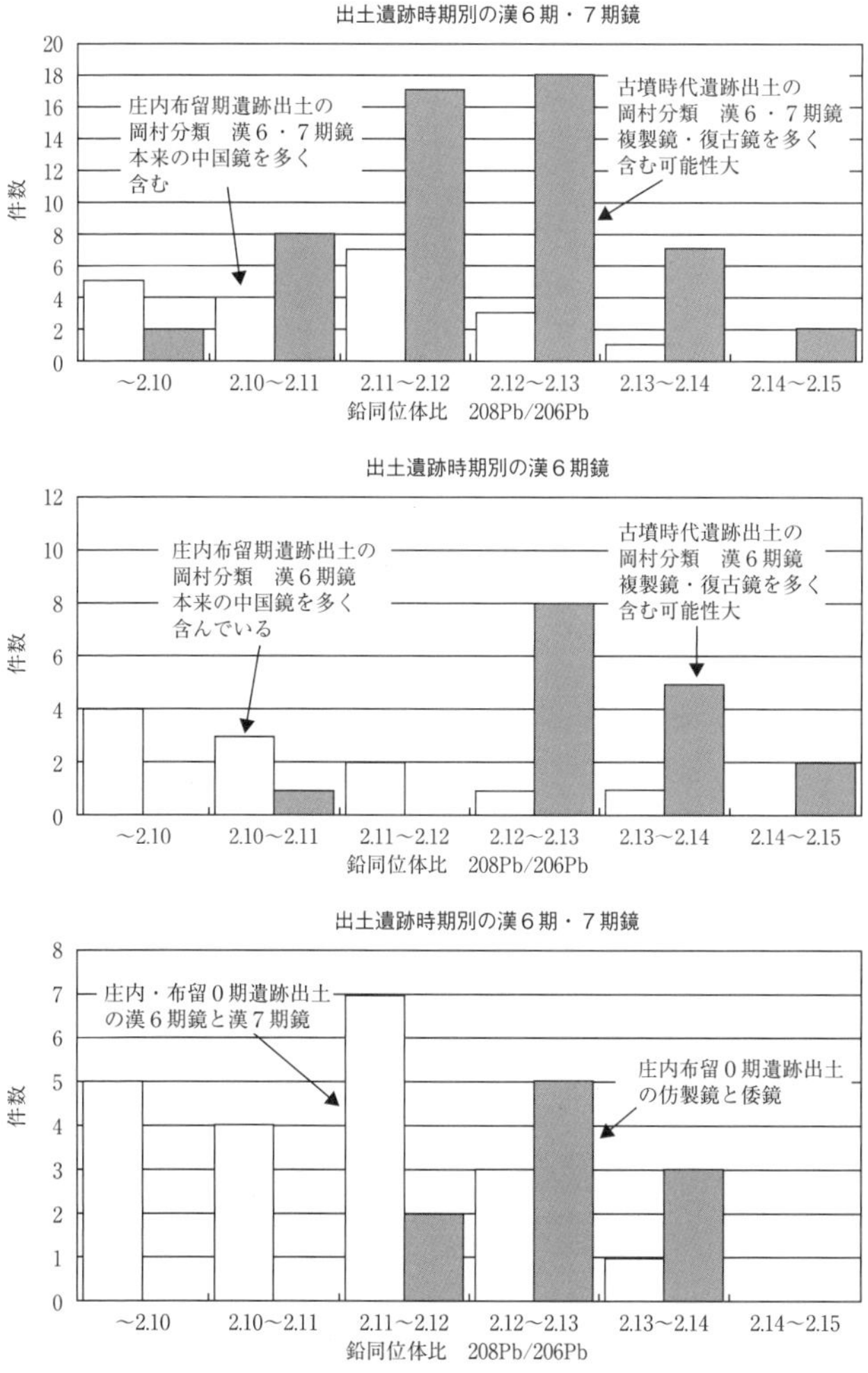

図16　漢鏡6期7期鏡等の遺跡時期別の鉛同位体比

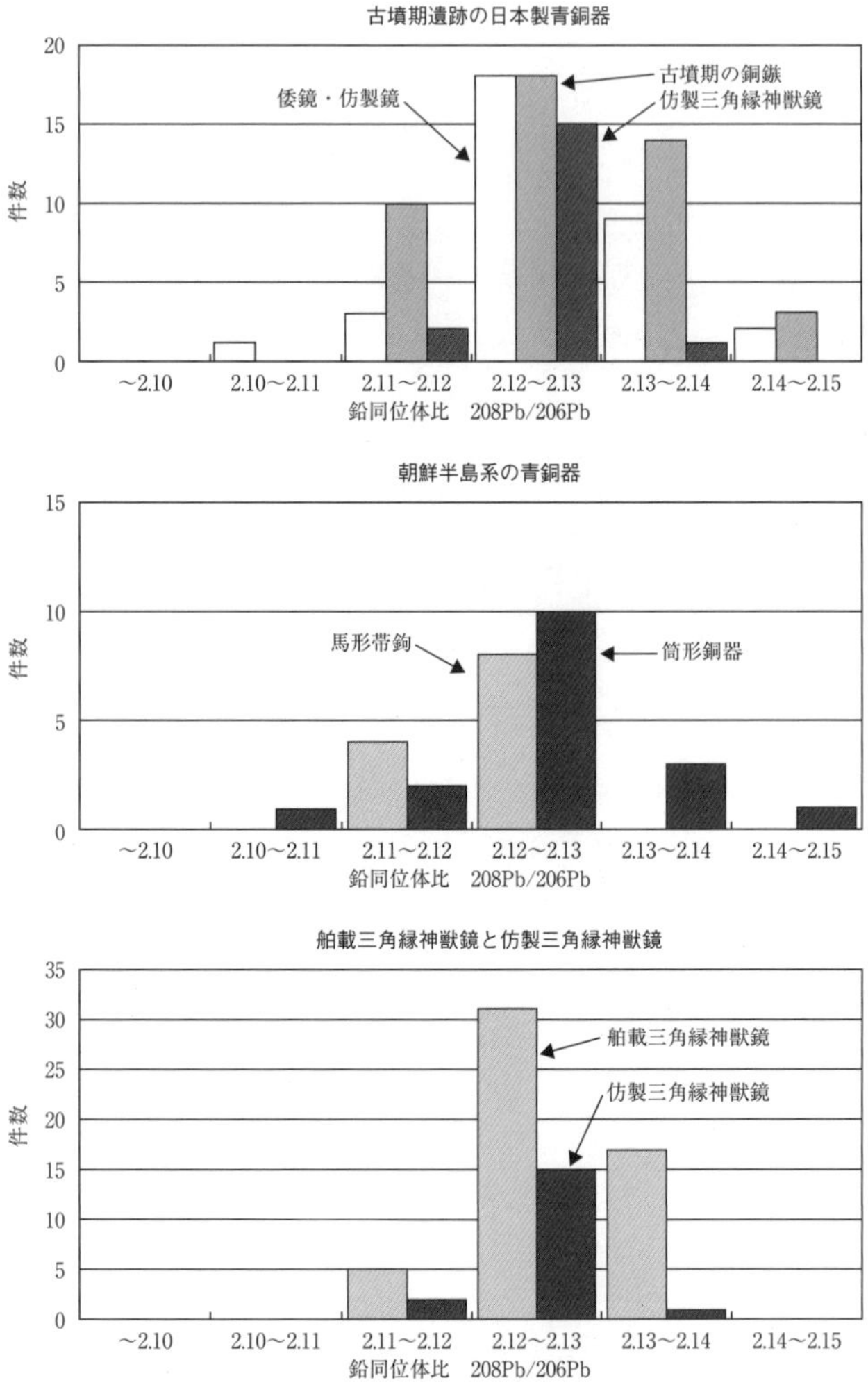

図17　日韓の青銅器と三角縁神獣鏡の鉛同位体比

表８　舶載鏡と仿製鏡等の鉛同位体比の分布比較

分類項目 ＼ 鉛同位体比分類 $^{208}Pb/^{206}Pb$		A			B		C		分布指数
		〜2.10	2.10〜2.11	2.11〜2.12	2.12〜2.13	2.13〜2.14	2.14〜2.15	2.15〜2.16	2.16〜	A/(A+B)
漢鏡	庄内布留０期出土	4	3	2	1	1		1	1	0.82
岡村６期	古墳期出土		1		8	5	2	1		0.07
漢鏡	庄内布留０期出土	5	4	7	3	1		1	1	0.80
６期＋７期	古墳期出土	2	8	17	18	7	2	1		0.51
仿製鏡	庄内布留０期出土			2	5	3				0.20
	古墳期出土		1	3	18	9	2		1	0.13
三角縁神獣鏡				5	31	17				0.09
仿製三角縁神獣鏡				2	15	1				0.11
銅鏃（古墳期）				10	18	14	3	4	2	0.23
韓国出土	馬形帯鉤			4	8				4	0.33
	筒形銅器		1	2	10	3	1	4	4	0.18
中国銅銭	開元通宝	4	1	3	3				2	0.73
中国鉱山	方鉛鉱	9	4	8	1	1			12	0.91

かくして、真の中国鏡の鉛同位体比を示す舶載鏡は、布留0期以前に副葬された漢鏡6期と7期の鏡の内、仿製鏡の組成に近いものを除いたものと考えることができる。唐代の開元通宝の資料も中国の鉛鉱山の資料もこのことを裏付けている。

一方、日本で製作された倭鏡や仿製三角縁神獣鏡、銅鏃と韓国の馬形帯鉤・筒形銅器と三角縁神獣鏡を比較して、図17に示す。

仿製鏡と同じ鉛の三角縁神獣鏡

このような比較から導きだされる結論は、三角縁神獣鏡の鉛分布は仿製鏡など日本等で作られたと考えられている鉛とは一致するが、真の中国鏡とは全く異なっているということである。したがって、すくなくとも論理的には、三角縁神獣鏡は漢鏡6期・7期の製作地で作られた可能性は乏しく、複製鏡あるいは倭鏡・仿製鏡の製作地と同じところで作られた可能性が高い。

すなわち常識的には日本で作られたということである。ただし、論理的には朝鮮半島あるいは中国の一部で作られた可能性を否定し得ない。この点は重要なポイントなので更に議論しておきたい。

そのため、ここからは、通常四種類表示されている鉛同位体比の全てを用いて検討する。すなわち、鉛二〇七と鉛二〇六の比をX軸に、鉛二〇八と鉛二〇六の比をY軸にとったA式図（図18）と、鉛二〇六と鉛二〇四の比をX軸に、鉛二〇七と鉛二〇四の比をY軸にとったB式図（図19）に、中国製が確実な漢鏡6期と7期のデータと三角縁神獣鏡のデータを比較して示す。図中には前漢代の代表的な鉛同位体比の例として表7に示した各種青銅器の値も示した。

中国鏡と一致しない三角縁神獣鏡

このグラフを見ると、三角縁神獣鏡が中国鏡の鉛同位体比と全く一致しないことは、A式図でもB式図でも明らかであり、「三角縁神獣鏡は中国で作られたものではない」と結論を急ぐこともできる。しかし問題が単純ではないのは、A式図においてもB式図においても、三角縁神獣鏡は漢代の鉛と後漢鏡・魏晋鏡の鉛を混合使用したと考えれば、作り出せることである。すなわち、前代（漢代）の青銅器原料に魏晋代の原料を混合したと考えれば、日本でも中国でも製作可能なのである。これでは魏鏡説を根底から否定したことにならない。

ところがB式図をよく見ると、漢代の鉛と後漢鏡・魏晋鏡の鉛の混合ではカバーし得ない部分がふたつある。特に図19の領域Aで示した部分は、極めて異常な鉛同位体比を示す部分である。すなわち、このような値を示す事例は中国にはまったく見当たらず、韓国全羅北道の全州鉱山の方鉛鉱と朝鮮銅銭の常平通宝にのみ見出されるのである。一方、日本では椿井大塚古墳の三角縁神獣鏡に五面、大和柳本天神山古墳の画像鏡、画文帯鏡に各一面など合計八面も見つかっている。したがって、現状では全州鉱山などの韓国産の鉛が添加使用されたと考えることが最も合理的な解釈である。図19に全州鉱山と常平通宝の例を追記して示す。

一方、図19の領域Bに示した部分も、特殊な鉛同位体比の領域である。領域Aと同様に、類似鉛を探すと殷墟で一例見つかるが、その他では韓国慶尚北道の漆谷鉱山と日本の岐阜神岡鉱山の鉛が、この近傍に集中している。図中に追記するが、三角縁神獣鏡の一部に、ほぼ完全に一致している状況がわかるであろう。

この神岡鉱山の鉛は、鉛同位体比による産地検討が始まった当初から三角縁神獣鏡の原料候補として挙げられていたものである。しかし、神岡鉱山を含めて日本の鉛は全て、B式図で検討すると、明らかに三角縁神獣鏡と異なった分布を示すため、その対象から除かれていた。しかし、久野雄一郎氏が主張していたように、その一部では極めてよく合うのである。

何といっても、中国、朝鮮半島、日本を通して、三角縁神獣鏡に最も近い組成を持つのは無条件に神岡鉱山である。三角縁神獣鏡の鉛範囲を全てカバーしなくとも添加使用であれば、十分に使用された可能性がある。鉛の添加使用が明らかになった現在では、再検討する必要があろう。

冒頭に述べた如く、鉛の製錬は容易である。方鉛鉱を酸化錫などと同時に溶けた銅に添加すれば、鉱石をそのまま原料として使用できる。楽浪土城で出土した方鉛鉱が焼けた状態を示したのは、原料として添加した未反応材だったのではなかろうか。したがって、銅原料の自給に先だって方鉛鉱を利用することなど、技術的には何の支障もなかったはずである。

かくして、図19における領域Aと領域Bについては、中国においては合成し得ない組成で、韓国あるいは日本でのみ作り得たことを示すことができたと考える。

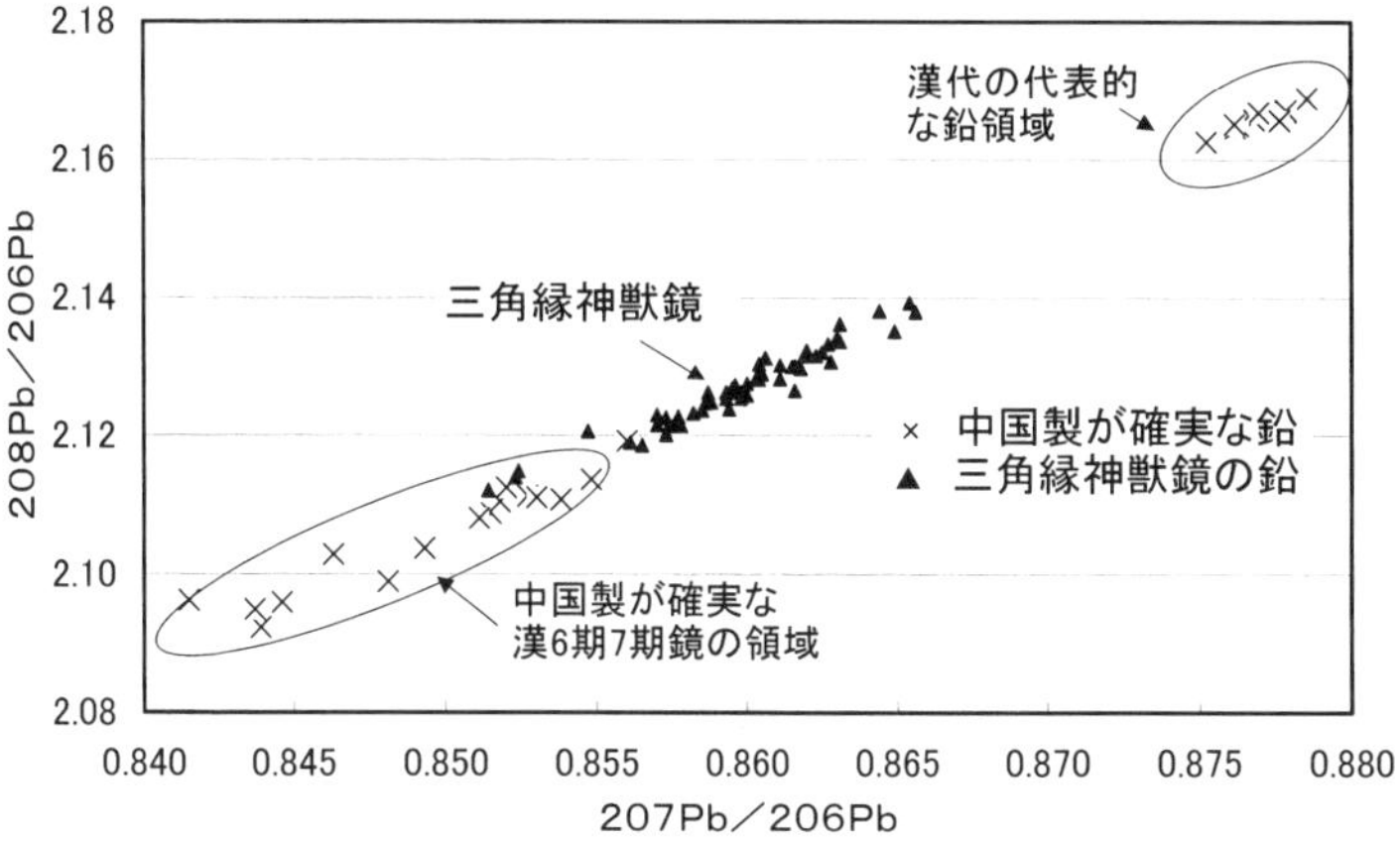

図18　中国製が確実な鉛原料と三角縁神獣鏡の関係（A式）

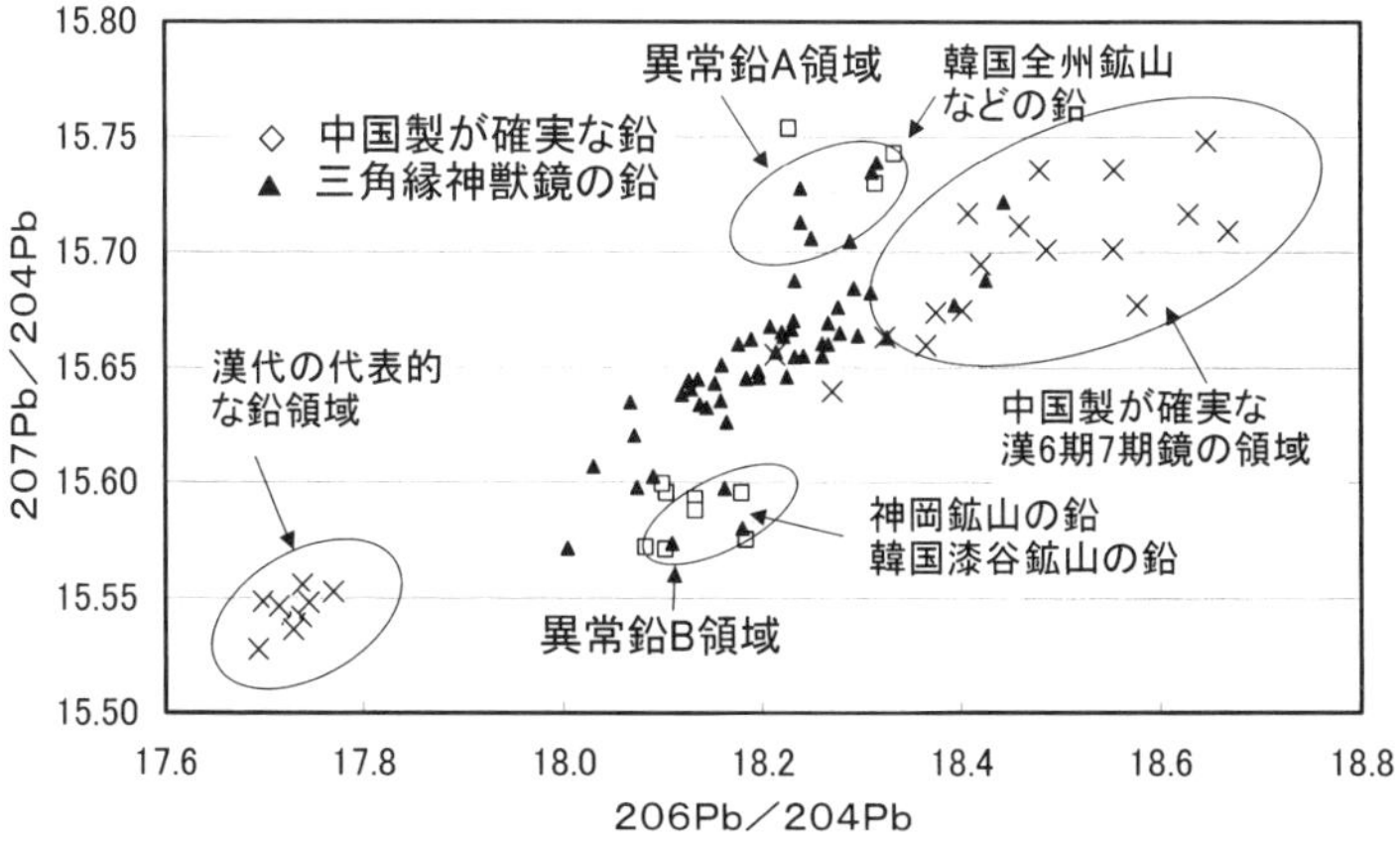

図19　中国製が確実な鉛原料と三角縁神獣鏡の関係（B式）

八、三角縁神獣鏡は魏鏡ではない

三角縁神獣鏡について、理系の視点から多角的な検討を行ってきた。その大部分の論考は、従来にはなかったか、あるいは乏しかった視点であり、従来の論争とは独立的な基礎資料を提供できたのではないかと自負している。

要点をまとめておきたい。

1. 鉛同位体比の分析結果を詳細に比較すると、実に奇妙な現象がある。

①同一個所から出土した経歴の全く異なる鏡の間に、同一個体かと思えるほど鉛同位体比がよく一致している場合がある。

②年度の異なる紀年鏡が、同一の鉛同位体比を持つ一方で、同型・同笵鏡にも拘らず異なった鉛同位体比を示す場合があり、しかもそれらは二系列に分けられる。これらの事実は、複製鏡の存在を強く示唆している。

2. 鉛は技術的にみて、銅原料よりもはるかに製錬が容易であり、銅原料を中国に依存していた時代にあっても、朝鮮半島や日本で自給されていた可能性が高い。このような視点で、鉛製品や鉛ガラスの事例を追いかけたところ、朝鮮半島の遺跡から出土した方鉛鉱と同じ鉛同位体比を示すものが多く、推測が裏付けられた。しかもこれらの鉛が青銅鏡や青銅器を作る際に、添加されていた確実な事例を二件、朝鮮半島と日本で見出した。その内のひとつは、平原弥生古墳の多数の「舶載方格規矩鏡」であるが、これらの鏡は近年になって仿製鏡と見做されるようになっていて、本解析結果とよく一致している。

3. 漢鏡6期7期の舶載鏡には庄内期・布留0期の遺跡からのものと古墳からのものがあるが、その鉛同位体比には大きな違いがある。すなわち古墳期の6期7期鏡には仿製鏡の鉛同位体比と一致するものが多く、複製鏡が多数含まれていると推定される。したがって、本来の中国鏡の鉛同位体比は、庄内期・布留0期遺跡の6期7期鏡の組成に集中していると考えられる。しかし、庄内期布留0期の仿製鏡の組成も、既に古墳期のものと同じ分布を示しているので、庄内期・布留0期の6期7期鏡の中にも、複製鏡が若干含まれていたと考えるべきである。それを補正すると真の中国鏡の鉛同位体比の分布が得られる。この結果は中国の方鉛鉱や銅銭の分布と矛盾しない。

4. 三角縁神獣鏡の鉛同位体比は、真の中国鏡とは全く異なり、仿製鏡や仿製三角縁神獣鏡、古墳時代の銅鏃、朝鮮半島の馬形帯鉤や筒形銅器とよく一致している。結論を急げば、三角縁神獣鏡は中国鏡ではない。しかし、問題が単純でないのは、漢代の鉛と後漢鏡・魏晋鏡の鉛を混合すれば、三角縁神獣鏡の組成を作り出せることである。したがって、漢鏡6期や7期鏡の製作地とは別の中国のどこかで製作された可能性を完全否定することはできない。この点については、三角縁神獣鏡の鉛組成を詳細に検討した結果、漢代の鉛と後漢鏡・魏晋鏡の鉛を混合しても、合成できない領域があり、韓国産か日本産の鉛の添加を想定しないと成立し得ないことがわかった。

5. 以上の手続きによって最終的に、三角縁神獣鏡は中国で製作されたものではないとの結論が確定したと考える。

6. なお、平成十六年に泉屋博古館がスプリング8の蛍光X線分析を利用して、三角縁神獣鏡は魏鏡の可能性が高いと報告しているが、この検討過程には、金属考古学的な面からみて、前提条件に誤りがあるため、結論は無意味なものであった。

以上の検討は理系の視点から行ったものであり、従来の検討結果とは独立した結論である。ただ、ここで一点だけ従来の考古学との接点を紹介しておきたい。

それは寺沢薫氏の論文「古墳時代開始期の暦年代と伝世鏡論」『古代学研究』一六九号、一七〇号（二〇〇五）の中で、布留0期以前の舶載鏡につき、氏が複製鏡、復古鏡、仿古鏡と判定したものの内で鉛同位体比が判明しているもの九面の内、中国鏡の鉛と一致したのはわずかに一件しかなかったことである。更なる研究の進展を期待してやまない。

九、鶴山丸山古墳の出土鏡（追記）

『情報考古学』に発表した論文を書いたのは、平成十七年の初めである。その直後に平尾良光氏によって科学研究費補助金研究『古墳時代青銅器の自然科学的研究』が公表された。この報告書は、古墳時代の青銅器の鉛同位体比をまとめたものであるが、新たな青銅鏡分析結果もいくつか掲載されている。

その中で注目すべきデータは岡山県鶴山丸山古墳出土の青銅鏡二十三点の分析値である。三角縁神獣鏡を含め全て仿製鏡であり、その分析値は従来の値と変わらない範囲にあるが、注目すべきことは、それらの青銅鏡の内、十四面が二群に分かれて、全く同じ鉛同位体比を示していることである。しかもその中には仿製三角縁神獣鏡を二面含んでいる。その状況を表9に示す。

近年、三角縁神獣鏡の舶載鏡と仿製鏡の間には様式上、技法上の連続性があり、明確な区別が難しくなってきている。このことは、三角縁神獣鏡が全て国産鏡であるとの証拠と見做すこともできようが、その一方で、車崎正彦氏のように仿製三角縁神獣鏡も全て中国鏡だとの説（「副葬品の組合せ—古墳出土鏡の構成」『前方後円墳の出現』雄山閣一九九九）もある

表9を見れば明らかなように、二面の仿製三角縁神獣鏡が、その他の仿製鏡の一群と全く同

表９　岡山県鶴山丸山古墳出土鏡の鉛同位体比

鏡の名称	出土古墳	分類	$^{206}Pb/^{204}Pb$	$^{207}Pb/^{206}Pb$	$^{208}Pb/^{206}Pb$	$^{207}Pb/^{204}Pb$
三角縁四神四獣鏡	伝持田古墳	舶載	18.180	0.8606	2.1225	15.646
三角縁三神三獣鏡	紫金山８号	仿製	18.186	0.8599	2.1230	15.638
三角縁二神二獣鏡	鶴山丸山	仿製	18.167	0.8610	2.1251	15.642
三角縁二神二獣鏡	鶴山丸山	仿製	18.192	0.8604	2.1233	15.652
内行花文鏡（８弧文）	鶴山丸山	仿製	18.173	0.8610	2.1237	15.647
変形方格規矩八獣鏡	鶴山丸山	仿製	18.185	0.8605	2.1225	15.648
変形四禽鏡	鶴山丸山	仿製	18.190	0.8604	2.1223	15.650
変形方格八禽鏡	鶴山丸山	仿製	18.186	0.8601	2.1220	15.642
半円方形帯盤龍鏡	鶴山丸山	仿製	18.186	0.8599	2.1228	15.638
変形方格八禽鏡	鶴山丸山	仿製	18.193	0.8603	2.1227	15.651
変形書文帯神獣鏡	鶴山丸山	仿製	18.194	0.8600	2.1229	15.647
変形五獣鏡	鶴山丸山	仿製	18.201	0.8599	2.1217	15.651
三角縁三神三獣鏡	紫金山２号	仿製	18.129	0.8624	2.1272	15.634
内行花文鏡（９弧文）	鶴山丸山	仿製	18.143	0.8620	2.1288	15.639
変形禽獣文鏡	鶴山丸山	仿製	18.137	0.8621	2.1282	15.636
仿製内行花文鏡	鶴山丸山	仿製	18.126	0.8625	2.1285	15.634
内行花文鏡	鶴山丸山	仿製	18.127	0.8626	2.1288	15.637

ふたつのグループは、いずれの場合も鉛同位体比類似性が0.050％以下で同一組成

一の鉛同位体比を示している。このことは、これら仿製三角縁神獣鏡も他の仿製鏡と同じ時期に同じ場所で製作されたこと、すなわち国産鏡であることを示しており、仿製三角縁神獣鏡も中国製だとする説は成立しないと考える。しかも、表９に併記したように、宮崎県持田古墳出土と伝えられている舶載三角縁獣文帯四神四獣鏡、大阪府紫金山古墳出土８号の仿製三角縁三神三獣鏡の鉛同位体比も全く同一の値を示していて、これらも同一原料による製作の可能性が高い。

これらの状況は、三角縁神獣鏡が日本国内で製作されたとの結論を再度補強するものである。

それと共に、三角縁神獣鏡の用途に関しても、示唆するところが多くある。それは、大和岩雄氏が「三角縁神獣鏡と神仙思想」『東アジアと古代文化』一〇七号（二〇〇一・春）などで力説しているように、その使用目的が、葬送の明器にあったと理解するとわかりやすいのである。すなわち、今日の葬儀における「花輪」のようなもので、必要に応じて、現地で製作された可能性があったのではなかろうか。

それは既に表4で示したように、鶴山丸山古墳の例のほかにも、鏡種としては、製作場所、製作時期が異なるはずのものが、同時に作られ副葬されたと考えられる事例が多くあるからである。

第二章

炭素十四法によって弥生年代は遡上するか

一、歴博発表のもたらした衝撃と困惑

平成十五年五月十九日、歴史民俗博物館（歴博）は、炭素十四年代測定法（以下、炭素十四法）で北部九州出土の土器付着炭化物などを調べた結果、水田稲作が伝来した実年代、すなわち弥生時代の始まりは、定説より約五百年古くなり、紀元前十世紀ごろになるとする研究成果を新聞発表した。

通常なら研究成果はまず学術誌に発表されるのが学問の世界の共通認識であるが、考古学界では、新聞に直接発表するのは異例なことではないらしい。それほど緊急性を要する重要な成果であったということであろう。

確かに衝撃的なニュースであった。従来の定説が、弥生時代の初めから終わりまで七百年程度だったのであるから、五百年遡るというのでは、倍近くになるということである。旧石器捏造事件でもみられたように、日本の文化がより古いと思いたい人々には、間違いなく嬉しいニュースであったろう。しかし、「今までの考古学者は何をしていたのか」という思いで、このニュースを聞いた方も多かったであろう。

それより何より、当の考古学者たちが戸惑ったに違いない。従来の定説の根拠は、それほど不

確かなものだったのだろうか。しかし学術誌に発表された訳でもないので、その詳細はわからない。

歴博は、その後七月に歴博特別講演会「弥生時代の開始年代―AMS年代測定法の現状と可能性―」を、十二月にも歴博研究報告会「弥生時代の実年代」を開催し、炭素十四法の原理について丁寧に解説する中で、測定結果について徐々に公表を始める。しかし、やや研究論文の体裁を整えて、一般に内容が公表されたのは翌年四月の藤尾慎一郎氏の「新弥生年代の試み」『季刊考古学』八八号（二〇〇四・四）であり、歴博の正式報告は翌々年の「弥生時代の開始年代」『総研大文化科学研究』創刊号（二〇〇五）を待たねばならなかった（なお、歴博の発表過程について、するどく問題提起したものとして、小林滋氏の「弥生時代の開始時期を巡って」『古代史の海』三十三、二〇〇四がある。筆者もこの論考によりいくつかの点を学んでいる）。

そのため当初は、従来学説のよりどころとなっていた根拠、たとえば曲り田遺跡や斉藤山遺跡出土の鉄器を基に、鉄器使用開始時期が中国よりも遡ってしまうといった矛盾点を繰り返し主張する形で反論が出てきた。しかもその反論が学会誌『日本考古学』に出され、またその反論に対する反論が学会誌『考古学研究』に載る形で進行した。

また炭素十四法そのものに対する不信として、西田茂氏は土器付着炭化物の場合、炭素十四年が著しく古く出る現象を指摘した。これも『考古学研究』で行われ、それに対する回答もリザーバー効果の影響だとする形で『考古学研究』に載った。新聞に発表された研究をめぐって、学術誌上で討論が行われるという奇妙なことが続いたのである。

しかし、歴博の新聞発表が、考古学界に対して弥生年代再検討を促したのは大きな効果であった。この発表をめぐって、従来の年代観の基になっていた事実関係について、その再解釈が進む。一言で言えば、わかっていた事実関係を基にしても、その解釈しだいでは推定年代に幅が生ずるということであり、その自由度内で年代を遡上させることができるとの動きである。

もちろん、純粋な学問上の議論ではあるが、歴博の発表に対して、過去の定説を固守しようとする立場と素早く時流に乗ろうとする立場が垣間見えるようで興味深い。考古学の面白さは、このような自由度にあるのかも知れない。

二、炭素十四法による年代測定とは

さて、それでは炭素十四法とはどのような方法であろうか。理学的な年代測定法であることはわかっても、なぜその結果が、今になって、従来の考古学定説と大きく食い違うようになったのであろうか。

そのような疑問に対して、過去の考古学界が、理学的な方法に冷淡であったツケだと切り捨てる意見もあるだろう。確かに考えてみれば、絶対年代の確定には、中国の歴史年代との関係を調べるのが唯一の方法で、青銅器などで比較ができない時期、すなわち弥生時代前半については、いくら精密に土器編年を重ねても、論理的には根拠になり得ない。土器の一世代を何十年とみるかによっても年代推定が大幅に変わってしまう。だから「確実な理学的な方法」で年代の定点を定めなおし、年代を再編成すれば済むという話なのかも知れない。

しかし、話が簡単でないのは、乏しい基礎資料をもとにして、積み上げてきた過去の年代観は、「理学的な方法」ほどすっきりとはしていないが、それだけに精緻な議論のもとで構築された結果であり、一蹴できるほど脆弱とも思えない。ここは両者の食い違いの原因を徹底して追究することでしか議論が進まない。

その点で、考古学関係者は「理学的な方法」を自分の目で再評価するのが不得手である。一部では、歴博とは異なった性質の資料によって炭素十四年を再測定するとか、統計的な変動の中で従来の見解も成り立ち得るとか主張することも行われているが、やはり反論の主体は過去の定説のリピートになりがちで、迫力がない。

そこに筆者のような立場の出番がある。一応、考古学関係の議論の理解もできるし、理学的な方法や理系の陥りやすい問題点も経験的によく知っている。さて、そのような立場で炭素十四法の問題をみたらどうなるか、まずその方法の原理の説明からはじめよう。

炭素十四法の原理

炭素という元素は大部分が炭素十二（原子量が十二）でできているが、その一部に少量（一パーセント程度）の炭素十三とごく微量（一兆分の一程度）の炭素十四という同位体を含んでいる。この内の炭素十四がいわゆる放射性元素であり、永年の間に放射線（β線）を出しながら窒素に壊変していく。

この壊変の速度には一定の法則があり、元あった量の半分になるまでの年数がいつも一定（五七三〇年）で、これを半減期といっている。したがって、遺物のできた時の炭素十四同位体比がわかっていれば、現在の同位体比を測定することで、遺物の年代を計算できる。しかも幸いなことに、大気中の炭素十四の比率は、長期間にわたって大きな変動がなく、空気中の炭酸ガスを光合成しながら成長する樹木などができた時の炭素十四比率は、ほぼ推定できる。

この方法は一九四七年シカゴ大学のリビー博士によって開発され、五十年ほど前から考古学の分野でも利用されるようになった。リビー博士はこれらの業績によって、一九六一年にはノーベル化学賞を受賞している。

日本において、弥生時代の遺物に炭素十四法が適用されたのは、一九六〇年代の登呂遺跡が最初である。しかし、分析結果にばらつきが大きく、当時は弥生期の年代測定には使えないとする認識であった。その後一九八〇年代に入ってからも、佐賀県菜畑遺跡の夜臼・板付I式共伴期を紀元前一〇一〇年とか、夜臼式単独を紀元前一二八〇年などとする報告が出て、信頼性が劣るとして関心が薄れていった。

当時は炭素十四の分析にβ線法といって、放射能を測る方法をとっていた時期で、均質で量を十分に確保できる条件のよい試料でのみ意味のある結果が得られたが、それでも実用的とは見做されていなかった。

そこに登場したのが、AMS法（加速器質量分析法）である。この方法は、原子の数をひとつずつ測定する質量分析法なのでβ線法よりも微量な試料で測定が可能で、土器に付着した炭化物も対象にできる。しかも分析も手軽になり、主として縄文期の土器の年代研究に利用され大きな成果を挙げるようになった。

炭素十四年の暦年較正基準

それと同時に、大気中の炭素十四の比率をいつも一定と見做す「目の粗い仮定」に対して、生成年のわかる年輪試料を用いて、実際の比率を求め直し、これにより炭素十四年を補正する「目の細かい」国際較正基準も導入された。

この基準を用いることで、炭素十四による年代測定は信頼性を増すことになる。しかし厳密にいえば、地域による差異については実用的に問題にしなくともよいとする前提に立ったものである。また、皮肉なことに、この国際較正基準を用いると特定時期に関して炭素十四法による年代測定の結果が、かえって見かけ上、劣ってしまうような問題が生じる。その典型的な例が、いわゆる「二四〇〇年問題」、すなわち、今から二四〇〇年ほど前に生じていた較正不能期の問題である。

炭素十四年は分析値の表示法

ここで炭素十四年の定義を説明しておこう。炭素十四の比率を分析すると遺物が何年前のものか推定できると述べた。それは分析した年を基準にして何年前か推定する方法なので、同じ遺物でも分析年によって値が変わってしまう。これでは不便なので、いつも一九五〇年を基準として、何年前か表示するようになっている。この基準を決める頃は、炭素十四の半減期を五五六八年と理解していたので、計算は、真の半減期の五七三〇年によらず、五五六八年を用いている。炭素十四年とか炭素十四BP年という。これによって大まかな議論、例えば三千年前なのか四千年前なのかの議論なら十分にできる。

しかし、大気中の炭素十四比がいつも同じではなかったことから、補正を行わなければならなくなった。しかも、補正の基準はデータの蓄積と共に変わっていくものであり、その都度、分析値から時代を再計算するのでは大変なので、この炭素十四年から較正する方法がとられている。わかりやすくいえば、炭素十四年というのは、炭素十四の分析値と等価な関係にあり、国際較正基準が変わっても不変なのである。だから炭素十四年のことを分析値といったりする。

さて、「二四〇〇年問題」に戻ろう。

これは、炭素十四年と実暦年の較正グラフ（国際標準の暦年較正データベースINTCAL）を見ると一目瞭然である。例えば、後出の図3、図5、図6などを見ると、紀元前八世紀から前五世紀までの約三百年間、暦年は変化しても炭素十四年は、ほぼ一定値で推移しており、同一の炭素十四年に対応する暦年に二百年も差異が生じてしまう場合がある。

しかも、そこで用いられている較正図は、カリフォルニアのブリッスルコーンやセコイア（標高二～三千メートルの地域）、アイルランド、ドイツなど（高緯度地域）の樹木を基準としたものであって、一般的な認識として地域差はないとされているが、厳密な意味で東洋あるいは高度、緯度の異なる地域で、そのまま使用できる保証はない。

今まで大きな問題とならなかったのは、暦年と炭素十四年の対応関係が四十五度の傾きを持つ場合が多かったからで、その場合は、たとえ較正データに数十年の差異があっても、暦年への影響はそのまま数十年に過ぎなかったからである。

だから、「二四〇〇年問題」のように炭素十四年が一定値を示す期間が三百年も続く場合は、数十年の差異でさえ数百年の差異に繋がる危険性がある。弥生時代の開始年代の議論は、まさにこの「二四〇〇年問題」の最中にある。

三、国際較正基準と差異が生じている事例

歴博の今村峯雄氏は「大気における対流圏での混合は早く（二～三ケ月）、地域間の大気中の炭素十四濃度の違いは、年平均レベルでは非常に小さい」と述べている（「AMS炭素年代測定法と暦年較正」『季刊考古学』八八）。事実、日本のデータと国際較正基準を比較した坂本稔氏や中村俊夫氏の論文では、特定期間を除外すれば誤差範囲で一致している。その通りであれば、地域間の差異を問題にする必要はないが、今村氏は「地域効果についての基礎研究を推進することが当面の重要な目標となろう」とも述べている。

それは南半球と北半球を比較すると、海の多い南半球（ニュージーランド）では平均して四十一年分、炭素十四が少ないとの報告や、一九六〇年代に行われた核実験による高濃度の炭素十四が、かなり長期間にわたって地域差として残った事例があるからである。いや、もっと直截的にいえば、既にいくつも地域差が報告されているのである。

例えば、国際較正基準では、二〇〇四年版から南半球の標準を分離して発表している。それによれば長期間にわたって、南半球での炭素十四年較正を五十六年～五十七年、新しく出るように改定している。すなわち、南半球では、従来の基準では平均して五十七年古く出ることを認め、

修正したのである。

また、日本に関連した事例としては、芦ノ湖底のヒノキについて、前出の坂本稔氏や中村俊夫氏が別々に分析した結果でも、西暦八〇年以降の百年間について、芦ノ湖の推定値が平均三十～四十年、古く出る傾向を示している。中村氏の分析結果を図1に示す。

このような事例はヨーロッパにもある。トルコの炭素十四年と国際較正基準についてクリーマーたちが比較した結果を図2に示すが、紀元前八世紀の前半五十年間についてみると、平均して六十年程度、トルコの推定値が古く出る傾向を示している。

実はこのような事例は、歴博の弥生時代を五百年遡らせることを論じた公式論文（前出）の中にも見出せる。すなわち、歴博が弥生時代の炭素十四年測定結果を国際較正基準と比較して、ウイグルマッチング的な操作により、最適な当てはめを行って得た図3にも、「二四〇〇年問題」の中心期間の三百年間、平均すると三十年くらい古く出ている。逆にこれを、基準として用い、単純に暦年に変換すれば、百～二百年もその推定値が古くなってしまう場合がある。

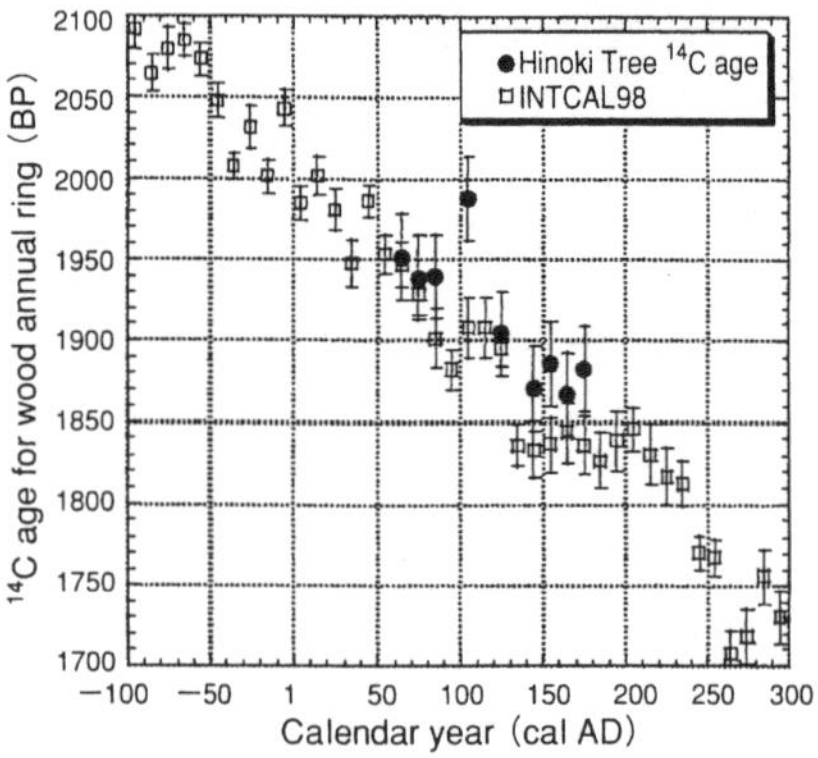

図１　箱根芦ノ湖底のヒノキの国際較正基準比較
（中村俊夫「加速器を利用した放射性炭素年代測定」『文部科学省ホームページ』より）

このような例を探すと、中国についても同様な事例がある。それは北朝鮮との国境にある長白山（白頭山）の火山爆発について、埋没樹木の炭素十四年に関するウイグルマッチングを行い、樹木の死期を西暦一一二六〜一一〇三年と定めた報告であるが、そのマッチング状況をみても、図4のように、時には五十年から百年も古く出る場合がある。これが国際較正基準に対して最適な適合を行った後の数値であることに注目する必要がある。

以上のような検討結果は、日本の弥生時代においても何らかの理由によって、国際較正基準か

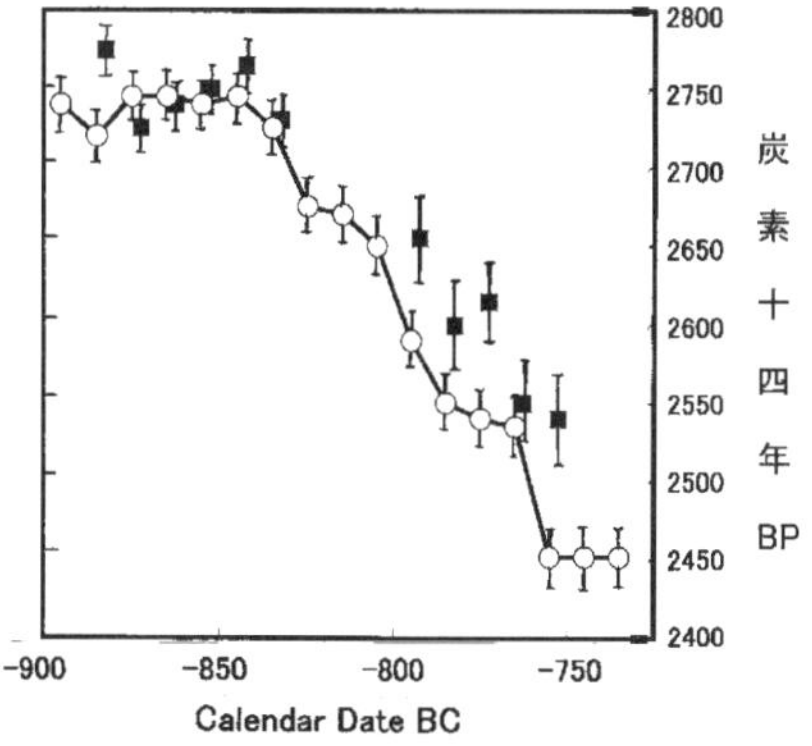

図２　トルコの木材と国際較正基準比較
（今村峯雄氏の紹介「世界の炭素14年代」）

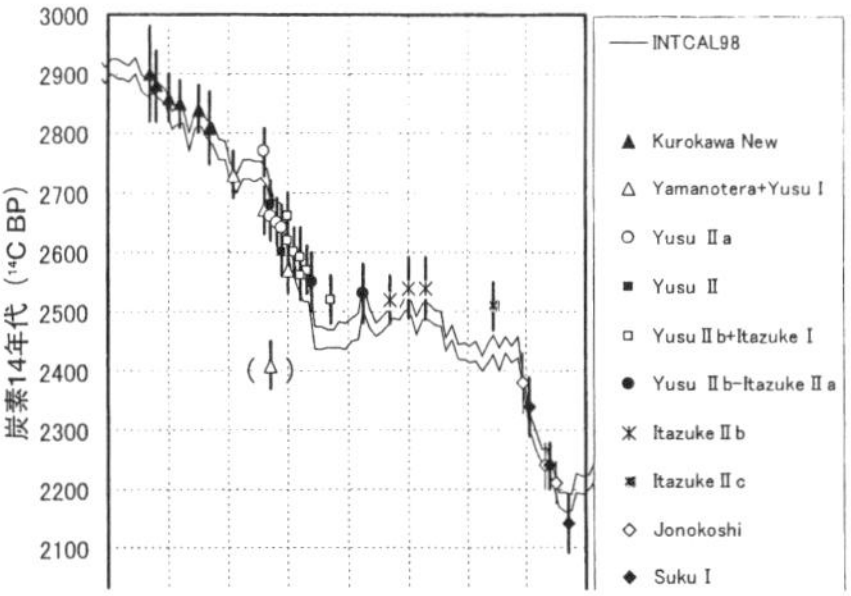

図３　歴博の作成した弥生C14年と国際較正基準
（藤尾ほか「弥生時代の開始年代」『総研大文化科学研究』創刊号、2005）

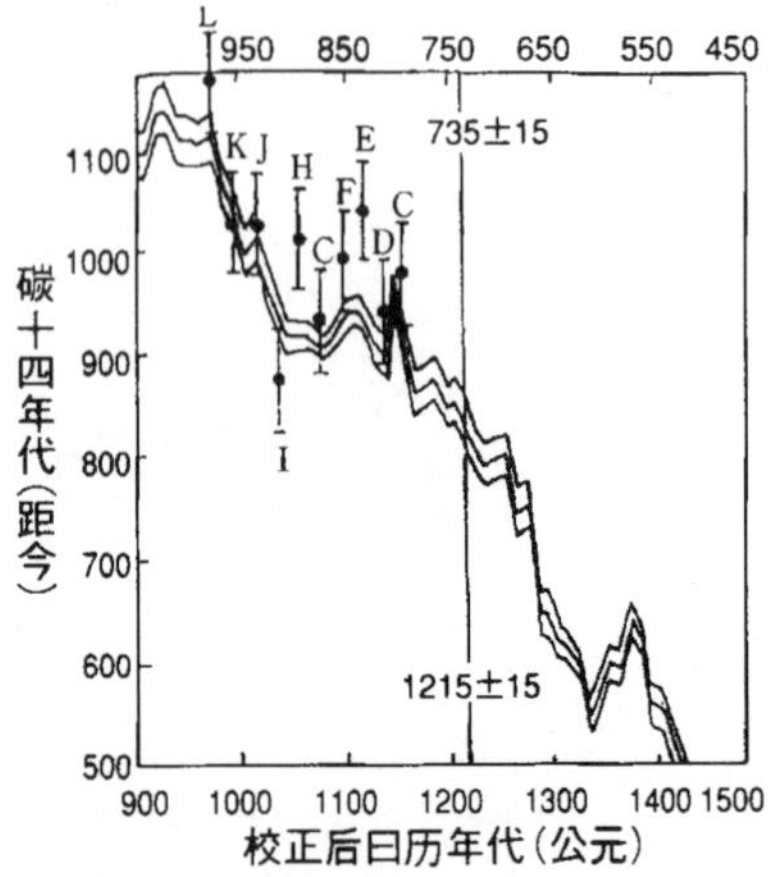

図４　長白山火山炭十四様品数据手工目測似合作図
（蔡蓮珍ほか「貝叶斯統計応用于炭十四系列様品年代的樹論校正」『考古』1999. 3）

らの乖離があった可能性があることを示唆している。したがって、もし国際基準の較正データが乖離していたとするならば、今までの議論そのものが、覆ってしまうのである。

そのため、弥生前期、中期に遡る日本の較正データの整備が急務であり、歴博ではもちろんその作業を進めている。その結果はまだ正式な報告ではないが、国際較正基準とよく一致しているとの新聞報道（二〇〇七年一月）がある。しかしそれとても後に述べるように、高山地域の古木の年輪による較正では、日本全地域において乖離がないことを保証するには不十分である。

その意味では、わが国の弥生時代に、既に歴史時代に入っていた中国の炭素十四年データについて検討しておくことが必要であろう。中国においては、ほぼ年代が確定している陵墓等がかなりあり、そこから出土した遺物についての炭素十四年データも少数ではあるが知られているからである。

筆者の集めたデータに関して国際較正基準と比較して示したのが図5である。簡単に入手できるデータではないので、主要部分を表1にまとめておく。

この結果をどのように評価するかが問題である。単純にいえば、中国においても春秋戦国墓の炭素十四年が国際較正基準に比較すると平均で二百年以上も大幅に古く出ていて、西周墓（紀元前八百年）とほぼ同じ値を示しているものさえあるのである。すなわち、国際較正基準を用いて判定すると、場合によっては三百年から四百年も古く判定されてしまう例があるのである。通常なら、これらの分析に異常があったとして、棄却すべきであろうが、そうとばかりはいえないのは、いわゆる「二四〇〇年問題」の時期を除いても古い年代を示す例が多いことにある。

以上を総合すると、弥生時代に関して、国際較正基準と東洋あるいは九州の間に「差異があるかも知れない」と疑うべき十分な根拠がある。

このことは、現に差異が存在していると主張し、これをもって弥生時代の遡上論を否定することとは意味が異なる。しかし少なくとも、両者の間に差異がないことが証明されるまでは、慎重な態度をとるのが学問的な態度であると考える。「日本と欧米の間の違いも、弥生の年代に対する結論に影響をおよぼすことはあり得ないというのが私たちの研究結果からの理解である」と歴博はいうが、それほど明確ともいいがたいのである。

状況を再確認するため、国際較正基準からのシフトの事実または疑いのある事例を次にまとめ

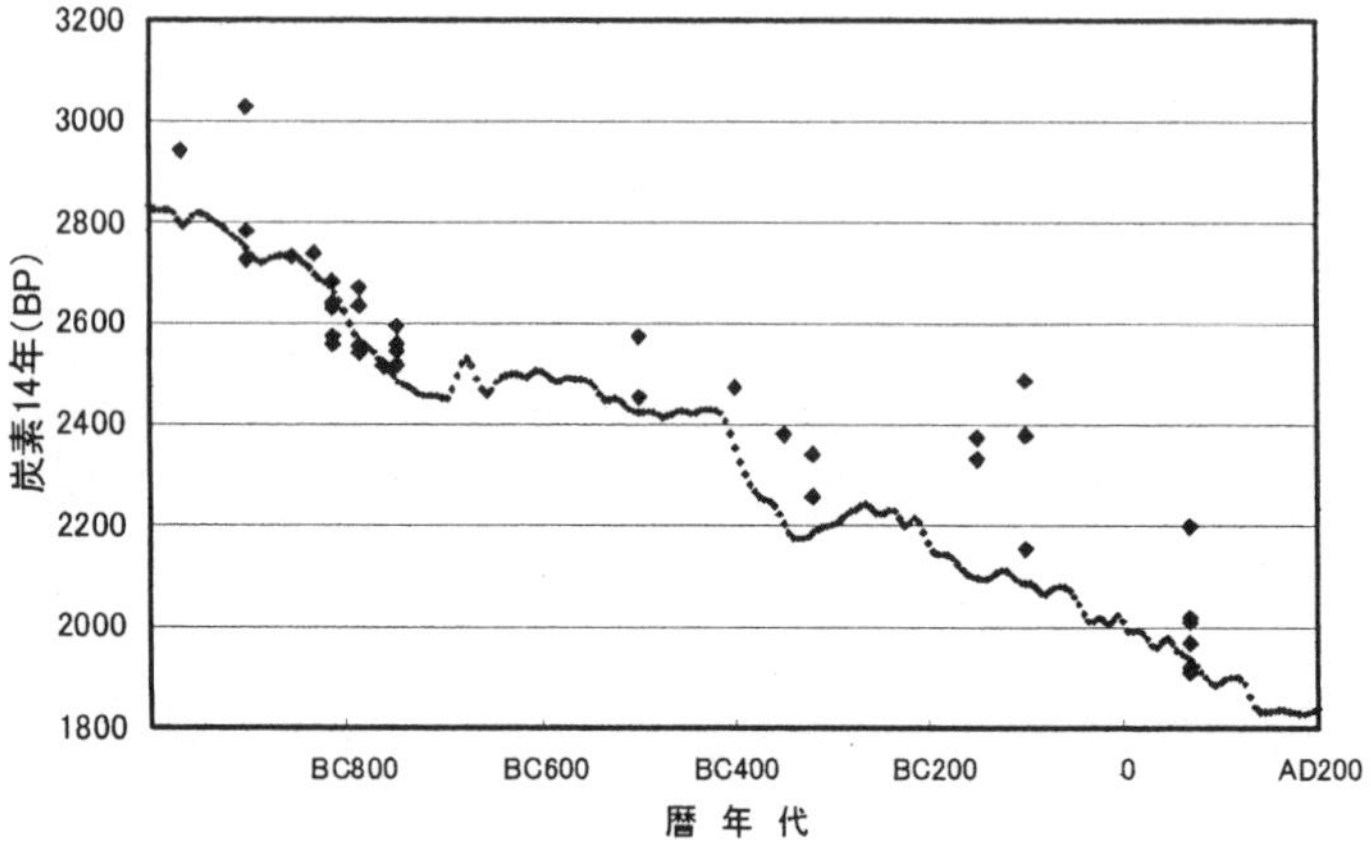

図５　中国の西晋、春秋、戦国、漢墓C14年代と国際較正基準

表１　中国春秋戦国期墳墓出土品C14年測定実績

出土地	遺跡名	出典	炭素14年		遺跡推定年	古く出る年数
			C14BP	標準年		
浙江省紹興県印山	越王陵木炭	1	2453	BC710	BC500	210
			2575	BC790		290
新疆哈密市	黒溝梁墓地戦国墓	2	2473	BC730	BC400	330
湖南省	戦国墓鋳鉄	5	2380	BC410	BC350	60
湖北省荊門市	郭店一号楚墓	4	2340	BC400	BC320	80
湖北省荊門市	上博楚簡		2258	BC370		50
広州市中山四路	南越国遺跡木炭	3	2332	BC400	BC150	250
			2374	BC320		170
四川綿陽市涪城区	前漢墓木頭	3	2487	BC540	BC100	440
			2378	BC430		330
新疆魯番市	交河故城墓M16	2	2154	BC200	BC100	100

1　中国社科院考古研「放射性炭素年代測定報告(27)『考古』2001. 7
2　同上(24)『考古』1997. 7
3　同上(32)『考古』2006. 7
4　インターネット　戦国楚簡研究会郭店楚簡紹介
5　遠藤邦彦『C14年代測定法』ニューサイエンス社、1983

て示す。

南半球（九八年版では五十七年古く出ていたので二〇〇四年版で修正した）。

箱根芦ノ湖のヒノキ（西暦八十年～百五十年の期間、三十～五十年ほど古く出ている）。

トルコの木材（紀元前八〇〇～七五〇年の期間、五十年ほど古く出ている）。

中国長白山の樹木（西暦一〇五〇～一一三〇年の期間、八十年ほど古く出ている）。

中国戦国墓など（中国の晋墓、戦国墓などで二百年ほど古く出ている）。

歴博の弥生前期のデータ（紀元前七五〇～四五〇年の期間、三十年ほど古く出ている）。


なおエジプト考古学においても、炭素十四年が考古学者の見解に比較して百年から三百年ほど古くでる傾向があり、永年にわたって論争が続いている。このような経過についても、炭素十四法による弥生年代遡上論の発表にあたっては、同時に紹介して欲しかったと思う。

四、歴博発表のプロセスを追いかける

歴博は平成十五年五月「弥生年代の遡上」について、正式報告書に先立ち、まず新聞発表を行っている。その時、歴博がなぜ弥生時代の始まりを「紀元前十世紀までさかのぼる可能性」があると発表したのか、その論理から追いかけてみよう。

もっともその時の発表は、関連測定データ十一件の一部が公表されただけで、大部分のデータは内容が伏せられたままであった。しかし、その後、徐々に分析値が公開され、今では当初の発表分の推定が可能で、筆者は次のように資料と分析値を復元している。

雀居遺跡の夜臼IIb式土器　二五六〇BP年
雀居遺跡の板付I式土器　二六二〇BP年、二五九〇BP年
梅白遺跡の夜臼II式土器　二六八〇BP年、二六〇〇BP年、二九七〇BP年、二六六〇BP年
橋本一丁田遺跡の夜臼II式土器　二七七〇BP年、二六六〇BP年、二六五〇BP年、二六四〇BP年

歴博は、これらのデータをもとにして、新聞発表補足資料の中で「試料十一点のうち、十点が前八百年をはさむ年代に集中する結果となった」と解説した。国際較正基準を使用するなら、この結論には間違いがないが、もし範囲でいうなら、十点については、紀元前六世紀から前十世紀

というところであろう。

ところが、この内容が発表本文では「紀元前八百〜九百年ごろに集中する年代となった」と変わって表現されるのである。紀元前八百年を前後するというのと、紀元前六世紀から前十世紀というのでは印象が大きく異なる。古いほどニュースバリューが高いとでも考えたのであろうか。しかも歴博はここで更に踏み込んで、夜臼Ⅱ式や板付Ⅰ式よりも古い夜臼Ⅰ式、すなわち弥生時代早期の土器なら「紀元前十世紀までさかのぼる可能性」があると予測したのである。

この発表をもとにして、新聞は一斉に「弥生時代の始まりは前十世紀」と報道した。しかし厳密にいえば、歴博は予測を発表したのであって、弥生前期よりも古い弥生早期の土器で直接の確認を行ったわけではなかった。したがって、その後、歴博は、当然のことであるが予測に基づき、弥生早期の資料として夜臼Ⅰ式あるいは夜臼Ⅰ式併行期の土器付着炭化物の分析を急ぐ。その結果は後の報告書を参照すると次のような結果になった。

菜畑遺跡の夜臼Ⅰ式土器	二七三〇BP年
板付遺跡の夜臼Ⅰ式土器	二四一〇BP年
板付遺跡の黒川式粗製深鉢	二六七〇BP年
権現脇遺跡の屈曲甕	二五七〇BP年

これを見ると明らかなように、より古いはずの夜臼Ⅰ式の方が、むしろ新しい年代を示してい

る。すなわち、上記の平均値二六〇〇BP年についての国際基準による較正なら紀元前六世紀から前九世紀になってしまい、紀元前十世紀には到達しないのである。

しかも、新聞発表の当初データの中には異常値が含まれていた。それは、梅白遺跡の夜臼Ⅱ式土器の二九七〇BP年で、これは分析のために採取できた炭素量が通常の十分の一で信頼性に問題があり、後に議論対象から除外されてしまうのである。

したがって、この段階で、紀元前十世紀説は既に古すぎるとして棄却されるべきだったかも知れない。しかし、歴博の論理はやや異なっていた。弥生早期に先立つか、あるいは併行する縄文末期の黒川式土器の分析を精力的に行い、縄文期と弥生期の併行期の問題として、弥生時代の始まりを捉えようとするのである。試合ルールの変更のようにも受け取れるが、これを考古学界が認めるのであれば、問題視する必要はないかも知れない。

ところで、その結果得られた黒川式新段階の土器付着炭素十四年の分布を調べると

二五一〇～二六〇〇BP年　三件
二六一〇～二七〇〇BP年　三件
二七一〇～二八〇〇BP年　五件
二八一〇～二九〇〇BP年　九件

となっていて、相変わらず二六〇〇BP年を割り込むものがある。すなわち、紀元前六世紀～九

世紀に該当する試料も少なくないのである。したがって、これら二六〇〇BP年を割り込む部分が、黒川式の最末期に該当し、弥生早期へ繋がると考えれば弥生早期を前六世紀〜八世紀に設定しても特に不思議ではない。だから、例えこれらのデータに信頼性が認められたとしても紀元前十世紀説が保障されたとはとてもいえないのである。

このような議論についても、もっとしっかり行うべきだと思うが、とりあえず筆者の現在の関心事は、国際較正基準が弥生期の九州に適用できるか否かにあるので先に進みたい。

歴博分析データの解析

議論の進め方としては、まず歴博が発表した分析データの解析から始めたい。全ての問題解決のヒントは現場のデータにあり、工場における品質管理活動のように、特性要因図を作り、データを層別し、比較することだけでも、かなり重要な情報を得ることができるからである。

さて、それでは要因としてはどのような項目があろうか。すぐ思いつくのは分析試料の採取位置の問題である。土器付着炭化物といっても、外側と内側では生成過程が異なる。分析の前処理方法や採取量、あるいは分析機関の差も気になるところである。しかし、それよりももっと気になることは、やはり遺跡の場所である。それは、大気中の炭素十四の比率が局所的にも全て同じだとする前提に疑いを持っているからである。

ご承知のように、弥生時代が始まったのは北九州である。したがって、歴博の分析データの中でも、弥生時代の始まりに関連するデータは、全て九州地方のものである。しかも、弥生早期の文化の特質を示しているのであろうが、その遺跡の多くは海岸の近くに分布している。

海岸遺跡ほど古く出ている

海岸に近い。

そのことだけでも、理系の視点からいえば、思い浮かぶことがある。

それは、海水中の炭素十四比が大気中の炭素十四比よりも四百年から千年分ほど古い（少ない）ということである。すなわち、海の植物では、その光合成時に使用される炭素十四比が異なり、陸生植物と同じ計算式で年代を計算すれば、数百年以上も古く出てしまうので、別の較正基準を使わなければならないのである。

もちろん、このことはリザーバー効果としてよく知られている。海草類や魚類を常食とする動物や人間の骨の炭素十四年は古く出るというのは考古学の世界でもいわば常識なのである。だから海草類を煮炊きしたり、燃料にしたりしてできた付着炭化物は、古い年代を示すと考えるべきで、西田茂氏が「年代測定値への疑問」『考古学研究』五十巻三号（二〇〇三）で、土器付着炭化物は古い時代を示すと指摘したのはこのことに関連する。

しかし、リザーバー効果が疑われる分析値については、ある程度まで識別除外することができる。それは炭素には炭素十三という同位体もあり、海洋起源の炭素はその比率が異なるからである。更に、窒素の分析値を併用すれば、識別精度はもっと上がるというのが歴博の見解である。しかし、西田氏の指摘が、リザーバー効果のみでは十分に説明できないことが後程判明するが、とりあえず、歴博の見解を尊重して前に進もう。

リザーバー効果の疑われる試料はある程度除外できるが、このこととは別に、大気中の炭酸ガスは常時、海面で海水中の炭酸ガスと交換しているという現象がある。それは、海岸近くの大気中の炭素十四比が海水の古い炭素十四比に近づくことを意味する。これも広い意味ではリザーバー効果といえるが、通常のリザーバー効果とは異なるので「海洋効果」と仮称しよう。

この「海洋効果」が炭素十四年の較正計算に影響するほど大きいか否かについてはまだよくわかっていない。しかし、影響があることだけは理論的に確かなことである。

そこで、九州地方の海岸近くの遺跡データと内陸の遺跡データを比較してみることにした。データは平成十八年四月、歴博の西本豊弘氏が編集した『弥生時代の新年代』（雄山閣、二〇〇六）のデータ一覧表を用いる。ただし、歴博の発表データは、土器型式の判定が発表時期によって微妙に変わってきており、過去との整合性に欠ける場合がしばしばみられる。そのため、筆者の論文と若干異なるところもあるが、大きな傾向は変わらないので、新発表のデータをもとにした結果を表2に示す。

対象データは、とりあえず九州の弥生早期と弥生前期とし、現在の海岸線からの距離が五キロ

表２　弥生早期・前期遺跡の海岸と内陸の
C14年分布差

C14年　BP	弥生早期		弥生前期	
	海岸	内陸	海岸	内陸
〜 2400	1		3	3
2410 〜 2500	1	1	1	10
2510 〜 2600	3	1	5	9
2610 〜 2700	4	4	3	1
2710 〜 2800	2		4	
2810 〜	3		1	

メートル以下の深堀貝塚、菜畑、原の辻、梅白、葛川、比恵、下稗田、権現脇、橋本一丁田、八ノ坪、屋敷を海岸遺跡とし、その他の雀居、那珂、板付、玉沢、古市、上北島塚本を内陸遺跡とした。

その結果、弥生早期の場合も、弥生前期の場合も、海岸遺跡の方が約百年ほど炭素十四年が古い値を示している。海岸地域では国際較正基準をそのまま使えない可能性があるのである。いや厳密にいえば、海岸から五キロメートル以上離れても、「海洋効果」の影響が全くなくなるわけではないので、国際較正基準による暦年換算が正しいとは限らないのである。

五、国際較正基準と差が生じるミクロとマクロの原因

筆者は大学で原子核物理を学んだ。また職場では、長い間、金属工学と関連していたし、現に韓国の国立慶尚大学大学院では金属物理を教えている。その視点で炭素十四比の地域差、すなわち「海洋効果」の物理を議論しておきたい。もちろん、物理などの世界になじみのない読者には退屈であろうから、極力、難しい話は避ける。

炭素十四が五七三〇年で半分になることは前に説明した。放射性崩壊（壊変）するだけなら、いずれ地球上から炭素十四はなくなってしまうはずであるが、永年にわたってあまり変化していないとも述べた。それは、宇宙から降り注ぐ「宇宙線」によって、いつも窒素から新しく炭素十四がつくりだされているからである。

すなわち、地球上の炭素十四の総量については、宇宙線による生成と放射性崩壊のバランスで決定され、数百年単位でみて、ほぼ一定である。しかし、地球上での炭酸ガス（炭素）は大部分が海水中にあり、大気中にはわずか二パーセントしか存在しない。しかも、炭素十四の生成が大気中でのみ行われるのに対して、その崩壊が主として海水中で行われるため、生成個所と消失個所が異なり、炭素十四比の分布に大きな差が生まれる。例えば、表層海水では大気よりも五パー

セント（炭素年で四百年）、深層海水では大気よりも十パーセント（炭素年で八百年）も炭素十四比が少ない。

このことは、大気中の炭素十四比は、宇宙線量の短期変動に対して敏感に反応するのに、蓄積量の多い海水中ではゆっくり遅れて反応することを意味している。この点が炭素十四年の理解に欠かせない要点である。

すなわち、地球規模で年間の炭素十四量の収支をみると、大気中で毎年生成される炭素十四量は約五キログラムあるが、その内、大気中で崩壊する炭素十四量は二パーセント分の百グラムしかなく、残りは炭酸ガスとして海水に吸収され、海水中で崩壊している。海水中への吸収分は、大気中で崩壊する炭素十四の五十年分にも相当しているわけで、極めて大きな影響を持っている。

しかも、地球上には内陸地帯もあり、特定の海水面だけに注目すれば、そこでは五十年分ではなくその倍以上、すなわち百年分以上の吸収を行わないと間に合わない。

さて、ここでもし、この海面における炭素交換が、毎日、直上百メートルの大気層で行われ、その結果が上層空気と混じり合わず一日間だけ、継続したと仮定してみる。百メートル分の空気層は、成層圏までの空気層の約八十分の一に相当するので、百年÷三六五日×八十＝二十一年、の計算により、百メートルまでの炭素十四量は大気平均値に比較して一日で二十一年分だけ、炭素十四比が低くなる（炭素十四年が古くなる）。これが何日も続けば、二百メートル、三百メートル上の空気でも徐々に炭素十四が少なくなるので、炭素十四が数十年分も低くなるであろう。

理論的試算でも海岸は古く出る

これを簡単な理論計算で確認してみよう。

一九六〇年代に行われた大気中の核爆発実験は、大量の炭素十四を生じたが、炭素十四濃度が地表面でピークをむかえたのは約二年後である。この事実を利用すると、大気層の上下の「見かけ拡散係数」を評価することができる。そして、その値と海水面上での炭素十四の希釈吸収速度を対比し、金属物理で用いる拡散法則で計算すると、海水直上の炭素十四比は大気平均に比べ一・二パーセント少なく、約百年ほど古くなる。程度の問題は別として、海水面直上で、炭素十四が古い値を示すことは理論的には疑いないのである。

このような海面直上の現象は、ごく海岸に近い遺跡では大きな影響を受ける可能性がある。炭素十四の消失が活発におこっている海面近くや海岸地帯では、局所的に炭素十四比が古くなるのは、むしろ当然のこととして予測しなければならないのである。

既に述べたように、歴博のデータを解析すると、海岸近くの遺跡のデータは平均で百年近く、古く出ている。これを偶然の一致として片付けてしまう訳にいかないのは、理論的な予測もほぼ同じ状況を指し示しているからである。この百年の差が二四〇〇年問題と絡めば、数百年もの差になってしまう。

もちろん、この「海岸効果」はひとつの仮説に過ぎない。しかし、現に弥生年代の開始年代について、旧来の考古学界の定説と大差が生じているのであるから、仮説として棚上げしておくわけにはいかない。

このことは、とりあえず海岸付近の遺跡を除外して、データ解析をした方が無難であることを意味している。そうすると、弥生早期や弥生前期のデータの多くが、「二四〇〇年問題」にかかってしまい、紀元前五世紀から前八世紀の間に位置づけられてしまう。紀元前十世紀説を支持するデータはますます少なくなるのである。

マクロ的な炭素十四分布

ところで、以上の議論は、主として局所的ミクロな炭素十四比の不均一についてであるが、この問題は、マクロな地球規模でみても存在する。

炭素十四の発生原因となる宇宙線の強度は、地磁場の影響により高緯度圏で強く、低緯度圏では軽微である。また大気の高層で強く、地表近くでは弱い。そのため、高緯度圏と低緯度圏の間、あるいは大気高層圏と地表近くでも、炭素十四比に差が生ずる。それに対して、海洋による炭素十四の交換希釈効果は、逆に海面の多い低緯度圏で活発である。以上を総合すると、高緯度圏の上空で炭素十四を生成し、低緯度圏の海面で炭素十四を消失しているという地球規模の流れが成り立つ。

事実、成層圏（二万〜三万メートル）の炭素十四比は、地表面の一・三倍近くある（炭素十四年でいえば、数千年も新しい）。そのため大気圏上層と地表の間でも、当然炭素十四比が異なってしかるべきである。

もちろん、大気の循環があるので、地域によって国際較正基準との差異がどの程度になるかは、実態調査によらねばならないが、少なくとも、「大気における対流圏の混合は早く（二、三ケ月）、地域間の大気中の炭素十四濃度の違いは、年平均レベルでは非常に小さい」と楽観しているわけにはいかない。炭素十四の地球規模による供給地（高濃度地）と吸収崩壊地（低濃度地）の関係は、一定期間で混合によって均一化されても、次から次へと供給と吸収崩壊が繰り返されるため、低緯度の海岸などでは、いつまでたっても、その差がなくなることは有り得ないのである。

したがって、炭素十四を発生させる宇宙線の強度が変動すると、大気中の炭素十四比は比較的に敏感に追随して反応する。しかし海水中では、蓄積量が膨大なため、時間差をもって、緩やかに変動する。そのため、大気中の炭素十四比と海水中の炭素十四比の差は、いつも一定というわけではない。

この状況が、国際較正基準としても二〇〇四年から発表されている。すなわち、大気の較正基準と表層海水の較正基準である。

これに基づいて、暦年ごとの大気と表層海水の炭素十四年の差を示したのが図6である。これは何を意味するであろうか。理論的には、空気中と海水中の差が大きい時期に地域差が出やすいことを予測しているといえよう。

その意味で、国際較正基準から乖離した事例、すなわちトルコ、中国の長白山、箱根芦ノ湖の乖離時期についても、図6に示したが、想定を裏付ける傾向を示している。すなわち、トルコの場合は紀元前八〇〇～七五〇年に大きなシフトがあったが、その頃、大気と海水の差が極めて大きくなっているし、長白山の場合も、西暦一〇五〇～一一〇〇年のシフトと対応し、箱根芦ノ湖についても同様である。

これらの傾向は、地球規模でマクロにみても「海洋効果」があり得るということである。

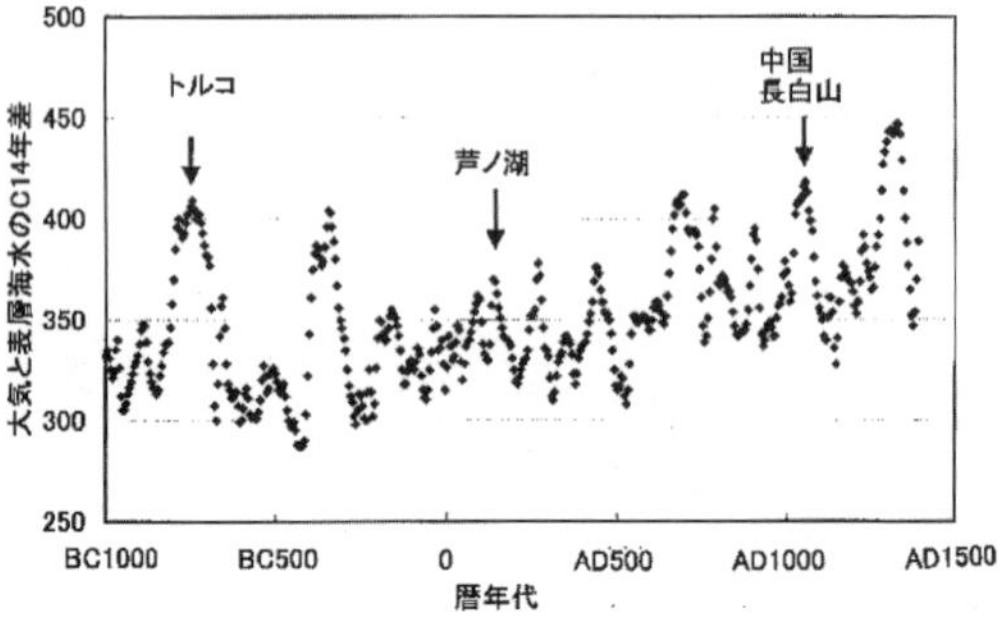

図６　国際較正基準による大気中と水中の炭素14年の差異推移

もちろん、トルコ、長白山、箱根芦ノ湖は、共に典型的な海洋地域というわけではない。それにも拘らず、影響を受けた可能性があるとすれば、とりも直さず、海洋に囲まれた九州では、より大きな「海洋効果」を受けていた可能性がある。九州は世界的にみても暖流海洋地域であり、あるいは国際較正基準と差の出やすい地域かも知れないのである。

かなり古い文献であるが、日本における炭素十四年の先駆者の木越邦彦氏が、屋久杉をカリフォルニア杉と比較して炭素十四比が一パーセントほど低い（八十年ほど古い）ことを指摘し、更に台風後の東京で炭素十四比が大きく低下することから、海洋性気団がかなり古い炭素年を持つと指摘している（木越邦彦「大気中における14C濃度の経年変化」『日本化学雑誌』八七・一、一九六六）。

なお、国際較正基準が高山の古樹木の年輪試料に基づいていることにも、平地試料と差を生じる原因があると考えている。すなわち、海水表面から成層圏の高空まで考えれば、そこには炭素十四の濃度勾配があり（成層圏との間では数千年の差）、高山ほど新しい炭素年代を示すはずだからである。

また、大気中の炭素十四比の拡散現象を考えれば、偏西風などの影響により、高空ほど均一化が簡単に進む。だから、米国やヨーロッパの国際較正基準と日本の高地の樹木試料で作成した較正基準がよく一致したからといって、局地的な炭素十四比の分布差が簡単に解消されると短絡できないのである。

海岸効果以外にも原因？

以上で「海洋効果」の物理は終わりにするが、もちろん検証された理論ではない。海岸遺跡のデータが古く出ることが事実だとしても、「海洋効果」だけが原因と決めることはできない。いわゆる「リザーバー効果」も、歴博がいうほど簡単に見分けることができるとは思っていないので、今後の問題として残るであろう。

それとは全く別であるが、九州地域には火山が多く、噴火に伴う炭酸ガスの問題も気にしている。火山性の炭酸ガスは、炭素十四が極めて少なく、噴火が継続していたとすれば、炭素十四年が国際較正基準から大きく古い方に乖離する原因となる。

一見して、理化学的な方法は科学的であり、文系の方には、疑い得ないと受け取られがちである。それを疑うと科学に対する偏見のように咎められる場合さえある。だから、都合が悪いと無視する。しかし、理化学的な方法の優れているのは、前提条件をはっきりさせて、その前提条件のもとでは、結論が正しく得られるのであって、前提条件を十分に吟味しないと、誤った結論となるのは、一般の学問と何ら異なることはない。無視するのではなく、理化学的な方法にも、誤りがあるとの前提で、議論は進めてもらいたいと思う。

六、自己矛盾する歴博の論理と分析データ

議論には、相手と異なった前提条件を掲げて、異なった結論を出し、その上で相手の結論に誤りがあることを主張する場合が多い。その場合、相手方の同意は得難くなるのは当然である。炭素十四法によって、考古学界に弥生年代遡上を迫っているのは、この典型であろう。

それに対して、相手の前提条件や結論をいったん認めた上で議論を進め、その過程で矛盾点を発見して、相手の論理に誤りがあることを主張する方法は、スマートに展開できる。それは、弥生年代の遡上に問題があるなら、歴博の前提とか理論に基づき歴博のデータを再検討し、そこに矛盾があるか否かを調べる方法に通ずる。

歴博は新聞発表当初から九州北部地方の新しい弥生年代観を発表している。その基本的な内容は変わっていないが、最新の『弥生時代の新年代』では、弥生早期の始まりを韓国の先松菊里式の始まりに合わせて四十年ほど繰下げた表示としている。あまり厳密にいっても意味はないが、紀元前九八〇年を前九四〇年に変えたわけである。新聞発表以降の研究の進展を考慮してのことであろう。しかし、弥生前期や弥生中期の年代観には大きな差異はない。

すなわち、図表による表示ではあるが、歴博は夜臼Ⅱb、板付Ⅰ、板付Ⅱa、板付Ⅱb、板付Ⅱc、城

ノ越、須玖Ⅰ、須玖Ⅱ、高三潴、下大隈の土器年代を絶対年代と関係づけている。もちろん、この関係は歴博の測定した炭素十四年を基にして国際較正基準によって、歴博が位置づけたはずのものである。

そうであるならば、歴博の各土器型式の年代観と炭素十四年を対比すれば、国際較正基準の線上にのるはずである。弥生前期末以降のデータについて、比較した結果を図7に示す。ここで使用した炭素十四年のデータは前出の『弥生時代の新年代』記載の一覧表によった。なお、各土器型式の暦年換算は歴博の図から読みとって、次のように設定した。

板付Ⅱc　前三九〇年中心
城の越　前三二〇年中心
須玖Ⅰ　前二二〇年中心
須玖Ⅱ　前一〇〇年中心
高三潴　後　一〇年中心
下大隈　後一〇〇年中心

また、須玖Ⅰと須玖Ⅱに関しては、古・中・新の区分もあるので、須玖Ⅰ古は前二七〇年、須玖Ⅰ新は前一八〇年、須玖Ⅱ古は前一四〇年、須玖Ⅱ新は前六〇年に割付けている。

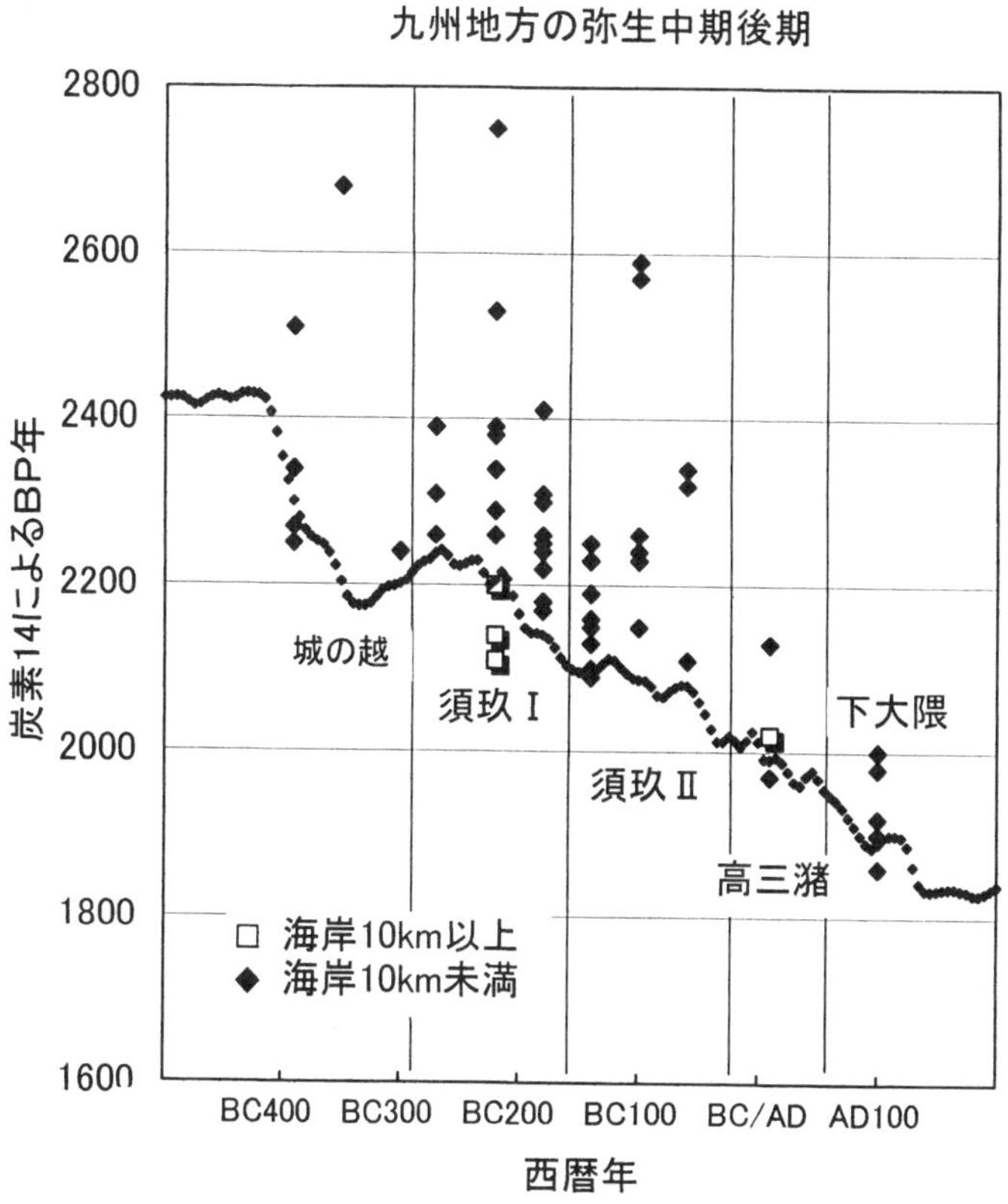

図7　歴博の年代観による炭素年と国際較正基準の関係

歴博年代観と合わない弥生中期の炭素年

図7に示した結果は、いわば歴博の年代査定に基づいて、歴博のデータを図示したものなので、本来なら国際較正曲線に一致すべきである。しかし、実際にはかなり大きな偏りが認められる。特に図中に◆で示した海岸遺跡のデータは平均的にみても百年以上も炭素十四年が古く出ている。歴博の年代観を用いずに、旧来の定説の年代観で議論すれば、更にその差は拡大する。

例えば、弥生中期の須玖Ⅰ期をみてみよう。その平均的な炭素十四年を国際較正基準で暦年換算すれば、大部分が紀元前四〇〇年頃になってしまう。歴博の年代観による須玖Ⅰ期は、旧来の定説よりも約百年古く、ほぼ紀元前二二〇年であるが、その歴博の年代観さえ、更に二百年近く遡上させないと較正基準に合わないのである。

もし歴博がこの測定結果をもって、須玖期も前五世紀に遡るというのであれば、首尾が一貫している。弥生早期が前十世紀に遡るというのと同じ論理だからである。しかし、歴博はこの問題については、何も発言していない。それは、炭素十四年が古く出ることがわかったけれど、とりあえず意識的に放置しているのか、気付いていないのかどちらかである。それなら何のための分析だったのか。気付きながら、放置しているのであれば、学問的な良心の問題である。

学問の世界では、審査のある学術誌に手続きを経て載せた実験結果や理論に、後で誤りが判明しても許される。斬新な理論ほど、誤りが生じやすいのを考慮すれば、ある意味では勲章であろう。しかも、理論の発表者自身が誤りに気付き速やかに訂正したのであれば、何の問題もない。いや、学者としては称賛されてもおかしくない。

しかし、学術発表を後回しにして新聞発表した理論が誤っていたらどうなるのであろうか。他者からみれば、論文の詳細を検討しなければ、誤りの発見もできないし、反論も書けない。当事者は、心理的にも、新聞発表に間違いがあったというのはなかなか勇気のいることで、誤りが決定的となるまで、公表を控えることもあろう。

だから、科学系の場合、新聞発表が先行することは通常考えられない。韓国のＥＳ細胞疑惑事件の場合でさえ、新聞発表は「サイエンス」誌掲載まで行われなかった。

図７に戻ろう。内陸データ、すなわち◇で示したデータに関しては国際較正基準に近いところに分布している。弥生早期と弥生前期でも、海岸部と内陸部で差があったが、弥生中期や弥生後期の場合も明らかに同じ傾向が認められるのである。かくして、「海洋効果」説が未だ有効な仮説として残るのである。真剣に検討してみる必要があるだろう。

なお、歴博の発表は韓国においても大きな反響を呼んでいる。例えば、高麗大の李弘鐘教授は、「無土器と弥生土器の実年代」『韓国考古学報』六〇（二〇〇六・九）に、韓国松菊里期の炭素年との比較から、歴博の年代を二百年繰下げた試案を発表している。これは、筆者が「東アジアの古代文化」誌上で提示した遡上案に近い年代観である。

七、弥生初期青銅器鉛の示す弥生年代

従来の弥生年代算定の基準点となっていたのは青銅器である。中国と遼寧地方の比較、遼寧地方と朝鮮半島の比較、そして朝鮮半島と日本の比較により、精緻な検討を経て、その暦年代を決めていたのである。

しかし日本で青銅器が現れるのは、弥生前期末から弥生中期初である。それ以前にも遼寧式銅剣の再加工品などが数点あるが、弥生前期や弥生早期の暦年代が不明確なのはやむを得ない。逆にいえば、弥生前期末以降の年代については、考古学関係者はある程度の自信をもっていたのである。

だから、今回の歴博の年代遡上論によって、考古学関係者がもっとも困惑しているのは弥生早期や前期の問題ではなく、むしろ弥生中期の開始時期の問題なのである。それなりの精緻な理論を組立てて、推定していた結果がいきなり無意味なものになってしまうのだから無理もない。もっとも、精緻な理論というのは、反面では脆弱な理論であることも意味している。

歴博の発表以来、曲り田遺跡や斉藤山遺跡出土の鉄遺物が、その出土状況や報告に疑点があるとの理由で、無視され始めている。青銅器の伝播についても時間的な傾斜は不必要だとの見方も

提出されて、解釈の自由度の中で、歴博の主張に追従する意見も多くなっているように見受けられる。弥生中期中頃と同時期の韓国平章里遺跡から出土した蟠螭文鏡（前漢鏡）さえ、定点としての意味が失われかねない。

さて、青銅器といえば、土器と同様にその精緻な型式変遷が研究されている。はたして実際の型式変化がそれほど規則的であったか、他の方法による検証が困難だと思うが、とにかくよく比較検討されている。土器の型式変遷の場合は二十五年単位でその前後関係を論ずることができるという。

青銅器や土器の型式変遷についての精緻な研究を知ると、鉛同位体比の組成変遷についても、もっと重要視する必要を感じる。組成の変遷を辿ることで、系統を明らかにすることができるし、時には年代を確定できると考えるからである。

すなわち、考古学において精緻な型式の分類を行っているのと同様に、青銅器の鉛同位体比を分類し、中国や朝鮮半島との関係から年代を求めることは重要な視点であると考える。しかし不思議なことに、今までにこのような視点の研究は全く行われていない。土器や青銅器の型式については、微に入り細に渡って研究しているのに、これはどうしたということだろうか。

例えば、鉛同位体比の分類方式をみても、今までは朝鮮半島産鉛、華北産鉛、華南産鉛、日本産鉛など、産地呼称を使って分類している。しかし、この産地呼称には、明確な誤り（朝鮮半島産鉛説）や多くの疑問点があることについて第一章で述べた。中国の商周期から日本の古墳時代まで視野に入れて考えると、用語としても不適正であり、鉛同位体比の変遷をみるには、区分がおおまか過ぎて、実状には合わない。

新たな鉛同位体比の分類法

そのため筆者は、産地とか青銅器形式、あるいは使用されていた時代とは、いったん離れて、グラフ表示する際に四種類ある鉛同位体の内、多用されている鉛二〇七と鉛二〇六の比（X軸）と、鉛二〇八と鉛二〇六の比（Y軸）の二つの数値により、分類することを試みた。

鉛二〇七と鉛二〇六の比と、鉛二〇八と鉛二〇六の比の関係図として、中国古代青銅器と弥生青銅器のほとんどを網羅して作成した分布図を図8に例示する。

しかし、図8からわかるように、これをこのままX軸とY軸で分割分類すると、組合せが膨大になり、極めて効率が悪い。それは、X軸にもY軸にも分母に鉛二〇六の項を含むため、同一グループ間では、右肩上がりの長楕円状の分布を示すからである。したがって、理論的には、比率表示をやめて、新たに各々の鉛同位体比をパーセント表示に計算し直してから、分類する方法もあるが、それでは従来発表されてきた分析値をそのまま利用できず、実用的とはいえない。

そのため、筆者は図9に示すような分類を行うことにした。グラフ表示との関係が明瞭で、従来の数値をそのまま利用できるし、簡単な数式表示で、分類計算も行える。

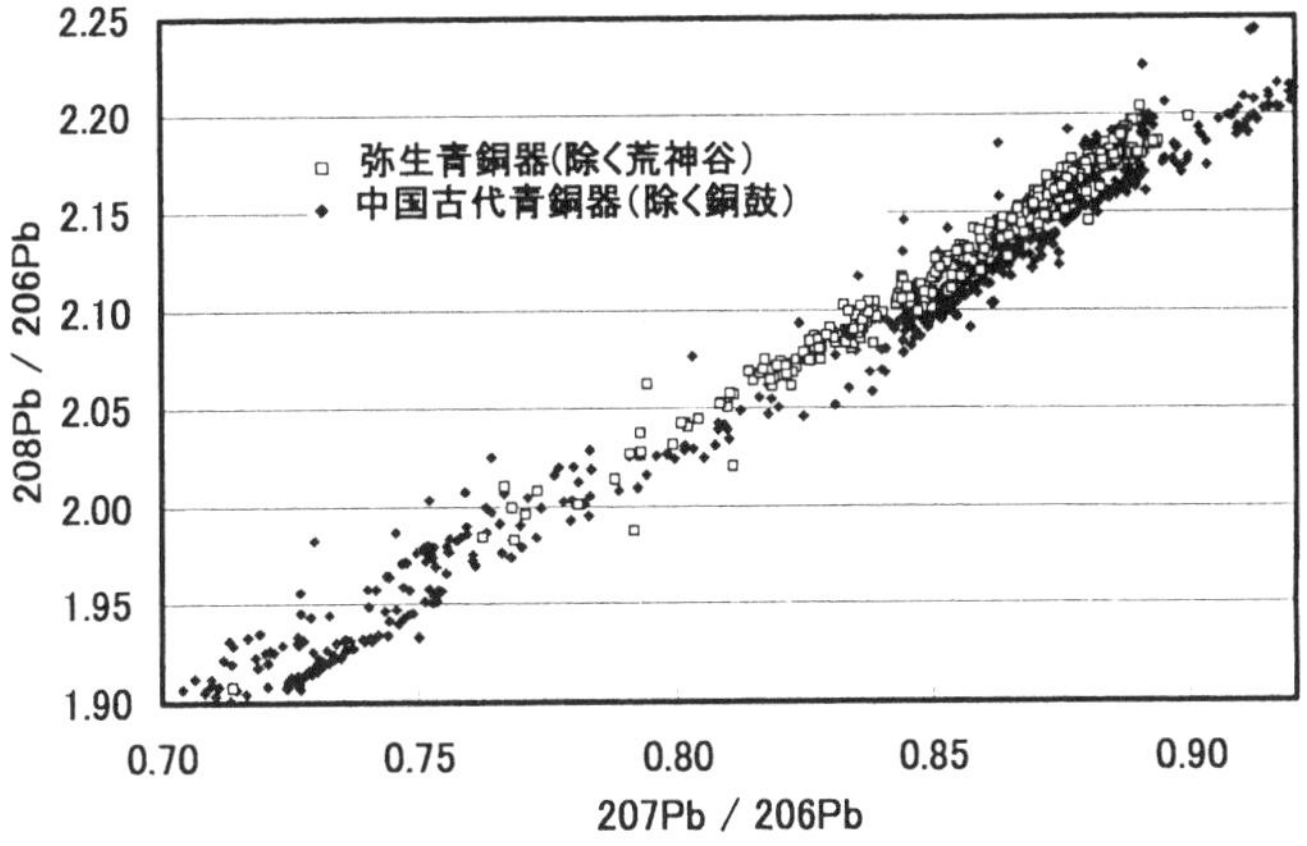

図８　$^{207}Pb/^{206}Pb$ と $^{208}Pb/^{206}Pb$ の関係図の例

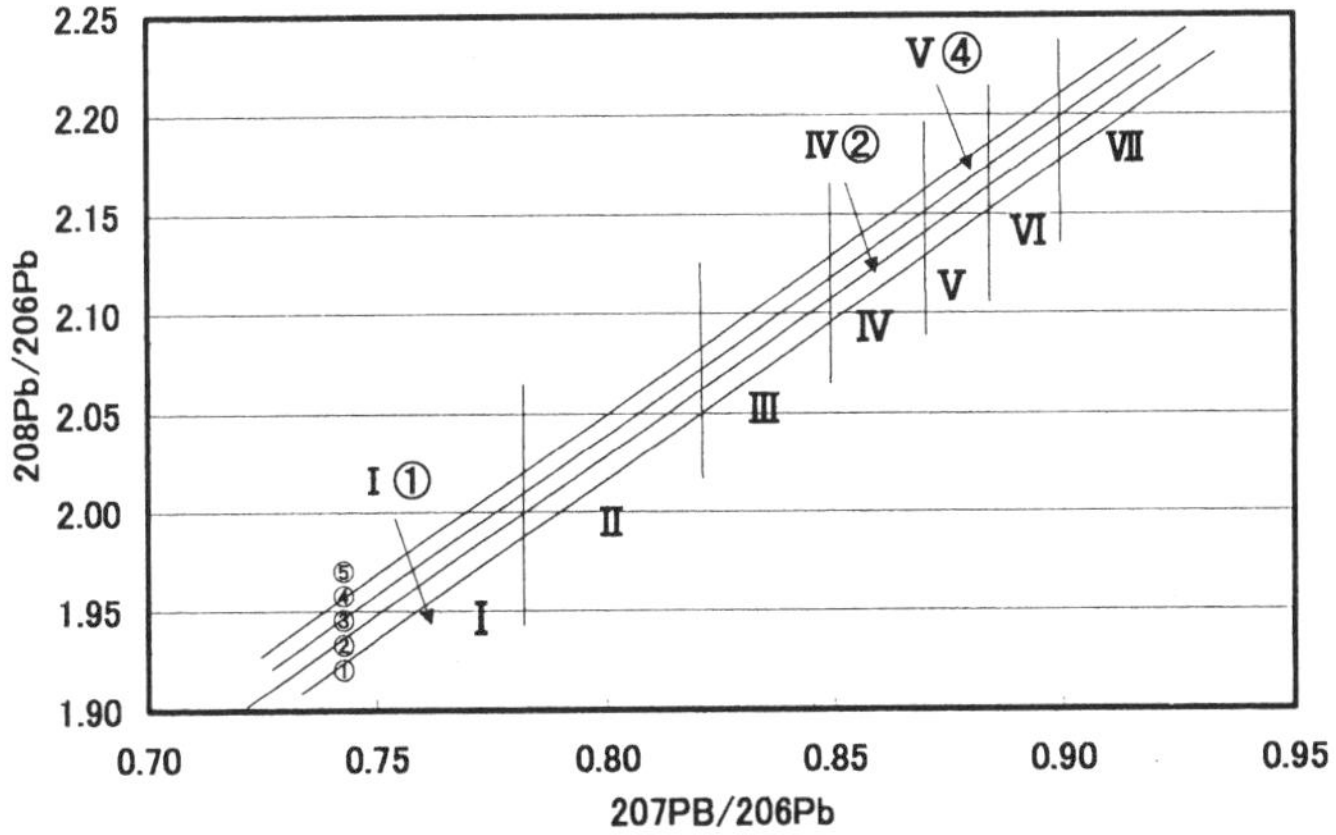

図９　$^{207}Pb/^{206}Pb$ と $^{208}Pb/^{206}Pb$ α β の分類図

すなわち、図9において、Ⅰ、Ⅱ、Ⅲ、Ⅳ、Ⅴ、Ⅵ、Ⅶの分類は鉛二〇七と鉛二〇六の比（以降α値）について次のように定義する。

Ⅰ……〇・七八〇以下、Ⅱ……〇・七八〇一〜〇・八二〇、Ⅲ……〇・八二〇一〜〇・八五〇、Ⅳ……〇・八五〇一〜〇・八七〇、Ⅴ……〇・八七〇一〜〇・八八五、Ⅵ……〇・八八五一〜〇・九〇〇、Ⅶ……〇・九〇〇一以上

また、①、②、③、④、⑤の分類は、鉛二〇八と鉛二〇六の比から鉛二〇七と鉛二〇六の比の一・六倍を差し引いた値（以降β値）を計算して次のように定義する。

①……〇・七四以下、②……〇・七四〇一〜〇・七五、③……〇・七五〇一〜〇・七六、④……〇・七六〇一〜〇・七七、⑤……〇・七七〇一以上

例えば、鉛二〇七と鉛二〇六の比が〇・八六四八、鉛二〇八と鉛二〇六の比が二・一二六八の時、α値は〇・八六四八、β値は〇・七四三一となり、Ⅳ②鉛と分類するわけである。

中国青銅器と弥生初期青銅器の比較

それでは、実際に中国の青銅器の鉛から分類してみよう。

中国における古代青銅器の鉛同位体比分析は、日本に劣らず盛んに行われている。手元には南方地域の銅鼓などを除外しても、千件ほどの分析値をファイルしている。これらについて中国の時代区分別にαβ分類を行った。結果を表3に示す。

表３　弥生初期青銅器と中国青銅器の鉛同位体比分類比較

αβ分類		遼寧式	弥生時期		弥生総計	中国の青銅器							戦国河北
			Ⅰ Ⅱ	Ⅱ Ⅲ		二里	商周	西周	春秋	戦国	秦	漢	
Ⅰ	①			1	2	1	6						
Ⅰ	②						72	6					
Ⅰ	③		1		1		57	4					
Ⅰ	④		3		3		37						
Ⅰ	⑤		1	1	3		71			2			2
Ⅱ	①		2		2		5	1					
Ⅱ	②			1	1		16	2					
Ⅱ	③		5	6	19		9	1					
Ⅱ	④		5	9	15		4						
Ⅱ	⑤				2		2						
Ⅲ	①					21	19	5	5	1			
Ⅲ	②		7	1	12		20	5	5	19	1	6	
Ⅲ	③		14	24	60		9	2		1		2	
Ⅲ	④		6	2	15			2					
Ⅲ	⑤				3		3			1		2	1
Ⅳ	①					4	19	16	6	5			
Ⅳ	②	3	2		7	1	14	34	16	29	1		
Ⅳ	③		5	1	30		10	2	2	22	1	2	
Ⅳ	④		2	10	54		3	5		1		5	
Ⅳ	⑤						3			1		1	1
Ⅴ	①				1	3	2	2	2	1			
Ⅴ	②		1		2	1	10	21	2	2		2	
Ⅴ	③		5	3	55		3	1	7	10	1	18	
Ⅴ	④		4	31	855					12	1	69	
Ⅴ	⑤				10		1			8	2	4	
Ⅵ	①					2	4	1	1	2			
Ⅵ	②						32	48	4	10			2
Ⅵ	③		1	1	33		2		2	1		1	1
Ⅵ	④				8				1	10	1	2	
Ⅵ	⑤				14		1			6		12	
Ⅶ	①				1	11	10			6		2	1
Ⅶ	②				2	16	1			11		1	4
Ⅶ	③				1						1		1
Ⅶ	④												
Ⅶ	⑤						2						
合　計		3	68	91	1213	60	447	158	53	161	9	129	13

一方、弥生時代の青銅器に関しても、約千二百件の鉛同位体比分析データがある。大部分が弥生後期の青銅器であり、αβ分類でいえば、その七十パーセントがV④鉛に集中している。V④鉛の分類に近いV③鉛、Ⅳ④鉛、Ⅳ③鉛を加えると、実に八十二パーセントがこの種類の鉛である。前漢鏡の鉛同位体比と一致しているので、少なくとも中国産の鉛だと考えられる。

しかし弥生中期や前期に遡ると状況は全く異なる。細形銅剣、細形銅矛、細形銅戈、多鈕細文鏡、菱環鈕式銅鐸を弥生Ⅰ期・Ⅱ期、中細形銅剣、中細形銅矛、中細形銅戈、外縁付鈕式銅鐸を弥生Ⅱ期・Ⅲ期の青銅器とすれば、それらの中には、極めて特異な鉛同位体比を含む一群がある。かつて、朝鮮半島産の鉛と誤解されていたものであるが、おそらく中国の雲南地方にその原産地が求められるもので、中国においても商周期にのみ使用され、春秋期以降は全く使われなくなった鉛である。中国における時期別の鉛分類と対比しながら表3に示す。

個々について若干の説明をしておこう。

日本で最も古い青銅器は、福岡県宗像郡津屋崎町の今川遺跡から出土した遼寧式銅剣を再利用した有茎両翼式銅鏃で、弥生前期初頭の板付Ⅰ期の包含層から出土している。遼寧式銅剣を再利用した銅鑿が、韓国の扶餘松菊里からも出土しているので、板付Ⅰ期を松菊里期に対応させる根拠のひとつとなっている。

遼寧式銅剣については、この他に朝鮮半島南部の積良洞出土品二件と福岡県小倉区上徳力遺跡出土品の鉛同位体比分析がある。それらの鉛同位体比はいずれもⅣ②鉛に属している。Ⅳ②鉛は中国では、西周期・春秋期・戦国期を通して、最も一般的な組成であり、遼寧式銅剣も中国と同一の原料を使用していたとみることができる。ただし、このⅤ②鉛は中国での使用期間が長期にわたっているため、鉛の分類から製作時期を特定することはできない。

一方、日本では弥生時代を通じて、Ⅳ②鉛に分類される青銅器は、上記の例を除くと、いわば原料混合によると思われる偶発的な三点しか見つかっていない。すなわち、日本の弥生時代を通して、この西周期・春秋期・戦国期のⅣ②鉛は、全く使用されなかったと考えられるのである。

その意味で注目する必要があるのは、表3に示したように、中国から朝鮮半島へのルートにあたる河北省の燕国で、戦国期になるとⅣ②鉛が一点も認められなくなることである。何らかの理由で、燕国への供給が止まった状況と考えられる。戦国期における戦略物資の禁輸措置だったと思われる。

もしそうであるなら、遼寧式銅剣への青銅器原料供給に支障をきたし、遼寧銅剣の終焉を早める要因になった可能性がある。鉛組成の面で、遼寧式銅剣と弥生期の細形銅剣等の間に連続性が全く認められないことは、その意味でも十分に注目する必要がある。

極めて特殊な弥生初期青銅器鉛

さて、本題に入ろう。表3をみると直ちにわかるが、弥生Ⅰ期・Ⅱ期や弥生Ⅱ期・Ⅲ期には、

α分類でⅠとⅡを示す青銅器が多数ある。しかし、中国ではこのタイプを春秋期・戦国期・秦漢期を通じて、ほとんど見出せない。唯一の例外は朝鮮半島に隣接する燕国から出たもので、これを朝鮮半島に含めれば、中国本土では皆無だということである。これを更に拡大していうと、αβ分類でⅢ③鉛とⅢ④鉛を示すグループも同時期の中国において、その例をほとんど見出せない。すなわち、表3に太字で示した分類の弥生Ⅰ期・Ⅱ期の青銅器九十一点が、同じ時期の中国の春秋期から漢期にかけて、その例をほとんど見出せないのである。

ところが、これらの鉛の多くは、中国の商周期以前にはごく一般的なものであった。これはどうしたことであろうか。

その一方で、弥生時代の主要な鉛であるⅤ④鉛は、弥生Ⅰ期・Ⅱ期には六十八件中の四件に過ぎないが、Ⅱ期・Ⅲ期に入ると九十一件中三十一件と急増し多数を占めるようになる。

以上のふたつの事実を組み合わせると、弥生Ⅰ期・Ⅱ期の青銅器原料として、商周期の青銅器のリサイクル材が使用された可能性が浮かび上がる。

一般に、青銅器原料は貴重品であり、不要となるとリサイクルされる。その際には、使用目的に合わせて、金属組成の調整を行うので、必ず新たな原料も添加される。したがって、再溶解材であっても完全に元の組成に一致する訳ではない。すなわち、再溶解材はリサイクル材の組成と新たに添加する原料の組成を結ぶ線上に分布することになる。

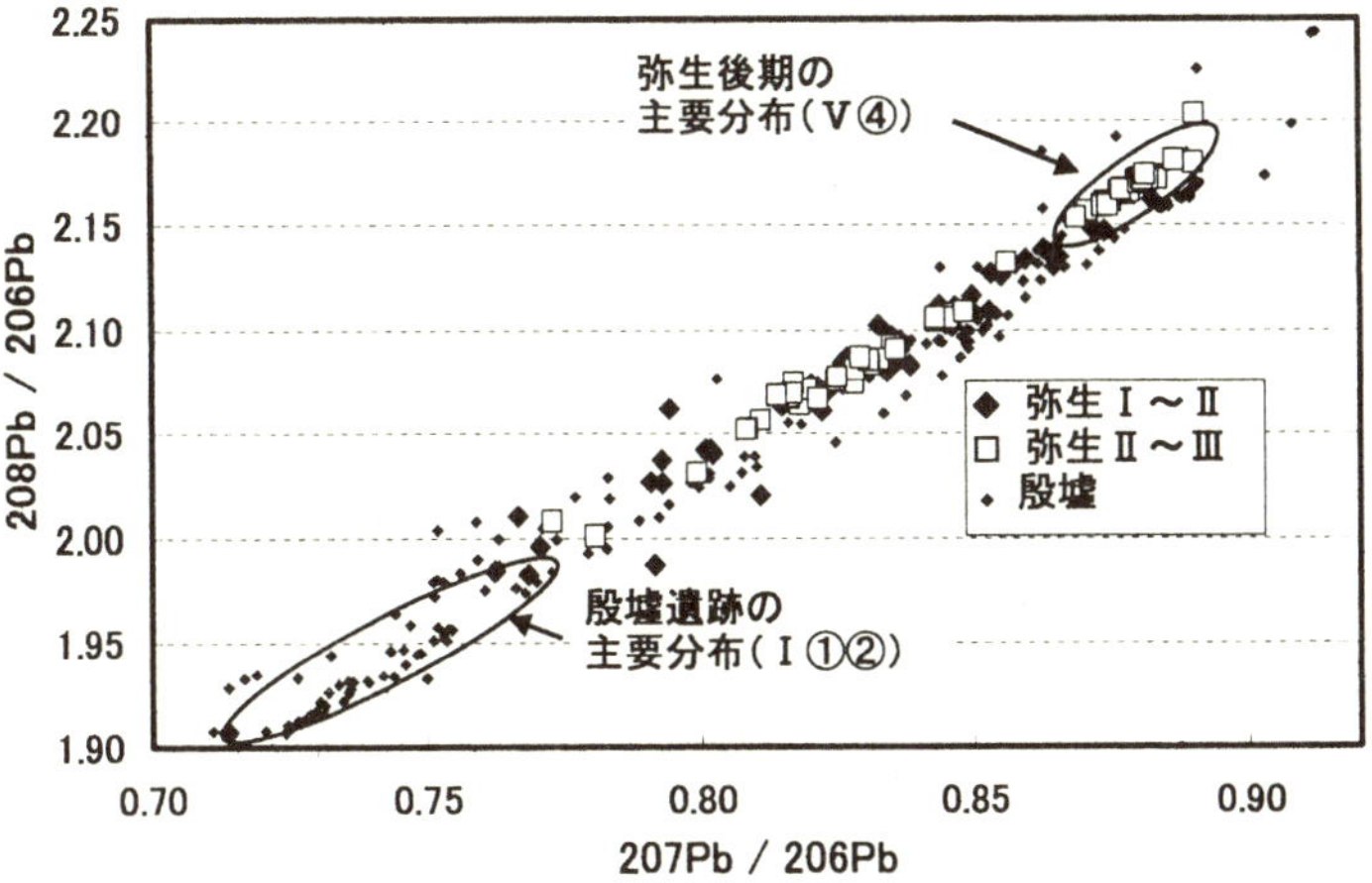

図10　弥生ⅠⅡ期・弥生ⅡⅢ期と殷墟遺跡の鉛同位体比

このような観点で、弥生Ⅰ期・Ⅱ期や弥生Ⅱ期・Ⅲ期の組成をみると、商周期の典型的な原料であるⅠ②鉛～Ⅰ④鉛などに、V④鉛の原料を添加したと考えると納得できる。この様子を図10で確認してみる。

図10は、弥生Ⅰ・Ⅱ期と弥生Ⅱ・Ⅲ期の鉛同位体比について、X軸に鉛二〇七と鉛二〇六の比を、Y軸に鉛二〇八と鉛二〇六の比を採って示したものである。それに加えて、図中には河南省殷墟のデータを目立たぬように小さな◆で示している。図中には、弥生時代の主要原料の分布と、殷墟などの主要な分布を模式的に長楕円で示すが、これらのふたつの原料間に、弥生Ⅰ・Ⅱ期、弥生Ⅱ・Ⅲ期の鉛同位体が直線状に分布している様子がよくわかるであろう。

それでは、春秋期以降全く例のなかった商周期の鉛が、五百年以上を経て、燕国や朝鮮半島そして日本に、なぜ突如として大量に現れ、しかも短期間で使用が終わってしまったのであろうか。偶発的な発掘出土品の使用などとしては理解し難いし、燕国内で保有していた青銅器の再利用とも考え難い。

燕国将軍・楽毅が斉から奪った宝物類が原料

それはおそらく中国の中原地方などで宝物等として伝世された青銅器が、なんらかの理由で再溶解された状況を想定するのが、最も理解しやすい。貴重な青銅器なら五百年以上伝世された可能性が十分にあるのは、奈良時代の青銅器が多数残っているのをみればよくわかる。

そのように考えると、その入手時期として最も可能性の高いのは、『史記』が伝える燕の昭王二十八年（前二八四年）の斉・臨淄（菑）の攻撃である。これは燕が楚と三晋と秦と連衡し、一時的に都臨淄を陥落させた事件であるが、その際に伝世の宝物類を戦利品等として入手している。『史記』はその「楽毅列伝」において、燕国の将軍・楽毅が斉の首都臨淄を陥とし、斉の宝物類を根こそぎ奪って昭王のもとに送り届けたことを「楽毅攻入臨菑、盡取齊寶財物祭器輸之燕」と伝えている。また同じく『史記』の「田敬仲完世家」も、莒に逃れた斉の湣王を救援にきた楚の淖歯が、逆に湣王を殺した際に、燕の将（楽毅）と宝物を山分けにしたことも伝えている。おそらく、その前々年（前二八四年）に斉は安徽省・河南省にあった宋を滅ぼし併合しているので、その時の戦利品もそこには含まれていたに違いない。

このような理解は、全体的にみて、整合的であり、無理がない。すなわち、貴重な伝世の青銅器の入手であるなら、この昭王の時以外を想定することは困難である。逆にいえば、商周期の鉛同位体比をもつ青銅器が、五百年以上もたってから燕や朝鮮半島、日本に現れた現象を説明できる仮説は、現在のところ右記の想定以外には全く見出すことが困難なのである。

弥生中期の大幅遡上はない

そうであるならば、細形銅剣の製作の本格化は前二八〇年以降と想定される。しかも原料が戦利品あるいは略奪品であり、継続的な入手はできなかったので、まもなく枯渇してしまったはずである。事実、この種の鉛は燕国と朝鮮半島および日本で一時的に使用されたが、その後に完全に姿を消してしまっている。

したがって、日本の細形銅剣の初出時期は、紀元前二百八十年以降になり、朝鮮半島における細形銅剣も、遼寧式銅剣に繋がる鉛同位体を持つものがないので、大幅な年代繰上げは難しいと考える。

このような推定結果は、岡内三真氏や宮本一夫氏が、炭素年の影響を受けて新しく設定した前五世紀説には一致しない。むしろ、岡内氏や宮本氏の旧説に近い。岡内氏や宮本氏の新説は、必ずしも新事実によって得られたものではなく、炭素十四法の結果に触発され、いわば解釈の自由度内で、より遡上を考えた試案であり、旧案を全面的に否定したものではないと思う。したがって、旧説もいわば自由度内には存在し得るであろう。

燕国の将軍・楽毅は宮城谷昌光の小説『樂毅』で紹介されて、今では有名であるが、もともと諸葛孔明が菅仲と共に最も高く評価した人物である。その楽毅が日本の初期青銅器をもたらしたとすれば、日本の歴史に固有名詞をもって登場する最初の人物となる。愉快な話である。

さて最後に、青銅器の鉛同位体比の検討結果からみた筆者の弥生中期実年代像を次のように提出しておきたい。この結果は、旧来の年代観と新しく歴博が提示した年代観でいえば、旧来の年代観に近い。

弥生前期末・中期初頭の実年代　　前二五〇年頃
弥生中期前葉と中期中葉をわける実年代　　前二〇〇年頃
弥生中期中葉の実年代　　前一五〇年頃

もちろん、本試案は鉛同位体比という、狭い分野から覗いてみた結果なので絶対的なものではない。しかし、従来の考古学的な時期推定の根拠も、鉛同位体比による根拠に比較すれば、推論の要素が大きく、炭素十四の時代観によって変動し得る程度のものであった。本報で詳細に述べたように、鉛同位体の時期的・地域的な関係や『史記』に示された歴史的な事件との整合性からみれば、むしろ本試案は年代精度の面でも確度の高いものだと考える。

したがって、本試案を否定的に位置付けるであろう歴博の炭素十四法については、やはり科学的な面からみても何らかの問題があると考える。

八、予測が先行した歴博のマスコミへの発表

歴博の炭素十四法による弥生年代の遡上論について、理系の視点から再検討を行った結果は、結論的には歴博の主張に数多くの問題が残っているという結果となった。

ひとつの根拠は図7に示したように、いわば歴博の年代査定に基づいて、歴博のデータを再整理しても、全く矛盾する結果が出ることである。なぜ国際較正基準からずれているのかについては、まだまだ議論があろうが、歴博としては自己の論理と自己矛盾するデータの関係を合理的に説明できない限り、いくら日本の高山樹木について、国際較正基準と一致していることを示しても、炭素十四法の信頼性を確保したことにはならず、遡上説を留保せざるを得ないだろう。

また、もう一方の楽毅がもたらした青銅器リサイクル説は、鉛同位体比に関する不思議な現象、すなわち商周期の鉛がなぜ五百年以上もたって、突如として燕国や朝鮮半島、日本に現れ、また突如として消えていったのかについて、整合的な説明を与えている。この不思議な現象を説明する案が他に全く見当たらないという意味で、確度の高い推論だと自負している。

なお、筆者の主張する炭素十四年の「海洋効果」については、理論的にもあり得るし、歴博の測定データもそのことを指し示しているので、今後の検討を期待したい。少なくとも、日本の高

地樹木による炭素十四年が国際較正基準と一致したからといって、炭素十四法の年代が正しいことにはならないことには留意してほしい。まだ道は遠いのである。

研究発表は学術誌へ

ところで、また新聞発表の件に戻る。

学術的な研究成果の発表は、やはり学術誌を通すべきだと考える。歴博は新聞発表に際して、未だ検証されていない予測を全面に出して、ニュースバリューを高めようとしたのだと思う。しかし、その段階では、炭素十四年の試料履歴や分析値さえ、試料提供者との関係で、公表できない状況にあった。それは、歴博のみがインサイダー情報を持ち、研究を進め、新たな見解を持ち得たことを意味している。

もし発表を急ぐ必要があるなら、原始データを公表すべきであり、データの公表なしの結論や予測はフェアではない。データの公表もなく、結果だけを知らされて考古学関係者は何とも思わなかったのであろうか。いや、あるいは関係者にだけ、研究会等データを教えていたというのかも知れないが。

結局、歴博の当初の予測、すなわち「弥生開始が前十世紀」という説は、その後得られた炭素十四年データでも裏付けられなかった。確かに、論理的にいえば、予測を完全に否定するものでもないが、もし「予測」が存在しなかったら、あるいは「ご破算で願いましては」で検討すれば、炭素十四年の較正に問題がなかったとしても、否定的な結果であったといってもよいだろう。

それに対して、歴博は、縄文終末期の土器の検討という新しい視点からの研究を進めている。手法的に正しければ問題ないが、試合途中でのルール変更のような印象があるのは確かである。

考古学の世界では「ご破算で願いましては」が不得手なようである。有力な仮説があると、それに準拠した考察が増加し、それによってまた仮説が強化されるという自己増殖の性格があるからであろう。新聞発表による「予測」が先行したため、「ご破算で願いましては」ができなくなり、その後の研究が「予測」の正しさを実証しようとする方向に偏向しているように感じられるのである。

この点が、理系の視点から最も気になることなのである。やはり研究発表は学術誌上で行ってほしい。

なお、歴博の研究に関連して、これが多額の科学研究補助金によって支えられていることも紹介しておきたい。すなわち、文部科学省は、科学研究補助金として、毎年、歴史・考古学関係に百数十件、総額四億五千万円ほど支出しているが、その中で『弥生農耕の起源と東アジア・炭素年代測定による高精度編年体系の構築』には九千万円ほど（五年間で四億二千万円）を援助している。筆者のようにコピー代まで自弁の研究に比べれば、うらやましい話である。だからこそ、自らの立場にこだわることなく、真の成果をあげてほしいと願っている。

第三章

古墳の築造には
どんな尺度が使われたか

一、百家争鳴の古墳尺度論——美しい誤解が「古韓尺」研究の始まり

末永雅雄氏が宮内庁の資料をもとに『日本の古墳』を出版したのが昭和三十六年である。そこに掲載された美しい天皇陵の測量図は古代への夢をかきたて、昭和四十年には古墳の尺度をめぐって、森浩一氏や甘粕健氏が相次いで試論を発表している。

しかし両氏の見解は必ずしも一致したものではなかったので、その後も、上田宏範氏、椚国男氏、白石太一郎氏をはじめ、ちょっと思い付くだけでも、西村淳氏、宮沢徏氏の橿原考研グループ、秋山日出雄氏、梅沢重昭氏、若狭徹氏、沼澤豊氏、岸本直文氏、櫃本誠一氏、北條芳隆氏などが、それぞれ独自の見解を披露している。この他に、アマチュア愛好家のレベルまで含めれば、まさに百家争鳴、「ひとつの古墳にひとつの尺度あり」と揶揄される状況である。

そのため、計量史研究者の小泉袈裟勝氏など「都合の良い数字だけを選んで自説を立てる人が後をたたない」と嘆いていた。

実は筆者も古墳尺度の研究にのめり込んだ時期があった。それは森浩一氏の岩波新書『古墳の話』を読んだ昭和五十年頃のことである。歴史や考古学の本を読んでは、自分勝手な意見を楽しんでいた頃だったので、そこに出ている古墳の大きさとものさしの関係に釘付けとなってしまっ

のである。

た。古墳の大きさを測ると中国の晋尺（二十四センチ程度）で完尺（端数のない尺数）を得るという

そして古墳の大きさを書いた一覧表を眺めている内に美しい誤解が始まった。数字をみる限り、晋尺よりももっときれいに当てはまる尺度があるではないか。なぜ学者たちはそんな簡単なことに気付かぬのだろう。私ならもっと合理的な方法で最もよく当てはまる尺度を求める方法を知っている。それは統計学とそれに基づくコンピュータ計算ではないか。私の出番がやってきたのではないか……。

折から専門の学者を含めて、古墳の設計や尺度について多くの学説が出され始めていた。しかし、どのアプローチをみても主観的、恣意的に過ぎて納得のいくものではない。

最も重要な議論の分かれ目は、「古墳時代を通じ一種類の尺度が継続的に使われたとみるか否か」にあった。もし何種類もの尺度を持ち出せば、ますます都合のよい解釈に成りがちで、見かけ上はよくあっているようにみえるが一方では論証の困難な議論となってしまう。そのような検証不可能な議論には入りたくない。検証には、統計学的な議論が絶対に必要だ。

幸いなことに、その頃から、コンピュータが一般企業にも普及しはじめていた。理系で数値処理には自信をもっていたので、コンピュータを援用して、これらの論争に決着をつけようとの意気込みであった。

しかしどうしてもうまくいかなかった。着想自体は今考えても優れていて誤解とばかりはいえなかったが、古墳の大きさが規則正しくできていると思ったのがそもそも間違いのもとであった。第一、文献によって古墳の大きさがかなり違うし、どこを起点に測った数値かもわからない。無数にある古墳のどれを対象にすべきか、それも恣意的であってはならない。数学的な解析方法は開発できたが、肝心の古墳のデータはとても明解に尺度を語るにはほど遠かった。いくら試行錯誤して解析してみても満足いく結果は得られない。美しい誤解が醜い現実によって覆されてしまった。

結局、一日も早く自説を発表したいと思いながらも、すっかり行き詰まってしまった。ただただ、いつの日にかコンピュータを使った解析方法が脚光をあびることを信じて、余暇を見つけては全国の古墳の計測図面を集め続けていた。しかし四十歳代のサラリーマンが自分だけの時間を持ち続けることは難しく、いつのまにか情熱も醒めてしまった。

それからちょうど十年近くたった昭和五十八年のことであった。仕事上で責任を取る形で選手交代する時期がやってきた。研究部門を担当することになったのである。左遷の意味が込められていた。

しかし、この職場が私の人生に幸運を呼び込むきっかけとなった。美しい誤解が醜い現実に覆され、そしてもっと大きな夢を育む。そんな研究の世界がよほど体質にあっていたらしい。実績も出始めた。

そして仕事上で博士号を必要とするというので、取り組んでいた研究で、全く期待もしていなかったような、「結晶成長に関するオストワルド理論の数式化」に成功した。神仏を信じない私が神仏の加護を感じた瞬間であった。

仕事が再び順調にまわりはじめ、精神的に多少の余裕が持てるようになり平成と年号が変わる頃から、また尺度の研究を再開しようという気持ちが高まった。

ひとつの突破口となったのが、古墳ばかりでなく、古代宮殿や古代寺院にも目を向けることであった。そこで出会ったのが、かの有名な「法隆寺再建・非再建論争」である。

実は、この大論争も一部の学者の美しい誤解が始まりであった。『日本書紀』には天智九（六七〇）年に「法隆寺が一屋あますことなく焼失」と書いてあるにも拘らず、建築様式の研究者の関野貞氏が明治三十八年これを推古朝すなわち飛鳥時代の建築であるとして「非再建論」を唱えたのである。様式論からすればもっともな主張で、日露戦争で高揚したナショナリズム的な世論に熱烈に受け入れられた。

これにびっくりしたのが文献史家達であった。すくなくとも『書紀』の書かれるわずか六十年前の出来事が間違いであってよいはずがない。それまで一度も法隆寺を訪れたこともなかった若き日の喜田貞吉氏が反論の筆をとる。これが大論争の始まりであった。

以降三十年以上に渡って延々と繰り広げられた論争も、昭和十四年に実施された若草伽藍の発掘調査により、突然幕が下ろされてしまう。若草伽藍の一部が、法隆寺西院伽藍の一部に重なっており、「非再建説」が成り立たないことが判明したからである。

ところでこの論争において、大きな役割を果たしたのが尺度論であった。非再建論者が一貫して主張したのは、法隆寺が高麗尺（三十五・六センチ程度）により造られているという点である。法隆寺建築に高麗尺を当てはめてみると多くの寸法がよく合うことは確かであった。しかし全てがうまく合っている訳でもなかった。高麗尺を知らない者が、法隆寺を詳細に調べれば、百人中百人がもっとよく合う尺度を示すはずである。それが筆者の唱える古韓尺（二十六・七センチ程度）である。古韓尺なら建物細部にいたるまで実によく一致するのである。

しかしこの頃、古韓尺などという記録はどこにもないし、法隆寺にだけうまく適合してもそのことだけでは誰も認めるはずがなかった。

それからは夢中になって古代寺院の寸法を渉猟した。法隆寺に続いて法起寺も法輪寺も古韓尺によく合っていることを知った。しかしまだまだ不十分だ。そして発掘調査に目を向けると日本最初の寺院飛鳥寺遺蹟も古韓尺によく合っている。その他の飛鳥・白鳳寺院遺蹟も正確な寸法を得ることができなかったけれど、古韓尺なら矛盾がない。ますます確信が深まる。

しかし、尺度問題の恐いところは「そう思って見るとそう思える」ところにあった。恣意的な解釈なら誰にでもできる。誰もが納得できる客観的な判定基準でなければ、いわば水掛け論に終わってしまう。これを如何にして乗り越えるか。そして再び戻ったのが統計学利用によるコンピュータ解析法であった。パソコンが簡単に使える時代が始まっていた。

二、遺跡のデータ解析から求めた古韓尺

たとえ不正確であっても数多くのデータを解析すれば真の姿が浮かび上がってくる。それが統計学の教えるところである。法隆寺のように品質のよい測定値はこれからはいくら望んでも簡単に手に入る訳ではない。しかし、不正確でよければいくらでもデータはあるではないか。発掘調査報告書を求めて国会図書館通いが始まった。そして当然の帰趨として朝鮮半島にも目がいった。

時が熟していた。この頃から韓国では古代寺院の学術調査がいわば国の威信をかけた形で行われ始めていた。その中でも慶州の皇龍寺跡の調査は絶好な資料を提供してくれた。東大寺を凌ぐこの巨大寺院跡には、礎石を残した九重塔、金堂、講堂や廻廊が残っていたからである。そして古墳や宮殿、寺院の膨大なデータが手元に集まった。さあどうやって料理するか。

とにかくデータをコンピュータで機械的に解析し、その結果を時代・地域別に並べてみることにした。そして驚いた。期待していた以上に、古韓尺が色濃く浮かび上がってきたのである。

いつのまにか五十路に入り、相変わらず仕事と格闘する日々であった。時間の余裕があるはずがなかった。しかしサラリーマン生活にも波があり、ちょっとした失意を味わう時に、あたかも

代償を求めるかのように夢中になって論文を書き始めた。心の中では、博士論文の時の「柳の下の泥鰌」を再び狙っていたのかも知れない。書き出しは順調であった。

しかしそんな時に限って、仕事が順調に回りはじめ、時間が足りなくなる。朝早く起きて書き進めるしかなかった。もう勢いは止められない。それがたとえ美しい誤解に基いたものであっても、もう後戻りはできなかった。そして三篇の論文を書き終えて、それをもとにして『まぼろしの古代尺』という研究書を脱稿したのが、平成四年のことである。

もともと本として出版することが前提であった。地味な研究誌にアマチュアの論文を発表しても専門家からは無視されることぐらいよく承知していた。だから研究成果は本として紹介しなければならなかった。それも歴史や考古学の世界で権威ある出版社でなければならなかった。しかしそんな願望を簡単に受け入れてくれる出版社があるはずがないこともよく知っていた。失うもののない者の強さであった。とにかく迷わず第一希望の出版社からアタックすることにした。吉川弘文館である。誰の紹介もなく草稿を送ってみた。

人生にはつきがある。今までも随分ついていた人生であった。しかしこの時ほどつきを感じたことはなかった。編集者がかつて高麗尺に疑問をもった経験のある方で、とにかく出版を検討してくれるという。吉川弘文館といえば、専門の学者でさえそこで本を出せば勲章になる出版社であった。定説にもなっていないアマチュアの本など余程のことがなければ引き受けるはずがなかった。それが本にしてくれるという。

ただし出版社の知恵もあって本のタイトルは研究書としては異例の『まぼろしの古代尺』となった。有名な歴史考古学者坂詰秀一氏が新聞書評でも取り上げてくれた。神仏の加護を再び感じた。

『まぼろしの古代尺』

さて、ここで『まぼろしの古代尺』の内容を紹介しよう。既に出版済みの図書であり、概要にとどめるが、その特徴は徹底した日本および朝鮮半島の遺跡計測データの収集とその解析法である。

まず解析法から紹介する。

建造物等がどのような尺度で設計・施工されたかは、その各部の計測値を詳細に眺めることで、ある程度見当がつく。それはいくつかの計測値に同一長さや簡単な整数比をとるものを見出せるからである。もしこの「簡単な整数比」が特定の計測値間のみでなく、大部分の計測値の間に見出せれば、それが「尺度」を反映したものになっているのは言うまでもない。これらの「簡単な整数比」を通常尺度論では「完数比」と呼んでいる。すなわち、計測値／完数が「基準尺」である。

ところが、この「完数」が如何なるものかは、かなり主観的であり、定義を与えた例が見あたらない。一桁の整数が「完数」であることは異議がなくとも、二桁の後半の数が全て「完数」とはいえないかも知れないし、三桁でも「完数」が存在するかも知れない。また、同じ「完数」の間でも「完数らしい完数」と「完数とするには微妙な完数」もあり、その「完数度」が異なる。したがって「完数」を定義するにあたっては、その「完数度」も同時に定義しておかねばならない。

もとよりこれらは主観的な要素が高く、定義者によって異なるのはやむを得ないが、すくなくとも定義をすることで議論の共通の場を提供できる。筆者が用いた「完数」と「完数度」は表1の通りである。ここに、完数1は完数10や完数100も代表している。すなわち、完数一三五とあれば一三・五も完数である。

さて、「完数」ならびに「完数度」については以上のように定めたが、建造物等の計測値については施工誤差やその後の変容があり、計測値／基準尺が完全に整数となることはまれであり、かなりのバラツキをともなう。ばらつきが大きければ確かさが劣る。

また、基準尺が三十センチと想定されているなかで、四・三五メート

表1　完数と完数度の定義

完数度	完数															
5	1	2	3	4	5	6										
4	7	8	9	11	12	15	25									
3	13	14	16	17	18	19	21	24	27	35	45	55	75	125		
2	22	23	26	28	29	31	32	33	34	36	48	54	65	85	95	175
1	37	38	39	41	42	43	44	46	47	49	51	52	53	56	57	58
	72	96	105	115	135	145	155	165	185	195	325	425	475			

ルの柱間隔が見つかった時、十四尺とみれば誤差は十五センチあるが、十四・五尺とみれば誤差はない。十四・五尺とみて「よく合っている」と主張しても、本当は十四尺で誤差が大きいのかも知れない。

このようなことをその都度主観的に判断していたのでは、いつまでたっても恣意的な判断から逃れられない。そこで筆者が定義したのが、完数度から相対誤差の百五十倍を差引いた数値で、これを総合完数度とした。

通常、ひとつのグループの遺跡計測値は、数多くのデータで成り立っている。これらのデータが全て、想定した尺で割切れて完数となり、誤差が出なければ、その尺が正しい復元尺である。すなわち、各計測値の総合完数度の平均値が小さいほど、復元尺の確かさが増す。このように考えて、想定尺を一ミリずつ変えながら計算をしてみると、遺跡ごとにどんな尺度がよく合うか出てくる。コンピュータを利用した絨毯爆撃的な検討方法である。

朝鮮半島と日本に共通する復元尺

そして、遺跡ごとにまとめてみた結果を表2に示す。期待以上に、復元尺の候補が二十六・七センチ近傍に集中したのである。筆者はこれを古韓尺と命名した。

どの程度、古韓尺が遺跡の計測値と合っているかその代表例を紹介しよう。

表2　日本・朝鮮半島遺跡の復元尺の候補（mm）

遺跡名称	N	210	230	250	266	280	295	310	330	355	380
集安壁画古墳	29				267				320		
徳興里古墳	14				263						
高句麗石室	36				263				323		
宗山里石室	22			250	272	279			333		
陵山里石室	24			248	270	274					
定陵寺配置	20				263					360	376
定陵寺柱間	20	200			267						
安鶴宮配置	25	200			267		294		333		
安鶴宮回廊	21	212			266	283					
皇龍寺配置	11			247	268					357	
皇龍寺重建	20				265				332		
皇龍寺重建後	20				265		295				
定林寺配置	4				266						
定林寺柱間	10		238		264						
定林寺石塔	31			245				307			
弥勒寺配置	6			245					341		385
弥勒寺柱間	11		220		265				330		
金剛寺配置	5		228	250		278					
感恩寺配置	5				264			316		352	
感恩寺柱間	8	207					293				
慶州四天王寺	10						295			354	
軍守里廃寺	5							310	339		
東南里廃寺	3		219				292	319			
前方後円墳	51				264				325		
埼玉古墳群	25			249	266				333		374
西都原古墳群	65	200			267						
群馬古墳石室	68				265			309			
飛鳥寺配置	9		226		271					358	
飛鳥寺柱間	14			252	268						
山田寺	11			246	269		297	309			398
四天王寺	7			242		277					
法隆寺の柱間	24				269						
法起寺塔	5				268						
法輪寺塔	4		221		264						
当麻寺塔	4	211			265					353	
川原寺配置	8				265						
川原寺柱間	11				266				333		
飛鳥京上層	10				269	282	296				
難波宮配置	9						293	310			
難波宮柱間	21						292				
大津京	15				266					355	

【高句麗の将軍塚】

中国吉林省の集安にある将軍塚は、加工した切石をもって七重の方壇をピラミッド式に積み上げている。昭和十一年に池内宏氏らによって実測が行われた時の平面図と側面図が『通溝』（日満文化協会、一九三七）に報告されている。図1に示す。また実測図から採寸した各辺長について古韓尺で当てはめた結果を表3に示す。古韓尺の十尺単位でよく復元できている様子がわかるであろう。

表3　将軍塚の古韓尺による復元

項　　目	実測値(m)	古韓尺	
		尺　数	尺　長
基壇辺長	32.5	120	27.1
一壇辺長	29.6	110	26.9
二壇辺長	26.7	100	26.7
三壇辺長	24.1	90	26.8
四壇辺長	21.5	80	26.9
五壇辺長	18.9	70	27.0
六壇辺長	16.1	60	26.8
七壇辺長	13.4	50	26.8
最上壇辺長	8.0	30	26.7
石室の縦横長	5.3	20	26.5

【新羅の皇龍寺】

韓国慶州にあった皇龍寺は日本の東大寺よりも大きな規模を持つ朝鮮半島最大の寺院であった。『三国史記』によれば、真興王十四（五五三）年に創建を開始し、九重塔ができ上がったのは、善徳王十四（六四五）年であるが、その後モンゴル軍の侵入を受けて全焼した。一九八〇年代には国の威信をかけた本格的な発掘調査が行われ、一九八三年に『皇龍寺遺跡発掘調査報告書』が刊行されている。主要伽藍の内、七間×七間の九重塔、十一間×六間の金堂、九間×四間の講堂は礎石の残りもよく、等間隔の繰返し配置があるので、きわめて正確な計測値が得られている。九重塔址の発掘結

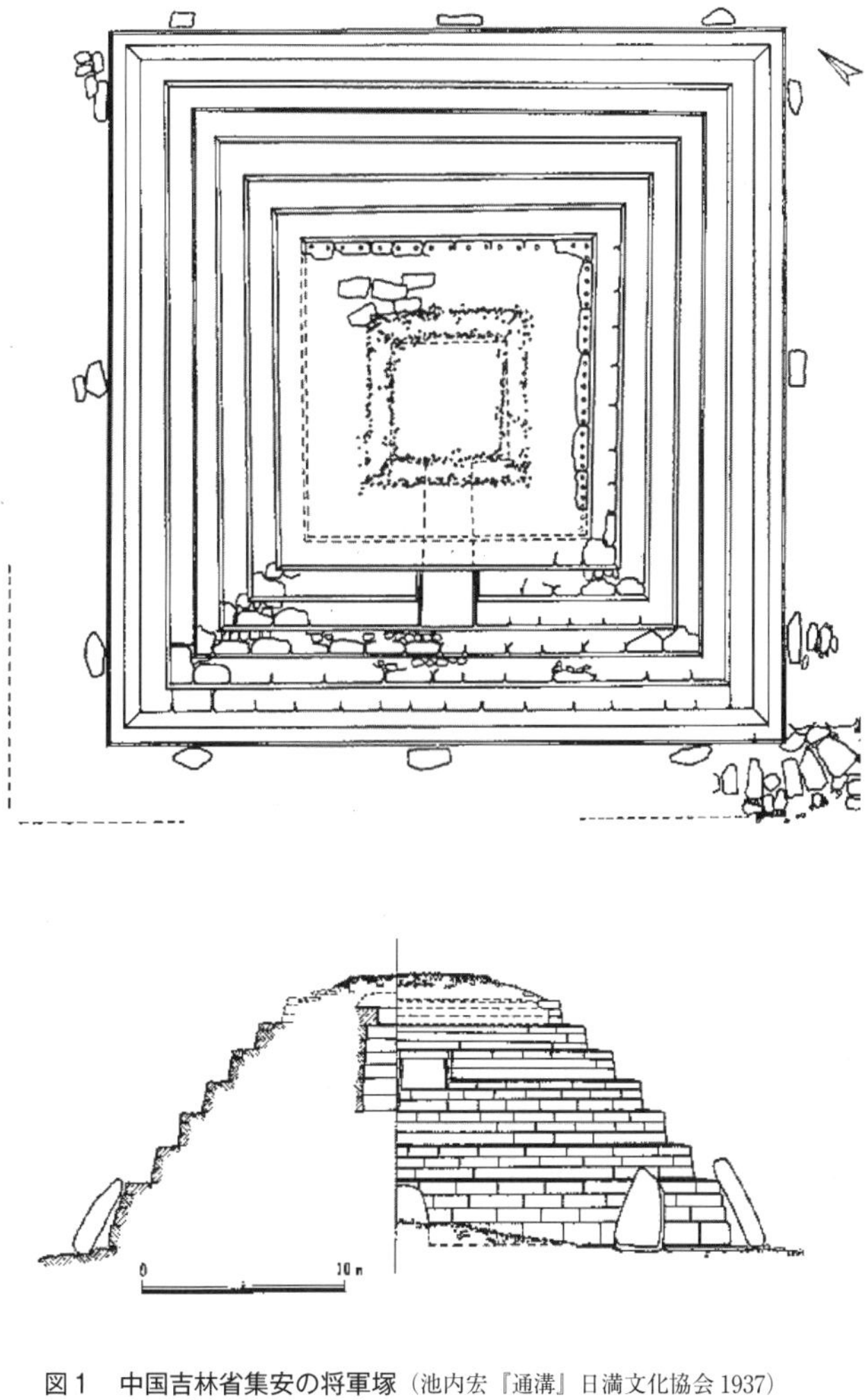

図１　中国吉林省集安の将軍塚（池内宏『通溝』日満文化協会 1937）

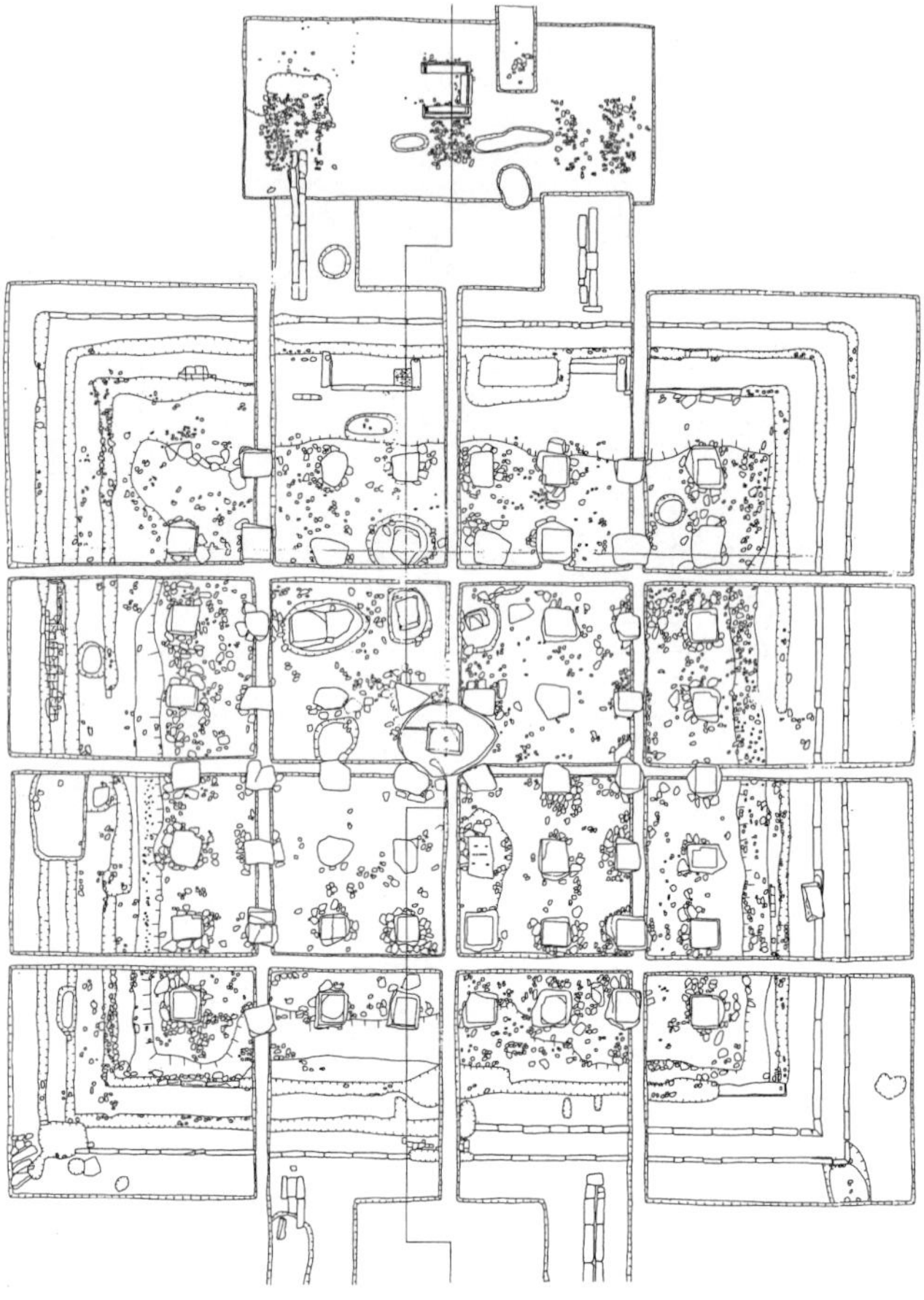

図２　新羅皇龍寺の九重塔址（『皇龍寺遺跡発掘調査報告書』1983）

果を図2に例示し、それらの計測値を古韓尺で復元した結果を表4に示す。参考のため、高麗尺の復元案も併記するが、高麗尺では完数による復元はできないが、古韓尺の場合、きれいな尺数が得られている。

〔斑鳩の法隆寺・法起寺〕

現存している建物なので、精度のよい計測値が得られている。そもそも初めて古韓尺を導出したのが法隆寺なのであるから、古韓尺がよく合っているのは当然であるが、当初の建物、すなわち金堂、塔、回廊についての柱間距離を古韓尺で復元した結果を表5に示す。表には同じく斑鳩の法起寺についても併記する。また、これらの建物は現存しているので、部材の寸法もわかっている。比較的に木材変形の影響を受けない木目長さ方向について、古韓尺との関係を整理して表5に示す。部材に至るまで、古韓尺とよく一致している状況が確認できるであろう。

一部では、法隆寺の尺度について、高麗尺の〇・七五尺とか中国南朝尺の一・一尺をモジュールとして作ったとする説もあるが、部材の寸法に関してどう考えるのであろうか。

疑問点の多い高麗尺

法隆寺再建・非再建論争において主役を務めたのが「高麗尺」だと前に述べた。古墳の尺度問題を論ずる時に、必ず引用されるのがこの高麗尺である。その記録らしきものが出てくるのが、律令の解釈をまとめた九世紀の『令集解』の田制であり、『政事要略』である。これが大宝令に

表4　皇龍寺の柱間距離と古韓尺・高麗尺の適合度

建物	項目	実測値(cm)	古韓尺			高麗尺		
			尺数	尺長		尺数	尺長	
木塔	桁行・梁行	316.7	12.0	26.4	○	9.0	35.2	△
講堂	桁行	546.3	20.5	26.6	○	15.5	35.2	○
	梁行	396.8	15.0	26.5	○	11.0	36.1	×
金堂	内陣桁行梁行	500.3	19.0	26.3	○	14.0	35.7	○
	外屋梁行	342.5	13.0	26.3	○	9.5	36.1	×
東金堂	桁行(中５間)	464.5	17.5	26.5	○	13.0	35.7	○
西金堂	桁行(中３間)	454.8	17.0	26.8	△	13.0	35.0	×

○は一致度が高い、△は一致度が劣る、×は一致しない

表5　法隆寺・法起寺の柱間等と古韓尺・高麗尺

建物	項目	実測値(cm)	古韓尺			高麗尺		
			尺数	尺長		尺数	尺長	
法隆寺 金堂	初重側柱狭間	216.4	8.0	27.1	○	6.0	36.1	○
	初重側柱広間	323.2	12.0	26.9	○	9.0	35.9	○
	初重内陣廻り	323.5	12.0	27.0	○	9.0	35.9	○
	初重外陣柱間	216.0	8.0	27.0	○	6.0	36.0	○
	上重両端の間	188.6	7.0	26.9	○	5.0	37.7	×
	上重側面中間	296.9	11.0	27.0	○	8.0	37.1	×
	上重中央中間	309.0	11.5	26.9	△	8.5	36.4	×
法隆寺 五重塔	初重中央間	266.7	10.0	26.7	○	7.5	35.6	○
	初重端間	187.7	7.0	26.8	○	5.0	37.5	×
	二重中央	241.9	9.0	26.9	○	7.0	34.6	×
	二重端間	162.5	6.0	27.1	○	4.5	36.1	○
	三重中央	214.8	8.0	26.9	○	6.0	35.8	○
	三重端間	134.5	5.0	26.9	○	4.0	33.6	×
	四重中央	187.9	7.0	26.8	○	5.0	37.6	×
	四重端間	106.9	4.0	26.7	○	3.0	35.6	○
	五重	161.7	6.0	27.0	○	4.5	35.9	○
法隆寺回廊	桁行・梁行	375.0	14.0	26.8	○	10.5	35.7	△
法起寺 三重塔	初重中間	264.8	10.0	26.5	○	7.5	35.3	○
	初重端間	187.6	7.0	26.8	○	5.0	37.5	×
	二重中間	213.3	8.0	26.7	○	6.0	35.6	○
	二重端間	133.9	5.0	26.8	○	4.0	33.5	×
	三重	161.8	6.0	27.0	○	4.5	36.0	○
法隆寺 金堂	大斗　幅・長	53.6	2.0	26.8	○	1.5	35.7	○
	小斗　幅・長	32.2	1.2	26.8	○	0.9	35.8	○
	肘木長	133.4	5.0	26.7	○	4.0	33.4	×
法隆寺 五重塔	大斗　幅・長	51.0	1.9	26.8	△	1.5	34.0	×
	小斗　幅・長	31.9	1.2	26.6	○	0.9	35.4	△
	肘木長	122.0	4.5	27.1	○	3.5	34.9	×
法起寺 三重塔	初重柱高	320.8	12.0	26.7	○	9.0	35.6	○
	二重柱高	162.7	6.0	27.1	○	4.5	36.2	○
	三重柱高	121.5	4.5	27.0	○	3.5	34.7	×

○は一致度が高い、△は一致度が劣る、×は一致しない

あらわれる大尺、すなわち小尺の一・二倍の長さとする説がいわば定説化されていた。

問題点の多いこの高麗尺が定説的に取り扱われるようになったのは、何といっても藤田元春氏の『尺度総考』（刀江書院一九二九）の影響による。いわばこの著書が尺度のバイブルとして次々に引用され、高麗尺が日本ばかりでなく韓国などでも定説として取り扱われる状況を生んだ。しかし、この著書は計量史の専門家からは「視点が定まらず、資料もいいかげんで考証の手続きも非科学的であり」と酷評されている書物である（小泉袈裟勝『ものさし』法政大出版局、一九七七）。

筆者が古韓尺を認知してもらうためには、どうしてもこの高麗尺との対決は避けられない。だから筆者の『まぼろしの古代尺』においても、高麗尺の問題は避けることのできない問題であり、不十分ながら実証的な研究を行っている。そのため著書のサブタイトルが「高麗尺はなかった」とつけられたほどである。

「高麗尺はなかった」という主要な論拠は四点ほどあった。簡単にいえば、高麗尺説が成立する過程で使用された遺跡データのほとんどが、その後の調査で様変わりしていて、とても論拠にならないということである。「ご破算で願いましては」となれば高麗尺は別の論拠を求めなければならない。しかも、高麗尺と同一視されて高麗尺の最大の根拠とされていた「東魏尺」が、中国における研究で、高麗尺とは似ても似つかぬ尺度であったことも判明した。もはや定説の座に安住できる状況ではなかった。

しかし、一度定説の座を得て百年近くも経つと、その全面否定は容易ではない。三角縁神獣鏡論争にも通じる状況がそこにはあった。

三、古韓尺の文献記録を求めて

『まぼろしの古代尺』の出版が終わってしまえば一段落と思っていたのが大間違いであった。背伸びをし過ぎてしまった。いたるところに美しい誤解が満ちていた。そのことにはまず自分で気がつき次に読者が教えてくれた。自分ではこれしかないと思った論理も冷静になれば、別の見方もあった。使ったデータがミスプリントだった場合もあった。晴れがましい本を開くのが恐いと思う日もやってきた。しかし基本的な間違いではない。何とかしてもっと自論を強化したい。世の中にはそんな資料が必ずあるはずだ。

それと、もうひとつ理由があった。もっと専門家たちが注目してくれると思ったのに、総じて反応は冷ややかであった。たしかに、坂詰秀一氏や鈴木靖民氏などが賛意を表してくれたが、他は「アマチュアの説などにうっかり乗って怪我でもしたら」という雰囲気であった。正面から反論されることはなかったが、伝統的な方法、すなわち「無視」が横行した。

無視されないようにと考えて、歴史専門書の出版社から出したのに世の中は甘くなかった。発掘調査の結果が、古韓尺によく合っているにも拘らず、唐尺と高麗尺だけを検討している報告書が公的な研究所から出され続けた。もっとも、それに批判的な方からわざわざ連絡をいただくこともあったが。

また再びデータや文献との格闘がはじまった。突破口があるはずだ。それを求めて毎朝五時には起きだして机に向かう日々が続いた。段々深みにはまり、朝鮮半島の中世から近世にかけての計量史や土地制度史の研究、それに中国の土地制度研究史にまで手をひろげるようになった。

その結果、生まれたのが、中国・朝鮮半島・日本にまたがる壮大な土地制度史の構想であった。主観的には個々の構想を繋ぎ合わせれば、自然にでき上がる構想であるが、他人に説明するには肝心の古韓尺がもっと直接的に検証されなければならないし、その古韓尺による土地制度の証拠が見つからなければならない。そのミッシングリンクをいかにして探すか。それはかならず朝鮮半島にあるはずだ。韓国に行きたい。

そんな姿を見ていた妻が言ってくれた。……早く会社を卒業して、韓国に行っていらっしゃい……。この一言が決定的であった。

古韓尺が無視される最大の理由はアマチュアの説にあると感じていた。だから理屈でいえば、アマチュアをやめてプロになれば、この問題は解決する。そんな単純な考え方をするのが理系の視点なのかも知れないが、それにはどこかの大学院に入って、専門家のグループに入れてもらうのが一番である。日本でもよいが、韓国の大学院の方が面白そうだ。それなら、大学院の学生で行くより、教授で行ったらどうだろう。

そして韓国国立慶尚大学での招聘教授の生活が始まった。もっとも考古学や歴史の教授としてではない。所属は工学部金属工学科。しかし名刺には学部名を書かない。

古韓尺が認知されない理由は、アマチュア説であることもさることながら、文献資料がないことにある。いくら遺跡の計測値とよく合っていても、そんな不確かな尺度を公式報告書で採用するわけにはいかない。そんな声に対して、まずは文献資料による古韓尺の検証が最大の目標となった。

しかし、そうはいっても、そんなに簡単に文献資料が見つかるはずがない。ところが、不思議なことに、その視点でみると、かなり古韓尺の根拠となり得る文献資料が出てくるのである。これが古韓尺の研究の第二幕であった。『まぼろしの古代尺』を出した時に既に気付いていたことも含めて、その概要を述べてみよう。

新羅南山新城碑に現れた古韓尺

韓国の慶州にある南山新城は、新羅王京を守る四城の一つで『三国史記』巻四にその築造に関する記事が出ている。いわゆる包谷式山城で、長さ約三・七キロメートル、城壁はほとんど崩壊しているが、ところどころ原状をとどめるところもある。その築城工事については一九三四年以来九個発見されている南山新城碑（慶州博物館蔵）により知られ、碑自身も六世紀の第一級の金石文資料として有名である。もっともこの九個の碑の内ほぼ完形で残っているのは三碑であり、その他は断碑であり南山新城碑として確かでないものも含まれている。

これらの南山新城碑はいずれも「辛亥年二月廿六日南山新城作節如法以作後三年崩破者罪教事為聞教令誓事之」の定型的な文章を含んでおり、他に工事担当者（担当地域）や工事の分担（受作）距離などが記されている。「辛亥年」と明記されているのは、真平王十三（五八一）年のことであり、これは『三国史記』の同年七月条にある南山城築城周二千八百五十四歩の記事とも一致している。したがって一般的には、七月を完成月とし「二月廿六日」を築城開始日としている。

さて、この南山新城碑が「古韓尺」の存在の補完的な証拠となる内容を含んでいる。

当然ながら「古韓尺」との関連で碑文中まず注目すべきは「受作」の距離である。ただしこの受作距離に関しての記載のあるのは、第一～第三碑のみであり、それは次のようになっている。

第一碑　受作十一歩三尺八寸
第二碑　受作　七歩四尺
第三碑　受作廿一歩　一寸

いずれも受け持った工事区間の長さを示しているとして問題はないが、この「寸」まで示された距離から何かを感じ取ることができるはずである。すぐ気付くのは、数字の有効桁数が大で、極めて厳格に距離が表記されていることである。ここでの「歩」の実長は一・五メートル程度であろうから、受作距離は十〜三十メートルの実長となる。それに対して「寸」までの表示はいかにも精密すぎる。特に第三碑は「廿一歩〇尺一寸」であり、通常なら「廿一歩」で十分である。この碑が日付の関係からみて、工事の前の「誓約文」と考えられているとすると、極めて不自然な表現といえよう。

そこですぐに思い付くのは、尺貫法からの換算のように、何か他の単位系から換算されたのではないかということである。もっともこの距離は完工後の実測値であったかも知れない。それならば精密に測定された結果とも解釈されよう。しかしこの城壁の幅は数メートルと考えられ、湾曲していることからみても、「廿一歩〇尺一寸」はやはり不自然である。となりの工事区間との境がそれほど厳格に定まったとも思えない。

もしこの不自然さが「他の単位系からの換算」できれいに示せれば、解釈が大きく前進する。すなわちメートル法が導入されても建築資材の表示は未だ九〇九ミリ、六〇六ミリなどと続いているように、数字の桁数が大きくともそれが換算であることを知れば合理的な解釈が得られるのと同じことである。それは尺度論でいう「完数」すなわち「きれいな整数比」が各数値の間に得られるからである。

したがって、まずこの三碑の受作距離の整数比関係を当たってみる。その場合、時代から考えて「六尺一歩制」であったとすると各々の尺は次の通りである。

第一碑　十一×六＋三＋〇・八　＝　六九・八尺
第二碑　七×六＋四　＝　四六・〇尺
第三碑　二十一×六＋〇＋〇・一　＝一二六・一尺

ここで第二碑に寸までの表示がないのは、尺の桁までで換算を止めてしまった結果と考えられ、若干の幅を持たせて眺めた方がよいだろう。そうすると第一碑と第二碑の比は簡単に3対2と与えられる。一方、第一碑と第三碑の比は有効桁数が大きいのでかなり正確に二十一対三十八で与えられる。すなわち三碑を総合すると

六九・八対四六・〇対一二六・一＝二十一対十四対三十八＝一〇・五対七対十九

の関係となる。

ここで得られた結果から換算後の尺度と換算前の尺度の関係を整理して示すと次のようになる。

	換算後の尺度	換算前の尺度	比
第一碑	十一歩三尺八寸（六九・八尺）	一〇・五歩（六十三尺）	一・一〇七
第二碑	七歩四尺（四六・〇尺）	七歩（四十二尺）	一・〇九六
第三碑	二十一歩〇尺一寸（一二六・一尺）	一九・〇歩（一一四尺）	一・一〇六

一・一〇七はちょうど三十一÷二十八である。

このように整理してみると「受作距離」は元々は十・五歩、七歩、十三歩であったと考えられ、それならばきりのよい素直な値である。

さて、それではいよいよ「古韓尺」との関係を考証してみよう。まず南山新城碑面に示された尺度がどんなものであったかから考える。それは論理的にいえば、当時新羅では常用されてはいなかったが公式記録には用いられていたものということになる。すなわち当時の隋かあるいはその前の北魏系王朝の尺度系と考えてまずよいだろう。それはかなり安定しており、大体二十四・三センチ程度であり、当時の新羅で常用されていた尺度は計算により二十六・九センチの古韓尺となる。このようにして「古韓尺」が南山新城碑という同時代の文献資料から直接的に得られる。

出雲風土記に現れた古韓尺

天平五（七三三）年編纂された出雲風土記は、その冒頭から「東西一百参拾七里一十九歩、南北一百八十二里一百九十二歩」とあるように、全編これ里程の記載で埋め尽くされている。しかも「一百八十二里一百九十二歩」などに代表されるように、異常に詳しい（すなわち有効表示桁数の多い）表示がかなりある。

これは、新羅南山新城碑と同じく、他の単位系から換算された可能性を強く示唆している。後世のことになるが、朝鮮半島における山城等の城郭周長が、時代を経て尺度基準が変わると必ず換算された歴史があることも、その可能性を示唆している。

出雲風土記が編纂された天平期は、尺度の歴史でいえば唐大尺（時代により多少異なるが二十九・八センチ程度の実長）が導入され、完全に定着した時期にあたる。この唐大尺は、時代によりわずかずつ長くなる傾向にあったが、天平期ではおおよそ二十九・八センチ程度の実長であった。天平期の建物等に多く検出されることから、天平尺と呼称される。

さて、唐大尺が導入されてからというものは、大化改新を経て、土地制度が激変した時期であったが、慶雲三（七〇六）年の格と和銅六（七一三）年の格を経て、天平期にはこれらの混乱も治まりつつあった。長さの表示としては、天平尺の六尺を一歩、その三百歩を一里とし、面積の単位としては、方六十歩すなわち三千六百（平方）歩を一町とする制度が定着していた。したがって、出雲風土記がこの天平尺系の単位で記載されていることには疑問がない。

問題は、前代に行われていた制度との関わりがどうなっていたかである。結論を急ごう。それら異常に詳しい表示の距離は、表6のように整理できるのである。

すなわち、天平尺による里歩の表示で異様に細かく表示されているものの多くが、一定の比率で簡単な整数里に換算できるのである。その換算比は〇・八八一である。

ここで天平尺を二十九・八センチとすれば、換算前の単位は二十六・三センチである。これは、新羅の皇龍寺に現れた古韓尺とほぼ完全に一致している。偶然、このような一致が得られること

表6　出雲風土記の距離記載と古韓尺の里

記載区間	天平尺	天平尺の歩	古韓尺	換算率
意宇郡家～母理郷	39里190歩	11,890	45里	0.881
意宇郡家～楯縫郷	32里180歩	9,780	37里	0.881
嶋根郡家～方結郷	20里080歩	6,080	23里	0.881
嶋根郡家～千酌駅	17里180歩	5,280	20里	0.880
出雲郡家～杵築郷	28里060歩	8,460	32里	0.881
出雲郡西門江周	3里148歩	1,058	4里	0.882
出雲郡～佐雑村	13里064歩	3,964	15里	0.881
神門郡家～薩山	5里086歩	1,586	6里	0.881
神門水門周	35里074歩	10,574	40里	0.881
飯石郡～與曾紀村	28里060歩	8,460	32里	0.881
仁多郡家～遊記山	37里000歩	11,100	42里	0.881
出雲郡家～郡西堺	13里064歩	3,964	15里	0.881
黒田駅～千酌駅	34里110歩	10,310	39里	0.881

は、換算率の詳しさや実例の多さから考え難い。すなわち、文献資料による決定的な証拠となる。

ところで、出雲風土記には天平尺による「完数」で示された例も多い。例えば、新造院すなわち新しく創建された一群の寺院に関する距離は、里あるいは里の三分の一の単位までの表示で、異様に詳しいものはない。また飯石郡、仁多郡、大原郡など中心部を離れた地域の表示も里単位が多い。このことは、出雲風土記には最初から天平尺系で書かれた部分と古韓尺で書かれていたものから換算した部分があることを示唆している。その点で出雲風土記には「原出雲風土記」があったとする指摘に一致する結果である。

注意しなければならないのは、天平尺系と古韓尺系の共存により、合計距離で示された場合も異常に細かい値となることである。これらについては研究論文で、細かい議論を行っているが煩わしいので省略する。

出雲は新羅との関係が深いと見做されている地域である。その地域に古韓尺が存在していても何ら不思議ではない。むしろ、古韓尺の存在により、「原出雲風土記」説が補強され、新羅との関係が再認識されることに意味がある。これが歴史研究の醍醐味である。

三国史記に現れた古韓尺

十一世紀に編纂された『三国史記』には新羅王京の方格について、長三千七十五歩、広三千十八歩と述べている。このことと、かつての慶州に方格地割が残っていたことから、新羅王京の復元研究が盛んである。古くは藤島亥次郎氏の復元があり、近年では尹武炳氏の復元案を基にして、東潮氏と田中俊明氏が復元案を提示している。その結果は、ひとつの方格を百六十メートルとする案に収束しつつある。それと共に最近の考古学的な調査によって、皇龍寺近辺の地割に百六十メートル方格が認められており、これらの復元案がより妥当な位置を占めつつある。図3に東潮氏の作成した皇龍寺址周辺の区画と道路跡（東潮作成図）を示す。

ところが、不思議なことに、これらの新しい復元案を『三国史記』の王京の大きさと対比して尺度に言及した研究がない。それはおそらく高麗尺に全く合わなかったからではなかろうか。しかし、『三国史記』に王京の大きさが明記されているのであるから、復元するなら尺度についても言及するのが当然であろう。一方格の百六十メートルがもし百歩であれば、一歩は六尺であるから、二十六・七センチの古韓尺がそこに現れるからである。問題は、一方格が百歩であったか

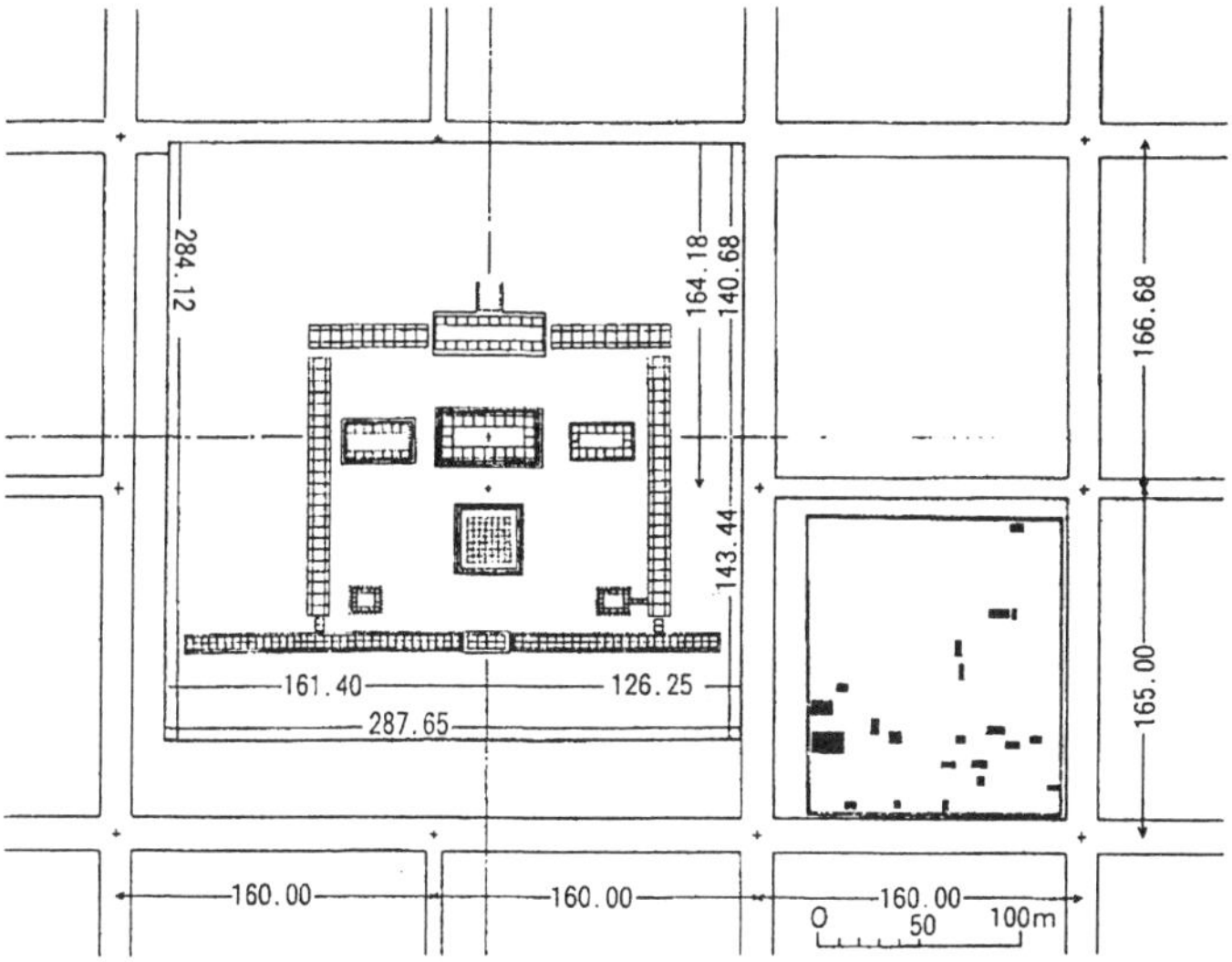

図３　皇龍寺址周辺の区画と道路跡（東潮氏作成図）
「新羅金京の坊里制」『条里制・古代都市研究』15（1999）

否かである。

その点について、まず、王京の長三千七十五歩と広三千十八歩についての考察から始めよう。これらの数値が四桁の有効数字を持っていることから、精密な実測結果であったと理解されやすいが、実際はむしろ逆である。平地に作られた完成度の高い王京でさえ実測値を得ることは困難なのであるから、域内に山地丘陵や河川を含む新羅王京の場合は、実測値ではなく計画上の概念図をもとに算出された可能性が高い。

それは長、広ともに三千歩を基準にプラスαの数値をつけた形で示されており、王京の概念的な大きさを方三千歩すなわち十里四方としていたと思われるからである。日本の藤原京も最近の研究では方十里であったとされており、そこには共通性がある。

問題はなぜ七十五歩とか十八歩という端数がついたかである。外周部に何か特異性があったことも考えられようが、新羅王京には羅郭がなかったことからみるとその可能性は低いので、最も可能性の高いのは方格に属さない道路幅ということになる。道路幅であるならば王京復元とは極めて密接に関係する。

その意味では七十五歩は四百五十尺であり五十尺の九倍となっている。また十八歩も二歩の九倍であり、共に九の倍数になっていることに注目しなければならないであろう。もし王京が一里すなわち三百歩の方格に十区分されていたとするならばその間を区切る道路としては九路必要だからである。

一里ごとに方格を形成していた王京の例としては、漢の長安城をはじめとして日本の藤原京や平城京などがあり、むしろ一般的である。それに『三国史記』の記述自体が方十里であることや、芬皇寺十里路の名称が残っていたことを合わせて考えるならば、新羅王京も方一里を大きな方格とする十×十区画が形成されていたとする考え方は十分に成立し得る。

残る問題はこの大きな方格が更にいくつの小方格に分割されていたかである。中国の場合は一里方格を百歩に三分割するのが普通であったが、日本の藤原京や平城京の場合は七十五歩に四分割されていた例もあるからである。

この点に関しては、『三国遺事』の記載が解決の手がかりになる。すなわち、辰韓條に「一千三百六十坊五十五里」また念佛師條に「三百六十坊」とあり、王京には居住地と非居住地があり、居住地が一千三百六十坊または三百六十坊であったことを示している。方十里すなわち面積でいえば百里（平方里）の王京の内、五十五里が非住居地となれば、住居地は王宮を含めて四十五里である。もし坊が里の三分割なら四百五坊、四分割なら七百二十坊になる。

この結果からみると、一千三百六十坊は誤りであり、三百六十坊が正しい。四百五坊との差分すなわち四十五坊分（五里）が王宮用地であったとすれば、実に明快である。かくして、坊は一里の三分割すなわち百歩が単位であったことが論証できた。あとは簡単な計算で、古韓尺が二十六・七センチであることが導けるのは前述した通りである。

筆者の論文では、この結果に基づき、新羅王京の復元を図4のように行っている。基本的には、尹武炳氏や東潮氏と田中俊明氏の復元図を踏襲しているが、『三国史記』と『三国遺事』の記載に基づき、従前の復元図の外側に非居住地域をつけ加えた点が異なる。このことにより、『三国史記』や『三国遺事』の記述と整合がとれるようになり、しかも尺度問題に見通しが得られたのである。

なお、論文においては、最近の発掘調査により明らかになりつつある道路幅の問題についても取り上げて、『三国史記』の七十五歩と十八歩の端数の関係について、古韓尺との関係で解析を

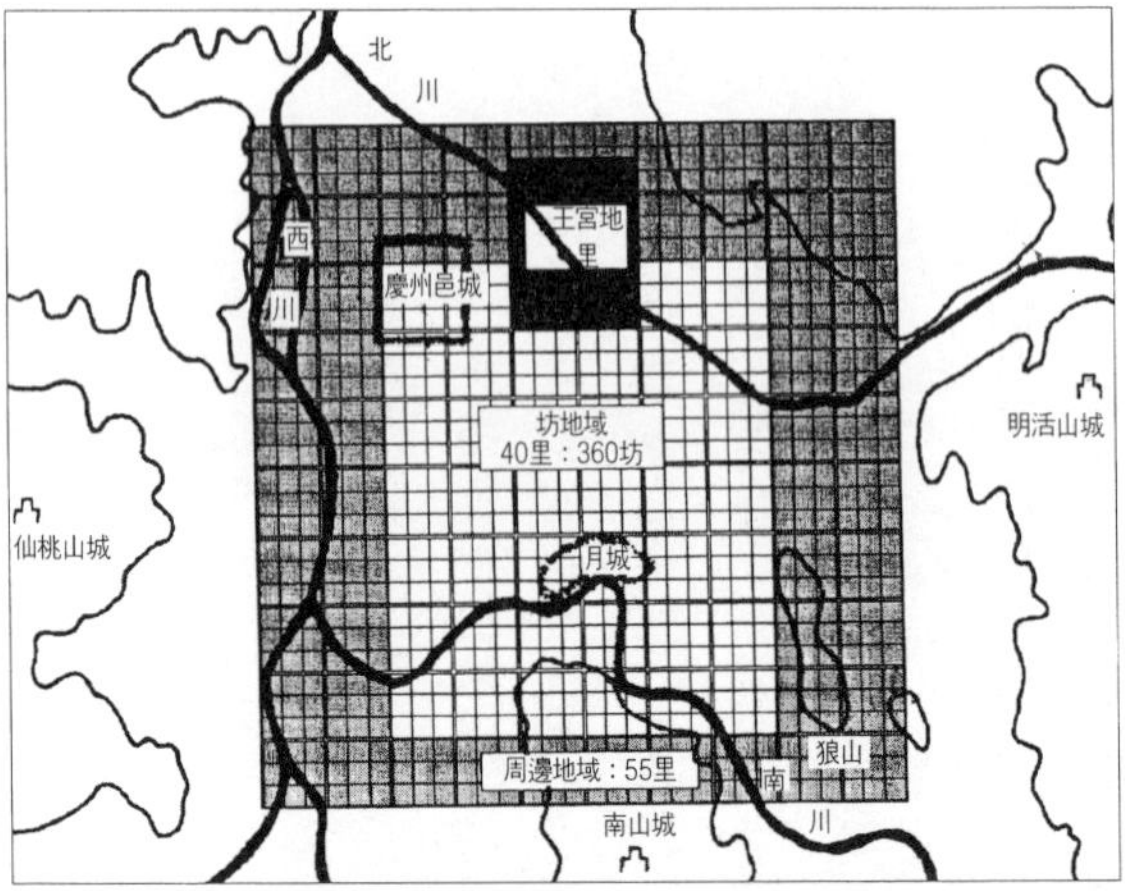

図４　三国遺事の記事に基く新羅王京の復元図

行って、古韓尺説を補強している。

以上のようにして、朝鮮半島の基本文献『三国史記』に記載された尺度が古韓尺であったことを論証し、ここにまたひとつ文献資料による検証例を加えることができた。

なお、朝鮮半島においては、新羅王京ばかりでなく、新羅時代の地方都市の地籍図研究を通して、南原小京や尚州邑城（沙伐州）などに百六十メートルの方格が存在していたという報告がある。実は百歩を方格とする地割は、このような王京や小京の設計ばかりでなく、朝鮮半島の土地制度の基本となっていたのであるが、この点は後の研究結果でふれたい。

四、朝鮮半島の古代量田制の復元——大化改新の代制と一致した名称や面積

中国の度量衡の歴史についてマクロ的に述べれば、「尺」は周代に二十センチ程度であったのが、秦漢代に二十四センチになり、隋唐代には三十センチ、そして清代には三十二センチに達している。一・六倍にも達したわけである。その一方で、長さと密接な関係がある容量単位の「升」も、戦国・秦漢代の二百CCが、唐代に六百CC、清代には千CCになっていて、おおまかに長さの三乗則で増え、対応関係を維持している。

ところが、同じ長さの単位であっても「歩」は、周代には八尺（百六十センチ）、漢代には六尺（百四十四センチ）、唐代には五尺（百五十センチ）、清代も五尺（百六十センチ）と定義を変えながら、実長がほとんど変化しなかった。歩という身体語を単位にし、二歩幅を歩としていたからであろう。

だから、邪馬台国を巡って、魏の短里説（一里を九十メートル程度としているので一歩は三十センチ）などに出会うと、最初から議論にならないと思ってしまう。

その意味で、最も安定していたのは、土地の面積単位として長く使われていた「頃」であろうか。漢代以前の頃は方百歩すなわち一万歩であったが、漢代以降、制度的に二万四千歩に変わっ

たにも拘らず、中華民国時代になっても、漢代以前の「頃」の実面積が一部地域で生き残っていた。土地面積は基本的に保守的な性質を持っていたのだと思う。

このような関係は、簡単に検証できるものでもないが、「ものさし」の研究をしているとひとつの法則のように思えてくる。

これから述べようとすることは、まさにその事例のひとつである。

古韓尺の文献的な検証は、おそらく朝鮮半島の土地制度との関係で解明できるのではないか……。それが当初からの期待であった。だから、韓国に行く前から、朝鮮半島の土地制度史についても、かなり勉強していた。しかし、一言でいえば朝鮮半島の古代土地制度の実態は、日本の場合よりもわからないことが多かった。朝鮮半島の土地制度に学ぶ前に、朝鮮半島の土地制度そのものについて、独力で研究を進めなければならなかったのが実情である。

「頃畝制」と「結負制」

まず、朝鮮半島の土地制度の概要を説明しよう。

朝鮮半島では、農地の実面積を把握する「頃畝制」と、収量基準を考慮した「結負制」が、少なくとも統一新羅以降、ながい間、共存していた。当初は「頃」と「結」の面積が同じであったようであるが、ある時期から、結負制のもとでは、「結」の収量が田の品位にかかわらず一定になるように、面積に差をつけるように変わっていった。合理的といえば合理的であるが、そのため制度が複雑であり、高麗中期以前の実態については、実面積の把握などの基本的な問題についてさえ、一致した見解が得られていなかった。

それは主として基本史料である高麗期の文宗量田法（一〇六九年）の記載に錯誤があり、その解釈をめぐって諸説が分かれていたことによっている。しかし、そうはいっても、従来の研究によってほぼ意見の一致をみている部分も少なくなかった。例えば、①高麗前期以前には一頃の面積は方百歩であり、一結の面積と一頃（百畝）の面積は同じであったこと、②しかし高麗後期には一結の面積が五十七畝に変わっていたこと、③それと同時に、三国時代の伝承記録に、頃の表示が散見されるが、これは後世になって、昔の結を頃と書き換えた可能性が高いことなどである。

更にいえば、この間に頃と結のいずれの面積が変化したかについても、主に結の面積が変化したと考えることでは、大方の同意が得られている。

それにも拘らず、高麗中期以前の頃や結の実面積について、全く定見が得られていなかったのは、前述の文宗量田法の錯誤によっている。錯誤があることだけはわかっていたが、どのような錯誤なのか意見が分かれていたのである。

錯誤の内容については後ほど述べるが、実は、この解明に当たって、古韓尺を知っていることが決定的な役割を果たすことになったのである。古韓尺の検証を求めて韓国に行きながら、朝鮮半島の土地制度解明の糸口が古韓尺によって与えられたのは全く皮肉であった。

しかも、それは朝鮮半島の古代土地制度の研究においてではなく、近代朝鮮時代の土地制度の研究において見出したものであった。結論的にいえば、朝鮮時代の頃の面積が古韓尺の方百歩と完全に一致していたのである。

新羅時代あるいは統一新羅時代には、王京や小京が古韓尺による方百歩で施工されていたことは前に述べた。その面積はおそらく田畑の面積と関係があると思っていたが、朝鮮時代の頃の面積が古韓尺の方百歩と完全に一致したことで、研究の見通しは一気に開けた。「頃畝制」に関しては、高麗期以前の面積も古韓尺の方百歩であった可能性が非常に高まったからである。もともと中国でも漢代以前には頃は方百歩で定義されていたのであるから、制度的には何の疑問もない。

なぜ、こんな簡単なことに韓国の学者達が気付かなかったのか。それは朝鮮時代の頃畝の面積が、周尺という復古尺によって定義され、あたかも漢代以降の中国と同じく二万四千歩を持って頃と定めていたからである。だから古韓尺を知らなければ、絶対に気が付かないことであった。

要は、新羅王京の一坊が一頃だったわけである。

奇妙な高麗土地制度の解明

さて、それでは奇妙な高麗期の土地制度を簡単に紹介してみよう。複雑怪奇なので、とても解明など不可能かというとそうでもない。むしろ、複雑怪奇な現象ほど、その原因の一端がわかると解明が一気に進むのである。

その複雑怪奇の代表が一結を方三十三歩すなわち一〇八九歩で定義した高麗初期の文宗量田法である。これは何かの間違いではないか……。そう思いたくなるところであるが、当時の金石文によってもこの定義が誤ったものでないことが確かめられている。文宗量田法の錯誤は、実は別のところ、すなわち、ここで使っている田を量るための「歩」すなわち量田歩を定義した部分にあった。そこには量田歩が「六寸為一分十分為一尺六尺為一歩」と割注されていたのである。

これをそのまま忠実に読めば、量田歩の一歩は三十六尺としか理解できない。事実、白南雲氏以来、多くの韓国の研究者たちは忠実に原文通り読んでいた。見解の異なったのは、基準尺として、曲尺を採るか、漢尺を採るか、あるいは周尺を採るかであった。

ところが、最も尺の短い周尺をとっても、一結の面積は五七八〇〇平方メートルと計算され、有名な正倉院所蔵の新羅村落文書（帳籍文書）に記載されている面積を超えてしまうことが後にわかったのである。

そのため割註の「六寸為一分十分為一尺六尺為一歩」のどこかに錯誤があるとする見解が大勢であった。すなわち、「十分為一尺」の部分の「分」か「一」か「尺」のいずれかに錯誤があるとする意見まではほぼ一致していた。

その場合、「十分為一歩」と読んでも「十分為六尺」と読んでも、結果的には「十寸為一尺六尺為一歩」の意味になり、量田歩は基本尺の六尺という平凡な内容になってしまう。そうだとすれば、文章としては極めて冗長で、割注の意味をなさないが、この説を採る学者もある。その場合には、基準尺としてはできるだけ長い高麗尺（三十五・六センチ程度）を想定することになるが、それでも結の計算結果（四九六九平方メートル）が朝鮮初期の下田の結面積（一四九七四平方メートル）を大きく下回り、流れとして極めて不自然である。

いずれにしても、大勢としては文宗量田法の割註に何らかの錯誤があることを認めながらも、定説を得るに至っていなかった。問題はその復元方法に誤りがあるのではないか……。

その前提に立つならば、まず注目しなければならない文章は最初の「六寸為一分」の「六」の部分である。この部分が「六」でなく、「二」「三」あるいは「四」であるならば、全体の文章にも無駄がなく、意味がよく伝わる。そうであれば量田歩が十二尺、十八尺、二十四尺になり、従来のように量田歩が六尺か三十六尺かといった極端な差異ではなくなる。

方三十三歩の理由がわかった

そこで重要な記録に気付いた。宋の徽帝が派遣した国信使に随行してきた徐兢が、宣和五（一一二三）年に書いた『宣和奉使高麗図経』に、朝鮮半島の田制について「田毎一百五十歩為一結」という記録があるのである。

これが解決の糸口であった。徐兢がこの報告を書いたのが文宗量田法の約五十年後である。したがって、結についておそらく方三十三歩と説明を受けたに違いない。しかし彼は「田毎三十三歩為一結」とは記さなかった。それはここで使用されている歩（量田歩）が五尺一歩の中国とは異なっていることを知っていたからである。それでは徐兢はこの量田歩を何尺と理解したのであろうか。それは徐兢が三十三歩を百五十歩すなわち七百五十尺と報告したことから逆算でわかる。彼はこの量田歩を七百五十尺÷三十三すなわち約二十三尺と理解したのである。

ところで、前述したように、文宗量田法の割註の錯誤が「六寸為一分」の「六」の部分にあったと考え、これを二、三、四、五に置き換えてみた時の量田歩は十二尺、十八尺、二十四尺、三十尺であった。二十三尺は二十四尺に近い。すなわち、徐兢は文宗量田法の規定に「四寸為一分十分為一尺六尺為一歩」とあったのをみて、「田毎一百五十歩為一結」と報告した可能性が極めて高いのである。かくして、文宗量田法の規定の「六寸」が「四寸」の誤記であったことにひとつの証拠を得た。

そうであるならば、ここで使用された基準尺とは何であったであろうか。その回答の鍵は、世宗十九（一四三七）年の頃畝制にあった。すなわち文宗量田法の結を基準尺で示すと六十二万七千二百六十四平方尺となるが、世宗十九年の頃畝制でも周尺で六十万平方尺となっていて数値的にほぼ一致しているからである。この際の基準尺は復古尺の周尺（二十センチ）であった。したがって、その一歩（四尺）は百六十センチであり、古韓尺一歩と全く同じ長さになっている。

すなわち、文宗量田法の割註の量田歩は周尺の二十四尺であり、古韓尺なら十八尺である。これは古韓尺の三歩のことである。かくして方三十三歩の不思議な規定がやっと明快になる。量田歩による三十三歩は古韓尺の九十九歩すなわち百歩のことであったのだ。

このような奇妙な規定がなぜ生まれたかが明快になったことは、主観的にいえば、推論が正しいと言い切れるほど強力なものであった。

なぜ量田歩が三歩かわかったか

後に残った疑問はなぜ三歩を量田歩としたかの問題である。これが解明できれば、ほぼ百パーセントの問題解決になる。

そして、その解決の鍵も韓国の金石文の中にあった。それは崔致遠の書いた崇福寺碑である。崔致遠は新羅下期の有名な学者で、十三歳で唐に入り、十八歳で科挙に合格、詩人として名を挙げ、役人として出世し、黄巣の乱では「討黄巣檄文」を書いて大功を挙げたという。まるで阿部仲麻呂のような経歴であるが、異なるのは二十九歳の時、故郷に錦を飾り、新羅の王朝に仕えたことである。

名文家・名筆家であった崔致遠は崇福寺碑に「東俗以五畝減百弓為結」との注を残していた。「頃畝制」と「結負制」の単位が同時に含まれている貴重な記録である。ここに弓とあるのは歩のことである。歩には長さとしての歩と面積としての歩（平方歩）があり、混乱を避けるため、長さに限って使用した単位である。素直に読んでみよう。

東俗（新羅）では、方百歩から五畝を減じた面積を結としている。

崔致遠は唐の制度を熟知して書いている。いわばこの注は唐にも通じる解説文である。そうであるならば、畝は二百四十歩であり、結は八千八百歩すなわち九千歩と計算される。このことは重大な事実を示していた。

それは三百歩をもって里とし、一里四方の面積を井（朝鮮半島では丁を使うが発音は同じ）とする制度との関係である。すなわち井は九万歩であるから、結は井の十分の一の面積である。「結負制」では結の下に負、束、把と十進法の単位が続くが、それを含めて示せば、次の関係がある。

井　九〇〇〇〇歩
結　　九〇〇〇歩
負　　　九〇〇歩
束　　　　九〇歩
把　　　〇・九歩

中国では長さの単位を平気で面積にも使うので混乱するが、面積の歩は歩の正方形の面積のことである。したがって、結負制の基本単位の「束」は九歩すなわち方三歩である。ここに三歩が登場するのである。いうまでもないが、これが量田歩を三歩としていた理由である。

このようにして、量田歩を三歩で定義していた奇妙な制度も、その原因が明らかになった。筆者の進めてきた研究結果が、結を方三十三歩とし量田歩を三歩とする奇妙な文宗量田法の成因を明らかにしたことで、いわば「答えが合っていた」ことが検証されたかたちである。複雑怪奇な制度の解明は、もちろん難しいが、逆に答えが得られた時には、その論証がむしろ明解になる利点もあるのである。

かくして、束の面積は古韓尺の方三歩、二十三・〇平方メートルから二十三・一平方メートルと決まった。これが大変な意味を持っていることは後ほど述べる。

量田歩で計画された寺院配置

以上の議論によって、統一新羅以前には古韓尺の方三歩を一束とする結負制が存在していたことを論証することができたと考えるが、更にこの推論を裏付けるため、古韓尺の三歩すなわち四・八メートルを基本単位として設計された寺院の建物配置例が百済と日本に多数あることを表7にまとめて紹介しておきたい。

表から明らかなように、百済の益山弥勒寺の場合などでは、主要建築間の距離が四・八メートルの十二倍、十四倍、十八倍、二十一倍、二十五倍、六十倍で設計されていて、白南雲氏が早くから指摘していたように「百済で結制が実施されていた」とする見解に符合している。おそらく、「結負制」が百済の名残であり、「頃畝制」が新羅の制度であったのではなかろうか。

表7　量田歩（古韓尺の三歩）で計画された寺院配置

国　名	寺　院　名	距離測定区間	測定値（m）	量田歩（3古韓歩）	
				歩　数	尺長（m）
日本	川原寺	中門～塔	23.8	5	4.76
百済	軍守里廃寺	塔～金堂	24.2	5	4.84
日本	北野廃寺	中門～塔	24.4	5	4.88
百済	金剛寺	塔～金堂	24.5	5	4.90
日本	川原寺	南門～中門	28.9	6	4.82
日本	四天王寺	中門～塔	29.0	6	4.83
日本	山田寺	中門～塔	29.1	6	4.85
百済	陵山里寺	金堂～講堂	33.3	7	4.76
日本	飛鳥寺	中門～塔	33.5	7	4.78
百済	王宮里寺	塔～金堂	38.0	8	4.75
百済	王宮里寺	金堂～講堂	43.0	9	4.78
百済	東南里廃寺	金堂～講堂	43.9	9	4.88
日本	川原寺	中金堂～講堂	48.1	10	4.81
日本	川原寺	南大門～中門	52.8	11	4.80
日本	法隆寺	塔～講堂	57.5	12	4.79
百済	弥勒寺	東塔～中金堂	57.7	12	4.80
百済	弥勒寺	西塔～中金堂	57.7	12	4.80
百済	弥勒寺	東金堂～中金堂	57.8	12	4.82
百済	弥勒寺	西金堂～中金堂	57.8	12	4.82
百済	定林寺	塔～講堂	58.0	12	4.83
百済	弥勒寺	中院東西回廊間（心）	66.4	14	4.74
百済	弥勒寺	塔～幢竿	66.7	14	4.76
日本	飛鳥寺	南門～西門	66.7	14	4.77
日本	法輪寺	南大門～中門	66.7	14	4.76
日本	吉備池廃寺	塔～金堂	85.0	18	4.72
日本	川原寺	東僧坊～西僧坊	86.4	18	4.80
百済	弥勒寺	東西幢竿間	86.5	18	4.81
日本	法隆寺	西回廊～東回廊（心）	86.7	18	4.82
百済	弥勒寺	中院南北回廊間（心）	86.8	18	4.82
百済	弥勒寺	塔～南門	100.4	21	4.78
百済	弥勒寺	東僧坊～西僧坊	118.7	25	4.75
日本	若草伽藍	塔～北柵	119.6	25	4.78
日本	北野廃寺	東土塁～西土塁	121.0	25	4.84
日本	飛鳥寺	中門～講堂	121.0	25	4.84
日本	北野廃寺	北土塁～南土塁	144.0	30	4.80
百済	弥勒寺	外廊垣址南・北間	288.0	60	4.80

さて、いよいよ核心のことについて紹介したい。それは朝鮮半島の結負制が大化改新前に行われていた日本の古代土地制度「代制」と同一のものだったという話である。ありそうな話ではあるが、そんなことがわかるはずがないというのが大方の見方であろう。

それが、異論のないほどきれいな形で証明できたのである。すなわち、朝鮮半島の古代結負制の解明結果が日本の代制と、面積の単位名からその実面積まで完全に一致していることがわかったのである。こんなことが偶然で起きるとは全く考えられない。

大化改新の代制と一致した名称や面積

日本では、天平尺（唐大尺…二九・八センチ程度）による三百六十歩一段、三千六百歩一町のいわゆる町段制が実施される前には、一般に代制と称されている土地制度が行われていた。この代制は『令集解』田令田長条所引の慶雲三年格に令前租法とあり、この令前の令が大宝令を示すのか、浄御原令あるいは近江令を示すのかをめぐって長い論争史がある。

いずれにしても、この代制は町段制に移行した以降も、部分的に町段の下位単位すなわち一段が五十代、一町が五百代として存続していたので、面積的には一代が二十三・〇平方メートル（天平尺を二十九・八センチとして計算）であったことはよくわかっている。

ところで、この代の単位については束代と記録されている例も多くある。例えば、天平七年の『讃岐国山田郡弘福寺領田図』に「右田数十一町四百十二束代」等の表現が多くあるし、浜松市伊場遺跡の大溝から出土した木簡にも「□百七十六束代又江田」とある。そればかりでなく、『法隆寺伽藍縁起并流記資財帳』には「二百十九町一段八十二歩」の土地を「十万九千五百六十一束二把代」と記していて、代が束代、把代の意味を持っていたこともわかる。

いうまでもなく、朝鮮半島の結負制は、結、負、束、把の単位を持っていた。したがって、日本の束代や把代と結負制の束、把は完全に共通性がある。しかも束把は中国の田制にはみられない単位である。

そのため当然ながら古くから日本と朝鮮半島の類似性を指摘する意見があった。しかし、当時は、束把は収量の単位として理解され、土地の面積を表す単位との認識は少なかった。そのため、類似性の指摘にと留まっていたが、木簡資料が増え、研究が進んだ現在では、面積単位でもあったとすることに異論はなく、当然その関係を再検討してみる必要があった。

結論からいえば、朝鮮半島の束の面積は二十三・〇から二十三・一平方メートル（古韓歩を百六十センチとして計算）である。一方、日本の束代の面積も二十三・〇平方メートル（天平尺を二十九・八センチとして計算）である。両者の面積は完全に一致しているのである。この結果だけをもってしても、日本の代制の起源が朝鮮半島にあったことを主張するに十分だと考える。なぜならば、代制の起源をめぐる従来の見解は、ひとことでいえば「よくわからない」ということであったからである。

もちろん従来学説でも、一定の説明は行われていた。それは一代の面積は、町段制の歩では七・二歩あるが、横山由清氏が指摘したように高麗尺の六尺を一歩とすると代がちょうど五歩（平方歩）になるので、これがその起源だとする立場である。すくなくともこれ以外に代を合理的に説明する手段はなかったので、もちろん有力な考え方であった。

しかし、面積の五歩を基本単位とすることに違和感を感じていた研究者も多かった。内田銀蔵氏は代の法が歩を基定として起った徴証はないとして、高麗尺説を斥け、凡そ稲一束を得べき田積を一代としたにすぎないと論じた。これに対して坂本太郎氏も「初め稲一束を得べき地は一代と言われたろう」と一定の理解を示し、弥永貞三氏も「その最も小さな単位は、一定の長さを一辺とする正方形として表現されると考える方が常識的ではなかろうか。……再考の余地があるのではないか」と述べている。岸俊男氏も代制の方格地割を論じる中で、高麗尺の五歩が先にあったとするのは順序が逆であると、弥永貞三氏の考えに同調している。

更に亀田隆之氏は、一段二百五十歩制（高麗尺六尺一歩制）がみられるのは、「今足勘文」のみであり、しかもこの「今足勘文」は慶雲三年格に則って書かれていながら、当の慶雲格には二百五十歩の記載がないことから、高麗尺の五歩を起源とする説に強い疑問を投げかけている。その後も、虎尾俊哉氏や吉田孝氏などの有力な研究者が同様な意見を出している。

その上、高麗尺の六尺は二百十四センチにも達していて、とうてい従来の歩（歩幅二歩）の概念には合わないことも大きな問題である。

このように、従来は高麗尺の六尺を一歩とする面積五歩を代の起源に想定しながら、多くの疑問を抱えていた。しかしこれに替わり得る有力な学説がない中で、高麗尺説が一応の定説的な立場を保ってきたのが実情であろう。

それに対して、代の起源が朝鮮半島の結負制にあり、束把の面積が完全に一致していたことになれば、高麗尺による代制説についても全面的な見直しを必要とするであろう。

高麗尺の存在について、筆者はかねてから強い疑問を表わしてきたが、その問題についてはあらためて述べたい。地味な研究ではあるが、筆者にとっては百年の定説を否定するハイライト的な研究だからである。

最後に、土地の面積が如何に変わらなかったかについて、朝鮮

表８　朝鮮半島の頃畝制と結負制の面積推移

	統一新羅以前		文宗 23 年当時		高麗中期		朝鮮初期	
基準尺	古韓尺	26.7cm	周　尺	20.2cm	周　尺	20.2cm	周　尺 10 指尺	20.7cm 19.3cm
歩	6 尺	1.60 m	8 尺	1.616 m	6 尺	1212 m		
量田尺 量田歩	3 尺 18尺、3歩	80.0cm 4.80 m	4 尺 24尺、3歩	80.8cm 4.85m	3 尺 18尺、3歩	60.6cm 3.63 m	30 指尺 180 指尺	57.9cm 3.47 m
頃	方 100 歩	25,600㎡	方 33 量田歩	25,600㎡	前代と同じ	25,600㎡	60 万周尺 2	25,700㎡
結 （畝表示）	9000 歩	23,040㎡ 90 畝	方 33 量田歩	25,600㎡ 100 畝	方 33 量田歩	15,150㎡ 60 畝	方 35 量田歩	14,780㎡ 57.6 畝
束		23.0㎡		25.1㎡		15.2㎡		14.8㎡

統一新羅以前の束の面積は日本の代制の束代の面積と同じ

半島の実例を表8に示す。内容については、基本的にはすべて筆者の研究によるものであるが、古韓尺との関連があまりない部分が多いので説明を割愛したものである。紙面の関係で説明もつけないが、興味のある方は原論文を参照していただきたい。ただし韓国語で書いたものである。

五、一周りして回帰した古墳の尺度研究

前項で、日本の古代土地制度「代制」が朝鮮半島の「結負制」と全く同一のものであったことを示した。

このような結論は、あらためて古代日本における代制についての再検討を迫っている。しかし、周知のように大化以前の田制遺構で、このような議論に耐え得るものは未だ発見されていない。ないものねだりをしても始まらない。

ただし、日本には前方後円墳のような大型古墳が数多く残っている。古墳の築造自体が農地開発や灌漑工事との関係を持っていたともいわれている。したがって前方後円墳の築造企画に代制に類似する計測システムが見出せるのではないかというのは当然の検討課題になる。

かくして、筆者のながい彷徨は最初の古墳研究に回帰することになった。思えば長い道のりである。

大化以前の土地制度「代制」、それが古墳時代にまで遡るか……。当然の疑問であるが、古韓尺が四世紀の高句麗の将軍塚などに認められていることからみて、その可能性は大いにあり得る。

しかし、コンピュータを利用して古墳の尺度を研究していた当時、古韓尺の使用を示唆する古墳が多くありながら、しかも統計的な解析によって古韓尺を検出していながら、ある意味で挫折した経験があった。手ごわいのは承知であったが、幸いなことに手元には資料が豊富にある。

前にアプローチした時との最大の違いは、新たな発掘によって、形状が正確に定まった古墳が増えたことである。発掘結果は従前の計測値を根本から変えてしまうほどの違いを示す場合もあった。できれば発掘調査により形状が正確に把握された古墳を対象としたい。その願望もある程度まで可能になっていた。

しかし、何といっても最大の着眼点は、量田歩の存在がわかったことであった。前には、古韓尺の一歩すなわち一・六〇メートルの基準でのみ検討したが、今度は古韓尺の三歩すなわち、四・八〇メートルもその基準になる。いやむしろ「代制」との関係があったとするならば、大型前方後円墳は量田歩すなわち四・八〇メートルこそ基準に相応しい。

結論は簡単であった。古韓尺による量田歩こそが大型前方後円墳の設計尺であった。

日本最大のいわゆる仁徳陵の墳長は量田歩の百歩すなわち古韓尺のちょうど一里であった。伝履中陵や造山古墳は量田歩の七十五歩、箸墓古墳、伝景行陵、土師ニサンザイ古墳、作山古墳、伝仲津媛陵は量田歩の六十歩、伝崇神陵、伝仲哀陵、室宮山古墳は量田歩の五十歩であった。

結論は簡単であるが、そこに至るプロセスが研究では重要である。ここで古墳尺度研究の歴史を辿るのも意味があろう。百家争鳴の状態ではあったが、その中に学ぶべき点も多くあるからである。

古墳尺度の研究史

今までの古墳の尺度論はその多くが大型前方後円墳の築造企画と密接にからんで進められてきた。主要な見解を示すとつぎのようになっている。

まず甘粕健氏は五世紀型の前方後円墳については「二十三センチ尺……漢尺」と「二十六センチ尺……晋後尺」の二種類の尺度を帰納的に求め、更に六世紀以降は東魏尺（高麗尺）に近い三十五センチが使用されていたと述べている。また森浩一氏は主要な前方後円墳の墳丘長が晋尺（二十四センチ）の百尺単位に一致することから晋尺説を唱え、秋山日出雄氏は古韓尺と同じ長さの二十七センチの尺度を想定している。一方、椚国男氏は古墳の形態分類別に日葉酢媛型では前漢尺（二十三・一センチ）、応神・仁徳型では西晋尺（二十四センチ）、後期の見瀬丸山古墳では唐尺（二十九・六センチ）が合うとしている。古墳築造企画の研究で多くの実績をあげた上田宏範氏は三十六センチの類高麗尺を採る。

これらの研究結果に対して西村淳氏は推定尺度の評価にあたって、主観的、恣意的判断におちいらないように、絶対誤差率という客観的数値を導入し、古墳計測値のなかで最も信頼性の高い後円部各段の直径について解析を行い、二十四センチと三十センチの例が多いと報告した。

更に近年の研究としては、岸本直文氏が前方後円墳の築造企画を再検討する中で、箸墓古墳が漢尺（二十三・四センチ）に合うことを根拠に、全ての古墳について漢尺の百尺で網掛けを行って類型を求めている。

これらの中には、一種類の尺度では説明が困難で、数種の尺度を想定しているものや、中国の尺度に関する研究水準を十分に参照していないものもみられる。

一方、橿原研の宮川徏氏らのグループは古墳築造企画についての研究から、後円部直径を八分割するユニットで類型化し、その一区画が一・六メートル程度の大尋あるいは一・五メートル程度の小尋で造られたと主張している。

このように各種多様な意見が提出されていて、いずれの主張を是とするかは未だ結論をみていない。それはこれらの大型古墳の多くが未発掘で、原築造企画が正しく反映されていない可能性があることにも一因があろう。ただし、森浩一氏や椚国男氏あるいは西村淳氏の二十四センチ説と、上田宏範氏の三十六センチ説の間には二対三の整数比関係があり、また二十四センチ説と宮川氏らの大尋一・六メートル説の間にも三対二十の整数比関係、秋山日出雄氏の二十七センチ説も、その六尺が大尋（一・六メートル）と一致していることなどには注目する必要がある。一見、ばらばらな主張にも多少の共通性はあるのである。

群馬県の大型前方後円墳の場合

このような状況下で、個別の古墳についてであるが、発掘調査の結果をもとにして、その企画モジュールを帰納的に求めた注目すべき報告が提出されている。いずれも群馬県の大型前方後円墳についてである。

まず、綿貫観音山古墳について、関東古墳研究の大家・梅沢重昭氏は次のような紹介をしている（『綿貫観音山古墳1』群馬県埋蔵文化財調査団　一九九八）。

墳丘・周堀の築造にあたって使用された基準尺度（モジュール）は、墳丘や周堀各部の計測値に包含されているものと考えられ、その公約数値から帰納すれば、（晋尺）二十尺＝四・八〇メートルであろうと推定している……この基準尺度は、一尋＝一・六〇メートルとした場合の三尋＝四・八〇メートルとする可能性もある……

ここで尋を古韓歩と読み替え、（晋尺）二十尺を量田歩と読み替えれば、朝鮮半島の結負制の基準尺を述べたのと全く同一の内容になる。筆者の土地制度史研究から得た結論と全く同じ内容が梅沢氏によって主張されていたのである。

また、保渡田八幡塚古墳の発掘報告書（『保渡田八幡塚古墳・調査編』群馬町教育委　二〇〇〇）の中で若狭徹氏は、身体尺として一・六〇メートル、制度尺として晋後尺二十四センチを想定して検討を行い、いずれの場合も計測値とよく合致しているとして、梅沢氏の見解を踏襲している。

実はこのような見解に至るには、梅沢重昭氏による前段階の検討があり、群馬県内の太田天神山古墳や女体山古墳の計測値の最大公約数が二十四メートル（晋尺の百尺）になっているとして晋尺説を提出していたのである。ここに二十四メートルは、量田歩の五歩あるいは古韓歩の十五歩に等しい。

このように、群馬県のいくつかの大型古墳について、既に一・六〇メートルと四・八〇メートルを基準尺として築造企画したとする報告が存在していたわけであるが、保渡田八幡塚古墳のすぐ近くには、保渡田古墳群としてほぼ同型の保渡田薬師塚古墳と井出二子山古墳があり、周堀を含めた概要が発掘により確認されている。また、保渡田八幡塚古墳とほぼ一対二の関係にある太田天神山古墳も、発掘により状況がわかっている。しかもこれらの古墳はいずれも平坦な土地に築造されたもので、地形の制約を受けずに設計図通りに造られた可能性が高く、尺度を議論するには好適である。

そのため、改めてこれら五古墳の主要計測値について、古韓歩およびその三歩の量田歩がどのように適合しているかについて一覧表を作成してみた。表9に示す。

まず保渡田八幡塚古墳（図5）については、十一件の計測値の内七件について、量田歩で六歩、十歩、十二歩、二十歩、三十歩、六十歩と極めて規則性が高く適合している。しかも後円部上段、中段の基部直径をはじめ後円部直径、中堤外縁直径、それに主軸線の墳丘長や中堤外縁間の距離

表9　群馬県で発掘された大型古墳の古韓歩（量田歩）の適合度

古墳名称（計測値参考資料）	時期	計測部位	実測長（m）	古韓尺歩数（m）			誤差（m）
				歩	量田歩	計算	
保渡田八幡塚古墳	5世紀	後円部上段基部直径	29.0	18	6	29.0	0
	後半	中段基部直径	48.0	30	10	48.0	0
若狭徹「保渡田八幡塚		後円部直径	57.5	36	12	57.6	+0.1
古墳の築造企画と首長		中堀外縁直径	96.5	60	20	96.0	-0.5
墓系列」		中堤外縁直径	112	70		112	0
『保渡田八幡塚古墳』		外堀外縁直径（兆域）	142.5	90	30	144	+1.5
調査編、群馬町教委		主軸線墳丘長	96.1	60	20	96.0	-0.1
2000.3		内堀外縁間	(134)	85		136	+2
		中堤外縁間	(152)	95		152	0
		外堀外縁間（兆域）	188.5	120	40	192	+3.5
		前方部幅	62.5	40		64	+1.5
保渡田薬師塚古墳	5世紀末葉	後円部後円部直径	(66)	40		64	-2
		中堀外縁直径	(108)	70		112	+4
『群馬町誌』資料編1		外堀外縁直径（兆域）	138	85		136	-2
原始古代・中世、		主軸線墳丘長	105	65		104	-1
1998.3		内堀外縁間	(144)	90	30	144	0
		外堀外縁間	165	105	35	168	+3
		前方部幅	70	45	15	72	+2
井出二子山古墳	5世紀	後円部後円部直径	70-74	45	15	72	0
	第3四半期	中堀外縁直径	(124)	75	25	120	-4
『二子山古墳』		中堤外縁直径	(148)	90	30	144	-4
群馬町教委、1985		外堀外縁直径（兆域）	(160)	100		160	0
		主軸線墳丘長	108-111	70		112	+1
右島和夫「保渡田古墳		内堀外縁間	(161)	100		160	-1
群の研究」『東国古墳		中堤外縁間	(190)	120	40	192	+2
時代の研究』1994		外堀外縁間（兆域）	(209)	130		208	-1
		前方部幅	71	45	15	72	+1
		内堀内の中島直径	16	10		16	0
綿貫観音塚古墳	6世紀末	後円部上段基部直径	32.4	20		32	-0.4
	～7世紀初	中段基部直径	41	25		40	-1
梅沢重昭「綿貫観音山		後円部直径	61	40		64	+3
古墳の設計・企画」		中堀外縁直径	109.8	70		112	+2
『綿貫観音山古墳』1		中堤外縁直径	(127)	80		128	+1
(墳丘、埴輪編)、群馬		外堀外縁直径（兆域）	143.6	90	30	144	+0.6
県埋蔵文化財調査		主軸線墳丘長	97.2	60	20	96	-1.2
事業団、1998.3		内堀外縁間	145	90	30	144	-1
		中堤外縁間	(152)	95		152	0
		外堀外縁間（兆域）	(172)	105	35	168	-4
		前方部幅	63.9	40		64	-0.1
太田天神山古墳	5世紀	後円部後円部直径	120	75	25	120	0
	中頃	中堀外縁直径	191	120	40	192	+1
梅澤重昭「太田天神山」		中堤外縁直径	242	150	50	240	-2
『探訪日本の古墳』有		外堀外縁直径（兆域）	288	180	60	288	0
斐閣、1981		主軸線墳丘長	210	130		208	-2
		内堀外縁間	270	170		272	+2
		中堤外縁間	316	200		320	+4
		外堀外縁間（兆域）	364	225	75	360	-4
		前方部幅	126	80		128	-2

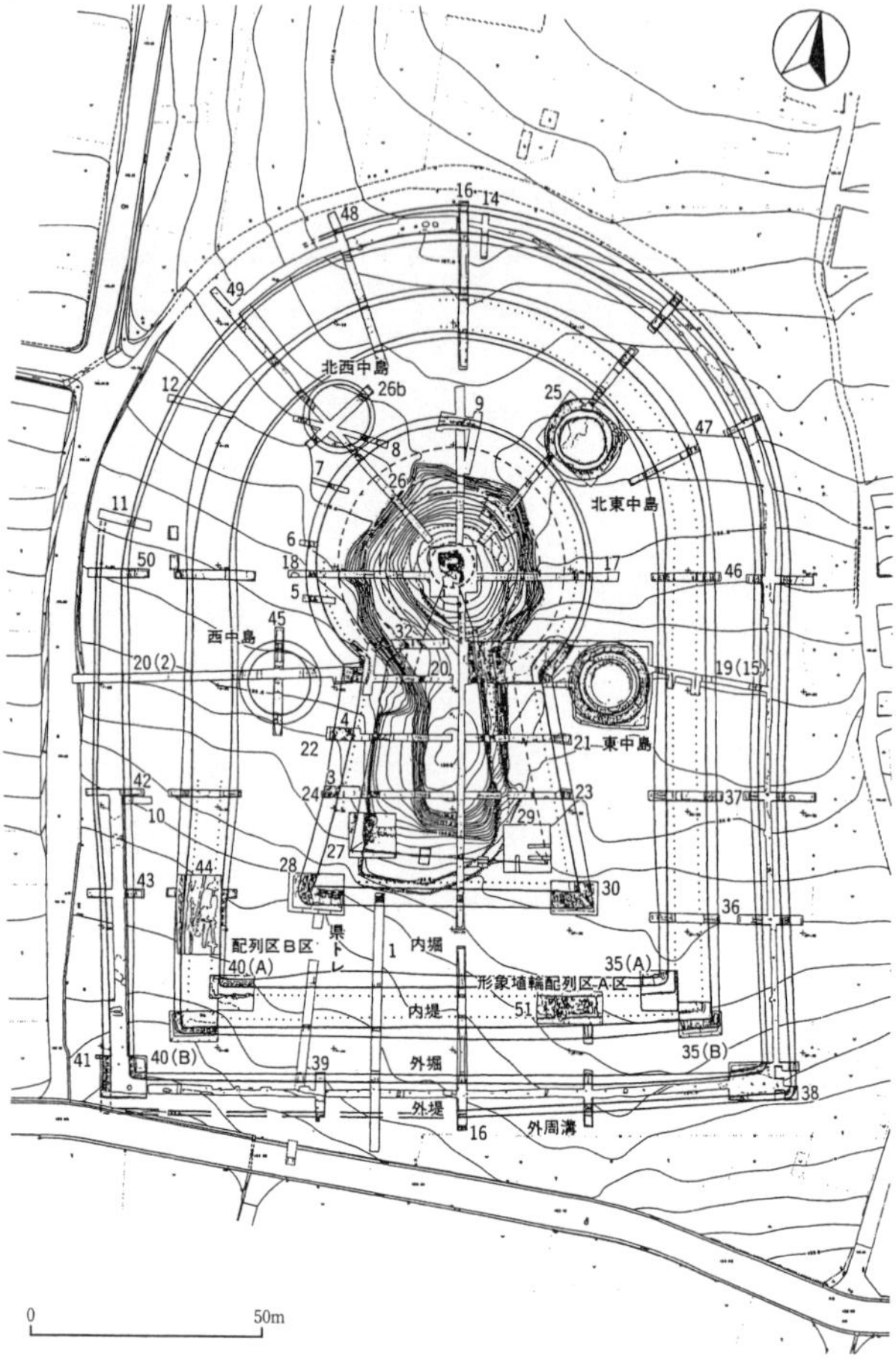

図５　保渡田八幡塚古墳全体図

（『保渡田八幡塚古墳』、群馬町教委、2000）

など七件の計測値が、復元値と五十センチ以内の誤差でほぼ完全に一致している。なお、やや一致度の劣る後円部と主軸線の兆域については、計測値が外堀外縁基準であり、実際の兆域はそれよりもやや広かったと考えれば、これも量田歩の三十歩と四十歩であったと考えて全く問題ないであろう。すなわち全体として、古韓歩と量田歩で築造されたと考えると整合性が極めて高い。

また保渡田八幡塚古墳のすぐ近くにある保渡田薬師塚古墳と井出二子山古墳（図6）は規模も形状も類似し、築造年代も八幡塚古墳の年代に合い前後している。したがって、これらの古墳に関しても古韓歩と量田歩で復元ができなければ、八幡塚古墳の復元の意味もなくなる。発掘調査の精度としては八幡塚古墳ほど整っていないが、そのほとんどが古韓歩と量田歩によって二メートル以内の誤差で復元できている。

さらに前述の梅沢重昭氏が一・六メートルと四・八メートルのモジュールを報告した綿貫観音山古墳（図7）も、当然ながら古韓歩と量田歩がよく適合している。また八幡塚古墳と相似形で群馬県内最大の前方後円墳である太田天神山古墳についても、後円部や兆域の企画がすべて二十四メートルの倍数になっていて、量田歩の二十五歩、四十歩、五十歩、六十歩、七十五歩となっており、さらに古韓歩を併用すればよく適合している。

以上のように、群馬県内の前方後円墳の内、発掘調査によって、周堀構造まで比較的詳しく判明している古墳については、そのほとんどが古韓歩と量田歩によって、誤差二メートル以内に適

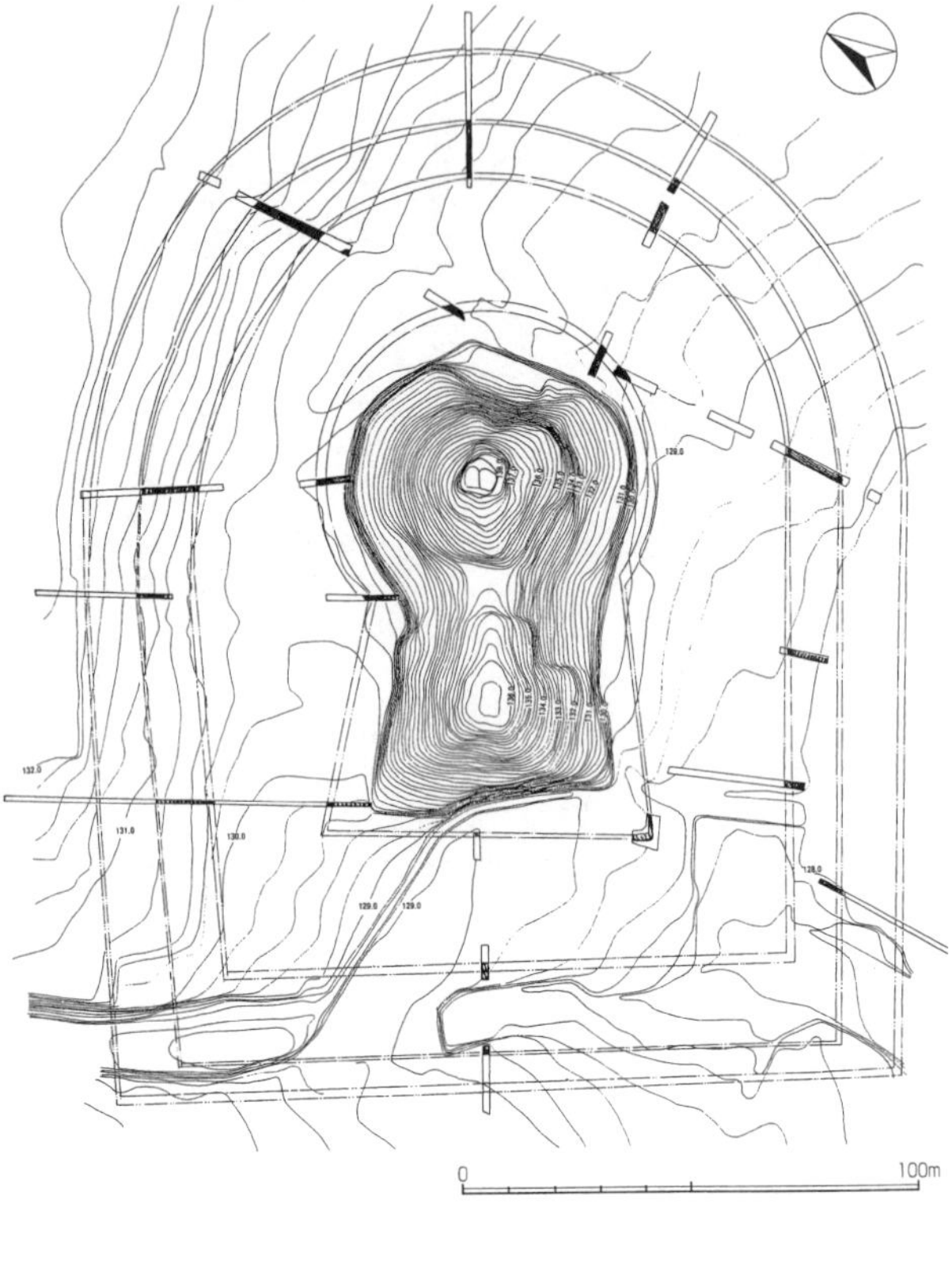

図6　井出二子山古墳全体図
(『二子山古墳』群馬町教委、1985)

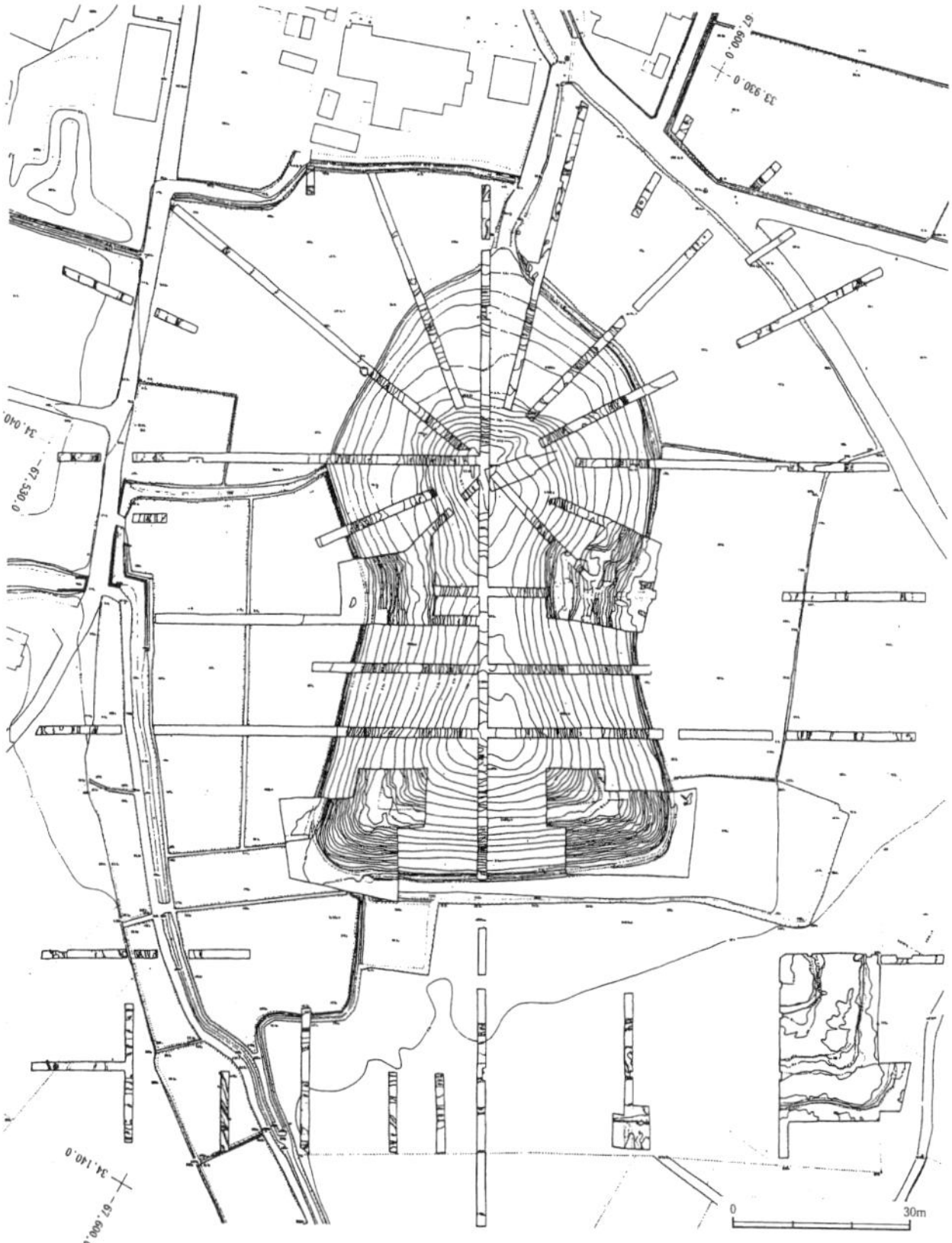

図7　綿貫観音山古墳

(『綿貫観音山古墳』、群馬県埋蔵文化財調査事業団、1998)

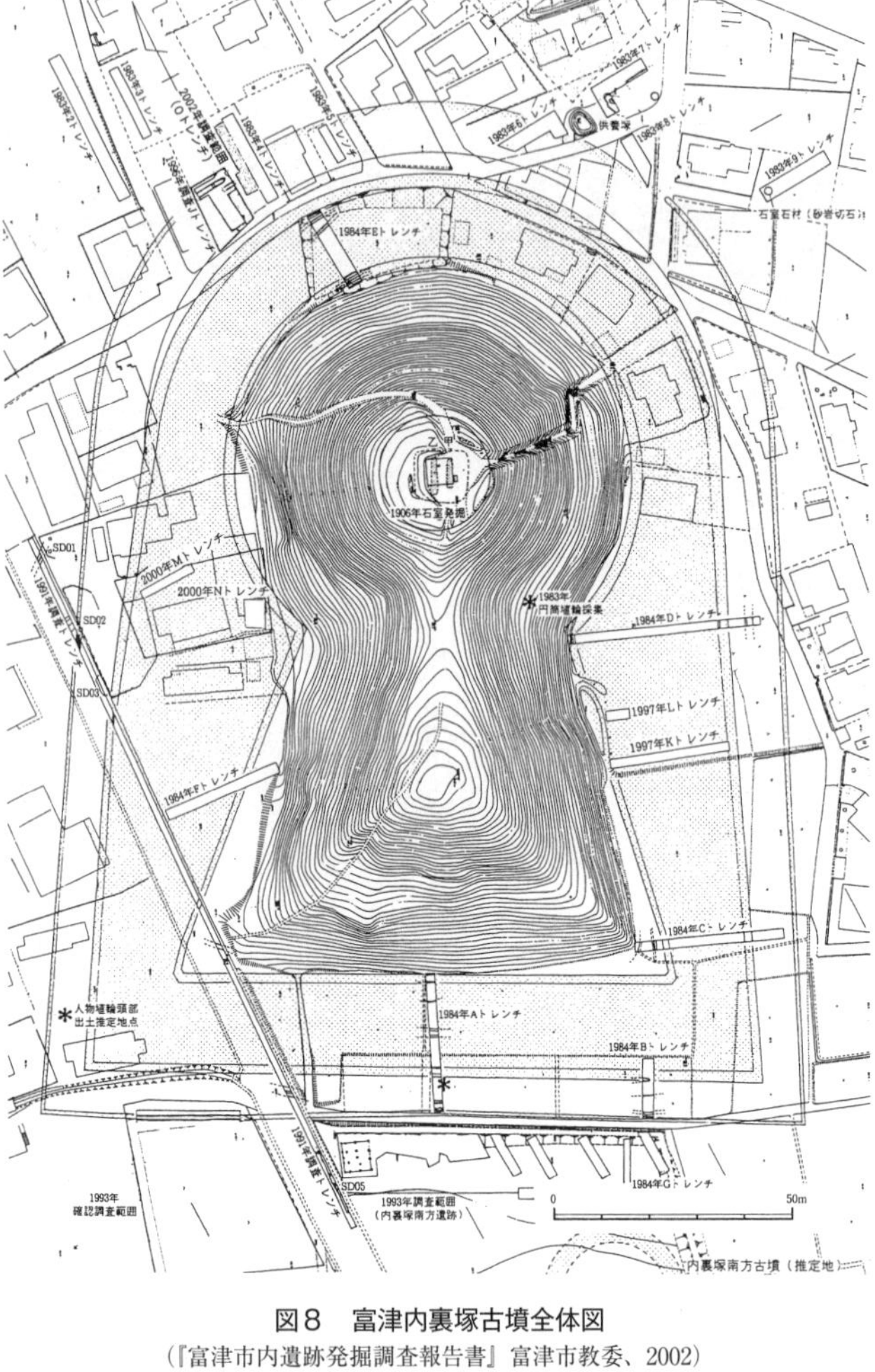

図８　富津内裏塚古墳全体図

（『富津市内遺跡発掘調査報告書』富津市教委、2002）

合していることを示している。

なお群馬県内にはこの他に墳丘長が百二十メートルを超える前方後円墳が十件あるが、その墳丘長をみると、倉賀野浅間山古墳（百七十一・五メートル）と別所茶臼山古墳（百六十五メートル）は量田歩三十五歩（百六十八メートル）、白石稲荷山古墳（百四十四メートル）と七輿山古墳（百四十六メートル）は量田歩三十歩（百四十四メートル）、前橋天神山古墳（百二十九メートル）と八幡山古墳（百三十メートル）は古韓歩八十歩（百二十八メートル）、大鶴巻古墳、朝子塚古墳、御富士山古墳、岩鼻二子山古墳（百二十三メートル、百二十三メートル、百二十五メートル、百二十メートル）は量田歩二十五歩（百二十メートル）となっており、未発掘の古墳が多い中で、おおよそ古韓歩と量田歩を基準としたと見なせる。

群馬県におけるこのような一致例は当然のことであるが、群馬県内のみにとどまることはなく、周辺地域の発掘調査を経た大型古墳にも同様な例を見出せる。例えば、南関東最大の前方後円墳である千葉県の内裏塚古墳（図8）では、墳丘長百四十四メートル（三十量田歩＝百四十四メートル）、後円部直径八十メートル（五十古韓歩＝八十メートル）、前方部幅百四メートル（六十五古韓歩＝百四メートル）、後円部中堀外縁直径百十四メートル（七十古韓歩＝百十二メートル）とよく一致しているし、東北地方最大の宮城県名取雷神山古墳も墳丘長百六十八メートル（三十五量田歩＝百六十八メートル）、後円部直径九十六メートル（二十量田歩＝九十六メートル）、前方部幅九十六メートル（二十量田歩＝九十六メートル）と非常によく一致している。

このような事例は西日本の発掘調査を経た前方後円墳にも見出せる。例えば、兵庫県最大の前方後円墳五色塚古墳、墳丘長百九十四メートル（四十量田歩＝百九十二メートル）、後円部直径百二十メートル（二十五量田歩＝百二十メートル）、前方部幅七十二メートル（十五量田歩＝七十二メートル）となっている。

超大型前方後円墳の場合

発掘調査によらない古墳の計測値は信憑性にとぼしいことは事実である。外形観察による値がその後の発掘調査により、大幅に異なっていた場合もある。しかし、墳丘長が二百メートル以上の場合に限定すれば、多少の誤差があっても議論の対象とすることができるであろう。このような考え方で、墳丘長が二百メートルを超える超大型古墳の内、均整を欠き、計測基準が不確実な古墳（五社神古墳）を除外して、古韓尺の歩および量田歩の適合状況を整理してみることにした。研究論文においては、墳丘長、前方部幅、後円部直径を対象としたが、表示がわずらわしいので、表10には墳丘長のみを示す。

従来の尺度論では、通常三パーセント以内の誤差であればよく一致していると見なしている。それに比較すると古韓歩はほぼ一パーセント程度の誤差内でかなりよく一致しているといえよう。その中でも特に注目すべきは、最大の伝仁徳陵である。その四百八十六メートルは古韓歩の三

表10　量田歩で築造された大型古墳（単位：m）

28位までの大型古墳名称	墳丘長	歩	量田歩	計算値	誤差
大仙陵古墳（伝仁徳陵）	486	300	100	480	−6
誉田御廟山古墳（伝応神陵）	430	270	90	432	+2
石津ミサンザイ古墳（伝履中陵）	362	225	75	360	−2
造山古墳	360	225	75	360	0
河内大塚古墳	335	210	70	336	+1
見瀬丸山古墳	318	200		320	+2
渋谷向山古墳（伝景行陵）	289	180	60	288	−1
土師ニサンザイ古墳	288	180	60	288	0
作山古墳	286	180	60	288	+2
仲ツ山古墳（伝仲津媛陵）	286	180	60	288	+2
箸墓古墳	290	180	60	288	−2
ウワナベ古墳	255	160		256	+1
行燈山古墳（伝崇神陵）	240	150	50	240	0
室宮山古墳	238	150	50	240	+2
岡ミサンザイ古墳（伝仲哀陵）	242	150	50	240	0
西殿塚古墳（伝手白香皇女陵）	224	140		224	0
宝来山古墳（伝垂仁陵）	225	140		224	−1
太田茶臼山古墳（伝継体陵）	226	140		224	−2
メスリ山古墳	224	140		224	0
市ノ山古墳（伝允恭陵）	227	140		224	−3
誉田墓山古墳	226	140		224	0
佐紀石塚山古墳（伝成務陵）	215	135	45	216	0
ヒシアゲ古墳（伝磐之媛陵）	215	135	45	216	0
西陵古墳	214	135	45	216	+2
築山古墳	208	130		208	0
太田天神山古墳	210	130		208	−2
外山茶臼山古墳	208	130		208	0
津堂城山古墳	208	130		208	0

百歩すなわち量田歩の百歩であり、ちょうど一里の長さになっている。また後円部直径も量田歩の五十歩すなわち半里である。すなわち日本最大の古墳は古韓尺で墳丘長一里、後円部径を半里で設計されていたことになる。

また二番目に大きい伝応神陵についても、墳丘長の四百三十メートルは量田歩の九十歩であり、前方部幅二百九十メートルは量田歩の六十歩である。

以下、各古墳の墳丘長についてだけ述べれば、量田歩七十五歩の古墳に伝履中陵、造山古墳、同七十歩の古墳に河内大塚古墳、同六十歩の古墳に伝景行陵、土師ニサンザイ古墳、作山古墳、伝仲津媛陵、箸墓古墳、同五十歩に伝崇神陵、室宮山古墳、伝仲哀陵、同四十五歩に伝成務陵、伝磐之媛陵、西陵古墳がある。

このように、墳丘長十位までの古墳の内、見瀬丸山古墳を除くと、墳丘長はすべて量田歩を基準としており、古墳の設計に際して墳丘長が基準要素のひとつであったことは間違いないだろう。

更に超大型古墳のいくつかについては、後円部の上段、中段などの直径についての計測値も得られているので同様の検討を行っているが、いずれも良好な対応関係がみられた。

なおこれらの超大型前方後円墳には発掘により兆域の大きさ（長さ）が判明している例として、ウワナベ古墳四百八十メートル、津堂城山古墳四百三十六メートル、太田天神山古墳三百六十四メートルがあるが、それぞれ量田歩の百歩（一里）、九十歩、七十五歩と一致しており、量田歩による設計を裏付けている。

従来学説との関係

以上の検討結果により、朝鮮半島の結負制で用いられていた基準尺すなわち古韓歩と量田歩が日本の大型前方後円墳の築造企画に用いられていたことを明らかにし得たと考える。ただし、このような結果は必ずしも今回の検討によって明らかにされたものばかりではない。それは、もと森浩一氏以来、晋尺（二十四センチ）の二千尺とか、千五百尺とかによって説明されていた古墳が多いからである。群馬の大型古墳に関する梅沢重昭氏の晋尺説も同様である。

しかし、これらの晋尺説にはいくつかの問題があった。

その一つは大型前方後円墳の直径が古韓尺の歩で百歩（百六十メートル）を示すものに箸墓古墳、伝崇神陵、土師ニサンザイ古墳、見瀬丸山古墳などがあるが、これらが晋尺では六百六十七尺となってしまい完数になり難いことである。

それよりも決定的な原因は、古墳のような大型工事に、果たして尺の単位を使用したかの問題である。周知のように古代中国では土地を測るのは歩が原則である。農地ばかりでなく墓地の大きさを示す時にも歩が使用されていた。例えば、中国河北省から出土した中山王墓の銅板設計図にも墓域を示すには歩単位を用いており、『後漢書』『魏書』にみられる皇帝陵もすべて歩で示されている。

更にいえば、晋尺あるいは晋後尺を二十四センチとする議論そのものにも問題があった。ちなみに晋の尺度として残されている「ものさし」は六個あるが、いずれも二十四・二センチ以上で、平均は二十四・三センチであり、けっして二十四センチではないのである。

以上の議論により、晋尺説には多くの問題があり、計測値によく一致するからといって採用することはできないのである。

さて、このように従来の試案を批判していては、きりがない。しかし、どうしても自己の試案を提出するには、従前の試案を批判せざるを得ないのが古墳研究のみならず、後発研究者の悩みである。

ただ筆者の今回の提案が従来と大きく異なるのは、単なる「数字いじり」を脱却したことにある。確かに筆者もどんな尺度が現実によく合うかとの視点から研究をはじめた。そして古墳研究に関しては挫折した。その教訓から、数字いじりとは別に、歴史的に根拠のある計量システムを研究した上で、古墳の計測値に問うことが絶対に必要な方法だと感じ、遠回りの果てにたどり着いたのが、「代制」の土地制度であり、その量田歩である。

このようにして、いわば独立した研究によって得られた量田歩が、現実の古墳によく合ったということが重要なのである。いろいろな尺度を持ち出し、都合のよい理論をつくっているのとはその点で大きな違いがあるのである。

考古学のように不完全な情報のもとで理論を組み立てる場合、個々の推論に多少の危うさが付きまとうのはやむを得ない。しかしそのような危うさを伴う新学説であっても、独立した研究結果が三本足のように支えあうようになると、にわかに強固な学説になる。それぞれの研究が内包している危うさが消えて、大地に足をおろせるようになる。それが古韓尺の場合、「結負制論文」と「古墳論文」の役割であった。

ちょっと力み過ぎたかも知れない。しかし、私の古韓尺研究の原点はもともと古墳尺度研究にあった。それは簡単に解けそうでいて手強かった。しいて答えを求めると、雨後の筍のような研究者たちの論理に堕してしまうおそれがあった。それはとても我が矜持が許さなかった。そして実証的な研究を目指す過程で、統計学理論を応用し、古墳からはやや離れて、古韓尺を帰納的に発見したのだった。

しかし古墳尺度研究にはやはり未練があり、相次いで発表される新説には目を通していた。けれどもそれらの多くは、むしろ当初の提案よりも恣意的で議論の水準も見劣りしているものが多く、内心苦々しく思っていた。しかし、いまさら古墳尺度の論争に参加することもあるまいと傍観していた。そこに今回の発見である。

思えば遠回りした彷徨の旅であった。しかしその遠回りが古韓尺を発見させ、朝鮮半島の土地制度「結負制」を解明させ、そして代制と結負制が同じシステムであったことを突き止めさせてくれた。

私は学生達によく語る。研究開発と一口でいうが、研究と開発は全く異なる性格があると。開発はコストとスピード、研究はオリジナリティが重要で、開発はひたすら目標に向かって最短距離で走るべきであるが、研究は、無駄な彷徨が必要だと。このことを理解しない大学の研究開発は中途半端で終わってしまうと。研究には、彷徨が似合うのである。

六、やはり存在しなかった高麗尺

いよいよ高麗尺について述べる時がきた。この百年間、準定説の位置にあった高麗尺によって古韓尺がどれだけ前進を阻まれたであろうか。

これから述べることは「日韓古代遺跡における高麗尺検出事例に対する批判的検討」として『朝鮮学報』一九五輯（二〇〇五）に発表したものである。

内容としては、まず高麗尺が成立した過程を追いかけ、その当時根拠とされたことが、その後の発掘調査など学問の進展によって無意味なものになっていることを論証している。これが論文の前半である。

しかし論文の主眼は、この高麗尺の存在を信じて、次から次へと高麗尺を当てはめてみて、よく合っているとして、高麗尺が実証されたとする風潮への実証的な批判である。高麗尺に長い歴史があるだけに、何の疑いも持たずに高麗尺に基づいて議論を進めている事例が、日本にも韓国にも数多くある。いや中には高麗尺に批判のあることを承知していながら、よく当てはまる例を見つけると、そのことがまた高麗尺の実証データとして再引用されている。

「みんなで渡ればこわくない」と大合唱をしているのである。そこに定説の持つ恐ろしさがある。

そしてその定説を否定し去るには膨大なエネルギーが必要になる。

筆者が大化前代の土地制度「代制」が朝鮮半島の「結負制」と同一のシステムであったことを検証したことで、高麗尺の唯一ともいえる役割は完全に失われてしまったといっても、過言ではない。しかし、おそらく百年の定説が簡単に消え去るとは思えない。それは権威ある解説書に高麗尺が登場していて、これをみて、高麗尺に準拠して議論を進める研究者が後を絶たないからである。定説が否定されたことをわざわざ書いてはくれない。

いうまでもなく、歴史学において史料批判は絶対にかかせない過程である。したがって、もし史料批判を経ない史料を用いる場合は、疑問符つきで引用しなければならないのは当然である。しかし、この原則をしばしば無視して、引用されているのが「高麗尺」である。

すくなくとも、今後論文審査を担当する査読者は、もし高麗尺にふれる論文があったら必ず筆者の論文を参照した上で議論を進めるようにコメントしてもらいたい。私の高麗尺批判論文はそのためにまとめたものである。

やや細かい議論に立ち入らざるを得ないので、読み難い点もあるかも知れないが、筆者が本当に書きたかったのは、この高麗尺に対する批判なのである。前置きはそのくらいにして、内容を紹介しよう。

令集解の高麗尺は否定されている

高麗尺の名称は史書にあるわけではない。それは『令集解』田令に「高麗法」あるいは「高麗術」とあり、その意味する尺度として通称されているものである。したがって史料批判としてはまず『令集解』の田令から始めなければならないが、そこには令の条文「凡田、長卅歩、廣十二歩為段、十段為町」の解釈について次のような問答がある。

［古記の質問］（令には）田長三十歩、廣十二歩で段とするとある。すなわち段積は三百六十歩である。（しかし）一度段積を改め二百五十歩とし、復た重ねて改め三百六十歩とした（という者もいる）。一方、雑令では地を度るには五尺で歩とするとあるが、和銅六年二月十九日の格では地を度るには六尺で歩とするとある。令と格のいう（赴く）ところと段積をなぜ変えたか、つぶさ（具）に解釈を請う時、疑わしいことはないか（という質問）。

［幡の答え］令では五尺を歩とする。これは高麗法を用いると地を度るに便なためである。そして尺を長大につくるなら（六尺一歩とするなら）二百五十歩で段となる。亦これを高麗術ともいう。すなわち高麗五尺が今尺でいえば大六尺に相当する。だから格で六尺を歩というのはこのためである。令で五尺の内積を歩というのを改めて六尺の歩と呼んだのであって、その地の大きさには変わりない。しかし令に五尺、格に六尺というのをみて、格では一尺を加えたという人がいるがそうではない。令にいう五尺は今の大六尺と同じことを示しているのである。

幡の答えにある段二百五十歩の項は何か補って読まないと意味が通じないが、明解なのは、令（高麗尺）の五尺が今尺の大六尺に相当するということと、和銅の格の前後で歩に変化がなかったということである。今尺の大尺とは、令の大尺ではなく、『令集解』編纂の九世紀末の大尺で、唐大尺と等しく、実長でいえば天平尺（二十九・八センチ程度）であるから、高麗尺は三十五・六センチ程度、歩は和銅の格の前も後も変化なく一・七八メートル程度であったことになる。

しかも令の雑令には「一尺二寸為大尺一尺」とあり、高麗尺がこの規定の大尺に相当することも確かである。したがって通説のように高麗尺は確実に存在していたように理解できる。整理すれば令小尺が後の天平尺の長さ二十九・八センチ程度、令大尺が高麗尺と同じ三十五・六センチ程度となる。

ところが令の雑令には「地を量るには大尺」をという規定がある。逆にいえば地を量る以外は全て小尺を使うという規定である。しかし地を量る単位は歩であって、けっして尺ではない。したがって、歩＝五大尺＝六小尺であるから、和銅格の前であっても後であっても、小尺だけあれば全て事は足りていたことになる。

そこから大尺は唐制の規定（五尺一歩）に見かけを合わせるために導入したものであって、実態がなかったとの解釈が生まれる。和銅格で早々に令小尺による六尺一歩制に改めてしまったこと（大尺を廃止し実質的に唐制の大尺小尺制に合わせてしまったこと）もそのような推測を裏付ける。

事実、藤原京や平城京の建物は全て天平尺によって造られており、条坊や道路幅は全て天平尺の六尺の歩で造られており、今のところ確実に大尺で造られた建造物や地割は見当たらない。高麗尺の実態が見当たらないのである。

ところが、高麗尺をめぐって別の観点からの議論がある。すなわち大化前代の田制である代制との関係から高麗尺の六尺一歩制すなわち段二百五十歩制が存在したとする見解である。それは高麗尺の六尺一歩制をとるならば、代制の面積単位の代が五歩（平方歩）となり、そこに簡単な関係が見出せるからである。そのことが前出の令集解の問答に出ている。

すなわち、ある時期に段二百五十歩制があり、高麗尺の六尺一歩制が行われていたという議論である。これは田積三遷論争（なぜあるいはいつ段三百六十歩から段二百五十歩そして再び三百六十歩に移行したかをめぐる論争）としてよく知られていることであるが、近年では亀田隆之氏や虎尾俊哉氏の説を基に、「古記の質問」は和銅格の六尺一歩への変更をめぐってこれを大尺の六尺と間違える者がいることを想定した架空の質問であったとする見解が金沢悦男氏の論文「田積田祖法の変遷について・学説史の検討から」『法政考古学』二十号（一九九三）によって更に深められ学説的にほぼ確定した状況にある。

そうであるならば、この記事をもとにして令前の制度を議論することは全く無意味になり、高麗尺の六尺一歩が存在したとする根拠は失われてしまう。

しかも金沢悦男氏は、浄御原令施行時期の木簡に、町段を用いた例がなく、全て代による記録であったことなどを考慮して、令が大宝令を意味するか、浄御原令を意味するかの論争にもほぼ決着をつけた。すなわち、町段制は大宝令にはじまり、それ以前は代制のみで、浄御原令期の町段制や町代併用制を否定したのである。

このことは、高麗尺による段二百五十歩制の存在を否定することに通じる。すなわち、代制が当初から、高麗尺によって規定されていたとするのならいざ知らず、代制と階調するための高麗尺の段二百五十歩制はその必要がなくなってしまうからである。残るのは代がもともと高麗尺の五歩（平方歩）で規定されていたとする考えであるが、それは代制の理解の仕方であって、あくまで推測のひとつに過ぎない。学説史的にも、高麗尺が先にあって代ができたとするのはほとんどみられない。

したがって、段二百五十歩制は、天平の時点で「和銅六年の改正によって高麗尺六尺一歩制、従って二百五十歩一段制が採用され、その後いつか再び三百六十歩一段制となって天平時代に至った」という、一時点におけるひとつの誤解が存した、ないしおそれがあったのであって（虎尾俊哉『斑田収授法の研究』一九六一）、実在した制度ではなかったのであるから、段二百五十歩制が存在したことを主張するためには、高麗尺の六尺（二・一三メートル）を単位とした明確な地割などを遺跡に見出すことが必須条件である。しかし、後述するように未だ確実なものはない。

以上のように、文献史料のみでは、実態を伴う高麗尺が存在したことを論証することはできず、高麗尺の実在を主張するためには、確実に高麗尺で造られたことを示す建造物、あるいは確実に高麗尺の六尺一歩によって地割された遺跡を見出すことが絶対的な条件である。天平尺の六尺の遺跡計測値を単に高麗尺五尺と読み替える程度では高麗尺の実在を証明したことにならないのはいうまでもない。

高麗尺成立過程の全資料が無意味になっている

以上のように、高麗尺（令大尺）の実在を主張するためには、文献史料では不十分で、遺跡遺物などによる検証が不可欠である。そのため高麗尺が定説化する過程でも、高麗尺を寺院遺跡等と比較する研究が行われていた。しばしば引用される研究は、表11の通りである。

これだけの証拠があれば、確かに高麗尺は存在したことになるであろう。しかし今日の研究水準でみれば、その根拠の全てに問題が生じてしまっていて、とても高麗尺の証拠とすることができなくなっている。特に検証に用いた計測値そのものが発掘調査等によって変わってしまっているのが大部分である。簡単に状況を整理しておこう。

表11　高麗尺検出の歴史

検出者	対象遺跡等	高麗尺長	文献資料
関野　貞	法隆寺	35.6cm	法隆寺金堂塔婆及中門非再建論
長谷川輝雄	四天王寺	35.5cm	四天王寺建築論
藤島亥治郎	皇龍寺金堂 皇龍寺塔	35.7cm 35.0cm	朝鮮建築史論
米田美代治	定林寺塔	35.1cm	朝鮮上代建築の研究
藤田　元春	大阪・慶州地割	36.0cm	尺度綜考

〔法隆寺の場合〕

法隆寺の金堂や五重塔、回廊は現存する建物であり、表5に柱間間隔や部材の寸法を整理して示したが、高麗尺は部分的にはよく合うが、全く合わない場合が多くある。

そのため高麗尺の〇・七五尺をモジュール（一支）として造られたとみなす説もあるが、このモジュールは古韓尺そのものである。

〔四天王寺の場合〕

長谷川輝雄氏がこの尺度論を展開した時にはまだ四天王寺の発掘調査は行われていなかった。そのため高麗尺の証拠として用いたのは、主として現存の回廊の実測結果であり、その他講堂・中門等である。しかし発掘結果は基礎計測値そのものをすっかり変えてしまった。例えば回廊の桁行をとってみても、三百五十六センチとみて高麗尺の十尺に合うとしていたのが、実際には三百三十三センチであり、高麗尺には全く合わなくなってしまった。

〔皇龍寺の場合〕

藤島亥治郎氏が皇龍寺の金堂や塔についての見解を発表したのも、四天王寺の場合と全く同様に本格的な発掘調査が行われる前であり、その後の金堂や講堂の詳細な発掘調査結果が状況を変えてしまった。

〔定林寺石塔の場合〕

米田美代治氏が計測した数値がその後変わってしまったわけではないが、これらの計測値を高麗尺によるとする見解には従えない。計測値を精査してみても、高麗尺が検出されたとはとてもいえない。高麗尺説を完全に否定する資料でもないが、すくなくとも高麗尺の証拠となり得る資料でもない。

［**大阪と慶州の地割の場合**］

藤田元春氏の『尺度綜考』刀江書院（一九二九）は高麗尺の存在を前提として展開されている。したがって、随所に高麗尺との関連を示す記述があるが、その中でも大阪四天王寺付近の地割と韓国慶州の地割に基づく高麗尺肯定論が最もまとまっている。それによると大阪四天王寺付近の現在の地割を四十間（七十二メートル）とみて、これを高麗尺の二百尺に当てる。しかし現在では条坊を天平尺の九百尺（二百六十五メートル）とみるのが大勢で、無意味となっている。

また韓国慶州の新羅王京の地割についても、四十間の地割が存在したとしていたが、最近の発掘調査を考慮した王京復元では、方格を百六十メートルとしていて、現在では認識が異なってしまっている。

以上のように、当初高麗尺が準定説化する段階で、証拠とした全ての資料が、現在ではまったく立証能力を失ってしまっている。史料批判の立場から厳しくいえば、高麗尺の存在を客観的に論証しようとする態度が当初から希薄で、一致する資料漁りが先行したと批判することも可能だと考える。

［東魏尺説の問題］

かつて高麗尺の存在を強力に支えていたのが東魏尺である。東魏尺とは『隋書律暦志』に載っている東魏後尺のことで、晋前尺（二十三・三センチ）の一・五〇〇八倍とあることから計算で求めた尺度（三十四・七センチ）である。高麗尺の長さに比較的に近いことから、東魏尺を高麗尺の祖形とみなし高麗尺の代わりに東魏尺と記す報告も多い。しかし、この東魏後尺は現在では一・五〇〇八倍の記述は誤記で、正しくは『宋史律暦志』にあるように一・三〇〇八であったことが中国の研究で確定している。

以上によって、高麗尺が準定説化する過程で、高麗尺（令大尺）が実態として存在していたとする論証の全てについて問題があり、到底そのまま証拠とするわけにはいかないことを示し得たと考える。

高麗尺を検証したという報告が後を絶たない

ここで誤解のないようにしておきたいことがある。それは筆者が述べていることは、高麗尺の実態がなかったということであって、令に書かれている令大尺まで否定しているわけではないことである。令には書かれているが、実態のない空文であったといっているだけなのである。

令の規定による段三百六十歩制の始まりを、浄御原令とみるか大宝令とみるか、あるいは大化改新時まで遡るかについては、「大化改新の実在」問題ともからんで、わが国の古代史における一大課題である。しかし前出の金沢悦男氏の考察によって、これを大宝令とすることがほぼ確定した。したがって大宝令から和銅格までの期間はわずかに十年余に過ぎず、和銅格を空文の修正とみることは十分にあり得る。だからこそ、天平期に入るとなし崩し的に唐の大尺と小尺を、日本でも大小として使用するようになったのである。『令集解』の時代には今尺の大尺を唐大尺としていることは既に述べたところである。

一方、高麗尺の五歩（平方歩）が当初から（あるいは途中から）代制の基準になっていたとすれば、高麗尺の六尺一歩制が長期間にわたって存在したことになる。そうであれば土地制度は保守的なもので、必ずやその痕跡が残るであろう。

このように考えると、もし実態としての高麗尺が存在したのならば、必ずその証拠が見出せるとしなければならない。

その意味では、最近になっても高麗尺の存在を前提として、各種の遺跡や遺物にそれを当てはめてみて、高麗尺により造られたと結論を出している報告書が数多くある。史料批判を経ていない高麗尺をいきなり遺跡等に当てはめて議論することには問題があるが、数多くある「高麗尺に一致する事例がある」との報告を無視するわけにはいかない。筆者の論文ではもちろん個々に該当論文を挙げ、批判的検討を行っているが、ここでは例示的に紹介することなので、概要のみを示す。

日本における高麗尺検出例

［群馬県下の古墳玄室］

これは群馬県下の古墳玄室について、玄室長と玄室幅について高麗尺や唐尺の適合度の検討を行い、唐尺と共に高麗尺による古墳が多いことを報告した研究である。玄室長の分布を表12に示す。分布に特定な傾向を見出し難いことから、高麗尺の存在を検証し得る資料ではない。もともと唐尺と高麗尺のどちらがよく適合するかの研究であり、高麗尺の存在を確認するための研究ではないので、当然高麗尺の証拠にはならない。

［岩屋山式横穴式石室］

奈良県明日香村の岩屋山古墳の石室とほぼ同一企画の古墳として桜井市のムネサカ第一号古

表12　群馬県下の古墳の玄室長（cm）分布

玄室長（cm）	件数	玄室長（cm）	件数	玄室長（cm）	件数	玄室長（cm）	件数
161 ～ 170	1	251 ～ 260	3	341 ～ 350	2	431 ～ 440	1
171 ～ 180	0	261 ～ 270	6	351 ～ 360	2	441 ～ 450	1
181 ～ 190	0	271 ～ 280	5	361 ～ 370	3	451 ～ 460	2
191 ～ 200	2	281 ～ 290	4	371 ～ 380	3	461 ～ 470	0
201 ～ 210	1	291 ～ 300	2	381 ～ 390	3	471 ～ 480	2
211 ～ 220	3	301 ～ 310	5	391 ～ 400	0	481 ～ 490	0
221 ～ 230	3	311 ～ 320	5	401 ～ 410	1	491 ～ 500	0
231 ～ 240	2	321 ～ 330	3	411 ～ 420	4		
241 ～ 250	3	331 ～ 340	5	421 ～ 430	3	721 ～ 730	1

表13　岩屋山式横穴式石室の計測値（m）

	岩屋山	ムネサカ	小　谷	峰　塚	文殊院東	秋殿南	艸　墓
玄室幅	2.7	2.7	2.8	2.65	2.63	2.3	2.8
玄室長	4.86	4.6	5.05	4.6	4.72	4.65	4.6
羨道長	12.08	12	6.45	6.5	—	6.3	8.8

墳があり、その他にも類似する古墳として橿原市の小谷古墳、天理市の峰塚古墳があり、その尺度について検討し、高麗尺を見出したとの報告がある（この場合、高麗尺を三十三・八センチとしていて通常の高麗尺より一センチ以上短い）。いずれも切石造りの精巧な横穴式石室である。その基礎資料を表13に示す。

これらの整理結果をみると、玄室幅では四古墳で二・六三〜二・七〇メートルとなっていて、他の二古墳の二・八メートルも同一設計であった可能性が高い。また玄室長についても全ての古墳で四・六〜五・〇六メートルとなっていて、四・八メートル程度の同一設計とみることができよう。このように整理すると、これらの数値は次のように古韓尺でよく当てはまる。

玄室幅　二・七メートル　古韓尺の十尺　二・六七メートル

玄室長　四・八メートル　古韓尺の三歩（十八尺）　四・八〇メートル

羨道長についても、古韓尺の七・五歩、五・五歩、四歩が当てはまり、異常に短い高麗尺によらなくとも、古韓尺で簡単に説明する代案があるので、その意味でも高麗尺の証拠とすることはできない。

［東明神古墳等の凝灰岩使用石室］

岩屋山古墳のような、いわゆる終末期古墳については、高麗尺から唐尺への移行時期に関する興味から、個々の古墳について、高麗尺が合うか唐尺が合うかを検討した事例がある。しかし高麗尺の証拠を求める立場からいえば、特定の古墳を個々に対象とした議論では、計測値が限られ、幅広い議論になじまない。したがって尺度問題を本格的に論じるためには、系統を同じくする古墳群をまとめて対象とする必要がある。

その意味で、ぜひ検討しておく必要があるのは、東明神古墳を初めとする凝灰岩使用石室の古墳である。特に約五百個のほぼ同形同大の石材を組み合わせて均整のとれた形に造られた東明神古墳は、尺度研究には欠かせない。

表14にそれらの石室長と石室幅を示す。なお、東明神古墳の石室と極めてよく似た石室構造を持つ韓国の陵山里東1号墳についても併記する。

表を詳細に観察すると、数値に類似するグループがあることに気付く。まずA群では、高松塚の石室幅、石のカラトの石室幅、平野3号の石室幅がほぼ百五センチ程度となっている。施工による差異を認めれば同一寸法で企画された可能性が高い。またB群では、東明神の石室幅、牽牛子

表14　東明神古墳等の凝灰岩石室の平面規模

古　墳　名	石室長	cm	復元尺	cm	石室幅		復元尺	cm
東明神古墳	312	D	12	316	206	C	8	210
マルコ山古墳	271	B	10	263	128.5		5	132
高松塚古墳	265.5	B	10	263	103.5	A	4	105
石のカラト古墳	260	B ?	10	263	103	A	4	105
平野３号墳	212	C	8	210	106	A	4	105
御嶺山古墳	222	?	8	210	141	?	5	132
平野塚穴山古墳	305	D	12	316	150	?	6	158
牽牛子塚古墳	210	C	8	210	290 120		11 4.5	289 118
陵山里東１号墳	268	B	10	263	110	A ?	4	105

表中のA，B，C，Dは寸法をグループ化したもの

塚の石室長、平野3号の石室長が二百十センチ程度でちょうどA群の二倍になっている。またC群の石のカラト古墳、高松塚、マルコ山古墳、韓国の陵山里東1号が同一のグループとみなせ、A群の二・五倍の長さである。同様にD群の東明神と平野塚穴山の石室長もA群の三倍とみることができる。すなわち、A対B対C対D＝二対四対五対六の関係があり、ここから基本のモジュールを平均して求めると五十二・五センチで古韓尺の二尺になる。

しかも束明神の切石の寸法も一定の規格で成形されており、大部分が二十六・五センチの厚さで、石材の幅も平均すると五十二・五センチ程度となっており、それぞれ古韓尺の一尺と二尺である。したがって、終末期古墳の尺度は、そのデータを直接解析すれば、古韓尺で作られたことが明瞭である。高麗尺ではあり得ない。

［奈良盆地の道路問題］

奈良盆地の古道の間隔をもって高麗尺を肯定する議論もある。

（1）南北横大路間隔は一万二千三十〜一万二千百メートルで、これは高麗尺の十九里になる。

（2）河内平野の東西走する長尾街道と竹内街道の間隔は千九百二十五メートルで三里である。ところで筆者の提唱する古韓尺の里（四百八十メートル）で測るなら、南北横大路間隔はちょうど二十五里であり、長尾・竹内街道間もちょうど四里である。したがってこのような二つの数値から高麗尺を保証することはできない。

［平城京道路遺構の問題］

平城京条坊道路遺構に令大尺（高麗尺）が認められると報告した例がある。その際に用いられた資料を整理すると表15の通りである。

すなわち、藤原京・平城京の道路遺蹟を側溝の心々距離と側溝の幅ではかると、ほとんどが令大尺（高麗尺）の五尺単位になっていることを示した上で、平城京右京二条二坊東二坊坊間の場合は側溝の心々距離が二十四令大尺（高麗尺）であり、それに対応して側溝の幅も四大尺となるとして、五尺単位なら歩（令小尺の六歩）とみることができるが、二十四尺や四尺では歩単位とみなせないので、これによって「大尺が実態として使用されていたと判断できる」というのである。

しかし表で明らかなように、他の事例はすべて、五大尺の単位になっていて、なぜここだけが二十四尺なのか合理的な説明がなされていない。計測値には当然誤差があり、

表15　平城京の道路遺構と尺度の関係

道路遺稿名	側溝心々／側溝幅	実測	令大尺		令の歩		令小尺	
		m	尺	m	歩	m	尺	m
藤原京三条大路	側溝心々	8.85	25	8.87	5	8.88		
	側溝幅	1.77	5	1.77			6	1.78
平城京左京三条二坊三条条間南小路	側溝心々	7.10	20	7.10	4	7.10		
	側溝幅	1.30	5	1.77			4	1.20
平城京左京二条二坊二条条間大路	側溝心々	15.90	45	16.00	9	16.00		
	側溝幅	3.60	10	3.55			12	3.55
平城京右京二条三坊二条条間大路	側溝心々	16.00	45	16.00	9	16.00		
	側溝幅	2.40	5	1.77			8	2.37
平城京右京二条二坊東二坊坊間	側溝心々	8.55	24	8.52	5	8.88		
	側溝幅	1.00	4	1.42			3	0.89

これが二十五尺であったとしてもわずか三十センチの差であり、十分にあり得る誤差範囲である。そのことよりも問題は、側溝幅を無理に令大尺によって説明しようとしていることである。これを令小尺とみれば表15に追記したように実際の計測値とよく一致する。何も側溝幅まで「地を量る大尺」とみる必要はないのである。

平城京の道路幅（側溝心々間）には令小尺の二十尺が多くある。したがって、側溝幅が令小尺で造られたとしても問題ないのである。地を量るには歩を用いるが建築や側溝などの建造物は令小尺を用いたとする方がむしろ常識的な解釈なのである。

以上によって、令大尺（高麗尺）が実態として使用されていたとする根拠は失われたと考える。

韓国における高麗尺検出例

韓国では、高麗尺を通常高句麗尺と称しているが、朝鮮半島の尺度が日本でも使用されたという観点で、いろいろと紹介されている。例えば高麗尺については、①高句麗平壌都城井田、②新羅王京区画、③扶蘇山城内方形建物址、④扶餘百済五層石塔、⑤皇龍寺塔址、⑥法隆寺（日本）、⑦飛鳥寺（日本）、⑧法隆寺所蔵百済観音像の実例をあげている。しかし筆者は②、④、⑤、⑥については、既に根拠にならないことを示した。その他には⑧の百済観音像を挙げる例があるが、これは像の実長二百十センチを高麗尺の六尺とみただけのことである。①の高句麗平壌都城井田については、いくつかの議論があるので、後述するがこれも根拠とはならない。

［佛国寺多宝塔］

佛国寺の造営計画、特に多宝塔の設計が高麗尺（高句麗尺）によっているとしている論文もある。しかし、数字の取り扱いが不統一で、とても高麗尺と一致しているとはいえない。そのことは筆者の論文で詳しく示したが、佛国寺は統一新羅時代の建物であり、韓国の計量史の専門家からも「統一新羅時代の尺を明確に究明することではなく、むしろ尺に対する理解を混乱させる結果をもたらしている」と苦言を呈されている内容である。したがって現状では、とうてい高麗尺の存在を裏付けたことにはならない。

［通度寺大雄殿］

高麗時代の通度寺大雄殿は新羅時代の基礎が利用されていて、桁行五間は平均三百十四・八センチ、梁行三間は端間が三百十四・七センチ、中央間が四百七十二・一センチとなっている。これらを高麗尺（三十五センチ）の九尺（三百十五センチ）および十三・五尺（四百七十二・五センチ）に復元して、高麗尺の証拠としているが、これらの数値は、高麗時代の営造尺の十尺（三百十五センチ）と十五尺（四百七十二・五センチ）とみる方が常識的であろう。もし、どうしても、新羅時代の礎石をそのまま使用していることを主張するなら、古韓尺による十二尺と十八尺となり、古韓尺の方が完数性に優れている。その場合の古韓尺長は皇龍寺の遺跡から得られた長さの二十六・四センチと同じである。

［安鶴宮、定陵寺、金剛寺］

オリジナルな研究とは別に、大学院の学生クラスが従来の高麗尺説をあれこれ集めて高麗尺があったと紹介している例がある。その場合の対象は、①安鶴宮、②定陵寺、③金剛寺、④平壌城の都市計画、⑤江西大墓などである。対象が多いので、ひとつひとつ根拠を挙げて意味のないことを説明することはできないが、この内、①、②、③については、筆者も『まぼろしの古代尺』で、統計的な検討を経て、いずれも高麗尺の根拠にはならないことを示している。

なお、安鶴宮については、五十一件の建物と二千三百九十個の柱跡が発見されており、その配置図も詳細に報告されている。柱跡の直径が三メートル程度あるので、小さな建物の尺度を対象とする場合には問題があるが、等間隔の柱列がつづく回廊などでは十分に議論に耐える資料がある。それらをまとめると表16のようになっていて、これらは古韓尺（二十六・七センチ）の十四尺（三・七四メートル）、十五尺（四・〇〇メートル）、十六尺（四・二七メートル）、十七尺（四・五四メートル）に極めてよく一致している。

また、江西大墓では、墓室の大きさを三百十二センチ×三百十八センチとしてこれを高麗尺の九尺にあてはめている。また高さ三百五十一センチを高麗尺十尺としている。しかし問題はなぜ江西大墓のみを対象としたかである。筆者は『まぼろしの古代尺』の中で、将軍塚近くの高句麗古墳約四十件を対象として解析を行い、高麗尺よりもむしろ古韓尺がよく合うことを示している。

表16　安鶴宮の信頼性の高い柱間距離

遺跡建物名称	桁行数	平均桁行（m）	平均梁行（m）
南宮第一号宮殿東西回廊	25	4.25	4.25
第二号宮殿東回廊	38	4.25	4.25
第二号宮殿南回廊	16	4.20	4.20
中宮第一号宮殿東西回廊	24	4.25	4.00
第一号宮殿南回廊	25	4.25	4.25
第二号宮殿北回廊	14	3.97	4.00
北宮第一号宮殿東西回廊	11	4.25	4.25
第二号宮殿東西回廊	13	4.25	4.00
第六・七号宮殿西回廊	24	4.20	3.80
西宮南側回廊	25	3.72	4.00
西宮第二号宮殿	5	4.25	
北宮第四宮殿	11	4.00	
中宮第一号宮殿	19	4.58	

したがって、単に一件だけ高麗尺に合ったからといって、その証拠にはなり得ない。ちなみに江西大墓の玄室の大きさは古韓尺では十二尺でよく合う。

［平壌城の都市計画］

学説的にいえば、平壌城は高麗尺説の根拠としての長い歴史を持っている。すなわち、平壌城の外城内に方格地形の存在していたことは『箕田遺制説』などによって古くから知られていたが、近代になって総督府の技師が実測したところ、東西平均百八十二・一メートル、南北平均百八十一・五メートルであった。これを高麗尺の五百尺とみれば、百七十八メートルとなりほぼ一致するので、高麗尺の一例として紹介されてきたのである。

しかし土地を測るのに歩を用いずに尺を用いたとすること自体が異様である。その上、最近百八十二メートルの方格そのものを否定して、百二十メートル×八十四メートルの方格と八十四メートル×八十四メートルの方格を唱えている学者もいる。いわば、基礎資料そのものにも問題が生じている状況なのである。

［二聖山城出土の高句麗尺］

平成十二年七月に、筆者のところに、ソウル近くの二聖山城址で高麗尺が出土したと情報が飛び込んできた。正直にいってびっくりしたが、「そんな馬鹿な」というのが第一印象であった。このニュースは韓国の新聞にも載り、その年の年末にはソウルで関連した研究会も開催されたほどである。

筆者もソウルによばれて研究会に出席したが、それは「ものさし」の残存長が三十五・六センチで高麗尺の長さに一致したという内容で、目盛は高麗尺とは全く別のものであった。残存長というのは、途中までしか「ものさし」が残っていなかったということで、その長さが高麗尺に一致したからといって、高麗尺になるなどというのは、飛躍もいいところである。しかも目盛らしきものは、一部分にしか認められず物差しであるか否かについても疑問の残る遺物であった。さすがに韓国の学者からもこれを否定する論文が出ている。思い込むとこんな遺物でも高麗尺にみえるのが「定説」のおそろしさである。

［皇龍寺］

藤島亥次郎氏以来、皇龍寺が高麗尺で造られているとする考え方には強固なものがあり、近年の発掘調査報告書『皇龍寺遺蹟発掘調査報告書』においてもかなりなページ数をさいて高麗尺と唐尺の適合度合を比較検討している。しかし、明確に高麗尺によって造られたとする結論は示し得なかった。ところが、その後、一部の学者が統計的な手法を用いて高麗尺の使用について再検討を行い、金堂の場合は高麗尺の使用を確認したが、他の木塔と講堂については、高麗尺の使用を確認し得なかったと報告している。

しかし統一的な構想のもとで計画された皇龍寺において、一部の建物にのみ高麗尺が使用されたとする結論はそのまま受け入れる訳にはいかない。すくなくとも同時期に造られた建物群は同一尺度によったとするのが常識的な判断であろう。古韓尺なら一連の建物によく合っていることは既に表4に示した。

現時点で高麗尺の証拠資料はない

高麗尺説はかつて定説に準ずる位置を占めていたことがある。しかし現在では、その成立過程で高麗尺の証拠として例示された資料のほとんど全てが、発掘調査や研究の進展によって無意味なものになってしまっている。

それにも拘らず、未だ考古学や古代史分野において、いろいろな計測資料に高麗尺を当てはめてみては、何らかの結論を出そうとしている報告書が後を絶たない。

もちろんその場合でも、高麗尺説を仮説として認識して、論じているのであれば問題は少ない。

しかし、高麗尺の存在を確定的な前提条件として、対象物件に当てはめ、そこに高麗尺と一致する事実を見出すと、そのことがまた高麗尺の実証データとして再引用されている現実がある。このような風潮は史料批判を最も重視する歴史学にあっては、きわめて遺憾なことである。

筆者は、日本および韓国において、資料に基づき高麗尺の存在を主張している主要な報告書を対象として、その証拠能力について検討した。

結論は簡単である。いずれの報告書についても高麗尺の存在を合理的な判断基準によって認定しているものは皆無であった。すなわち、現時点では高麗尺の証拠とし得る資料はどこにも存在していないのである。

七、汎東アジア的な古代土地制度の復元

朝鮮半島と日本の古代土地制度が同じであったとすると、そのルーツはやはり中国に求めることになろう。既に、三百歩が一里であるとか、方百歩が一頃であるとか、朝鮮半島の土地制度の基本が、中国周代の古い制度と全く共通していることを述べてきたことからも、十分に予測できるであろう。

しかし、厳密にいうと、中国周代の制度が確実に解明されている訳ではないのである。漢代前の制度として、周尺という二十センチくらいの尺度があり、その八尺が一歩、その方百歩が一頃、三百歩が一里であったというのは、間違いなく「定説」である。定説であるからには、それなりの根拠もあるし、大きな反対意見があるわけではない。それならば「定説」に乗っかっていればよいではないかとも思う。しかし、今まで、「定説」が定説ではなかったことを随分経験してきた。

実は、周尺が二十センチくらいだと述べたが、これがどうしても確かめることができないのである。中国の尺度研究者として有名な呉大澂氏が『権衡度量実験考』の中で、二十四個の古玉を計測し、十九・七センチに復元し、同じく有名な呉承洛氏が『中国度量衡史』の中で、再検討し

て十九・八センチを得て追認したにも拘らず、林巳奈夫氏がその根拠として用いられた古玉（鎮圭や大圭）が圭ではないと批判しているからである。

林巳奈夫氏の批判は、もっともである。筆者としては周尺が二十センチ弱であれば好都合なのであるが、それを「定説」として利用することはできない。そこで何を考えたか。筆者自身で、この周尺を納得いく形で求めようとしたのである。注目したのは『考工記』である。

周尺の実長を求めて

この書は、中国の周代の制度を伝えた書『周禮』六官の内の冬官に当たるが、当初の冬官は早く失われたため、前漢の武帝の時、『考工記』として補われたものである。内容的には戦国時代と符合する点が多い。

この『考工記』には、種々の器物の寸法が、数多く記載されている。これらの器物について、考古学的な出土資料と照合して、周尺を復元しようと考えたのである。研究結果については既に「考工記の尺度について」『計量史研究』二十号（一九九七）として発表しているが、相変わらず周尺の実長を明確にし得なかった。

しかし、周尺が二十センチ前後であるとの推定には蓋然性があった。特に、兵車や桃氏の剣に関する記述からは周尺を二十センチ程度とみることが最も合理的であり、容量単位の研究からも同様な結果を得た。尺長を確定できなかったが、その蓋然性は高かったということである。

ただし、筆者にはもうひとつの着眼点があった。『禮記』王制編である。そこには次のような記述がある。

①古者以周八尺為歩、今以周尺六尺四寸為歩、②古者百畝、當今東田百四十六畝三十歩、③古者百里、當今百二十一里六十歩四尺二寸二分

この記述には明らかな矛盾がある。

（1）①の記述をもとに、②を計算すると百五十六畝二十五歩となるべきところが、百四十六畝三十歩となっていて合わない。

（2）①の記述をもとに③を計算すると、百二十五里となるべきところが、百二十一里六十歩四尺二寸二分となっていて合わない。

（3）②の記述をもとに、③を計算すると、百二十里二百八十六歩余となりほぼ一致しているもののわずかには違いがある。

この点については、清代の学者孔広森が合理的な解釈を提出している。それは『考工記』に「六尺有六寸與歩」とあることからみて「六尺四寸」は誤記であり、「六尺六寸」が正しいというのである。すなわち①の六尺四寸は六尺六寸の誤記であったとして③を計算すると、一百二十一里六十三歩四尺二寸〇分で③の表記にほぼ一致する。わずかな差があるが、計算過程をたどることで明らかにできる。また②の計算結果も百四十六畝九二歩となり、これも一部に誤記があるが

よく一致している。

そうすると、周代の一歩は周尺の八尺で、その実長は漢尺の六尺六寸ということになる。したがって、漢尺を二十三・五センチとして計算すると一歩は一・五五メートル、周尺は十九・四センチとなる。ほぼ「定説」に一致したのである。

壮大な東アジア土地制度にむけて

古代史のように史料が限定されていると、ひとつのことだけでは仮説を検証できない場合がほとんどである。しかし、あいまいな点のある仮説でも、独立して相互に支え合う関係があれば、信頼性は向上する。それが三本足で支え合えればより強固な学説になる。

実をいえば、筆者の古韓尺の研究は、ある時期から東アジアの土地制度史に向かっていた。そこには壮大な仮説、すなわち中国、朝鮮半島、日本の土地制度が同一であったという仮説を実証したいという野心があった。三本足で支えあうことを予め計画に入れた研究であった。

そして、漢代前の土地制度が基本的に朝鮮半島とルーツを一にすることを確認した。それは古韓尺による一歩（古韓尺の六尺）が一・六〇メートルで、周尺を二十センチとした時の一歩（周尺の八尺）と一致しているからである。一歩の長さが一致すれば、方百歩の頃の面積も方十歩の畝の面積も自動的に一致する。里の距離も一致する。したがって、朝鮮半島の土地制度は、漢代前の制度を受け継ぎながら、漢代の六尺一歩制を採用した結果生まれたものと考えられるのである。

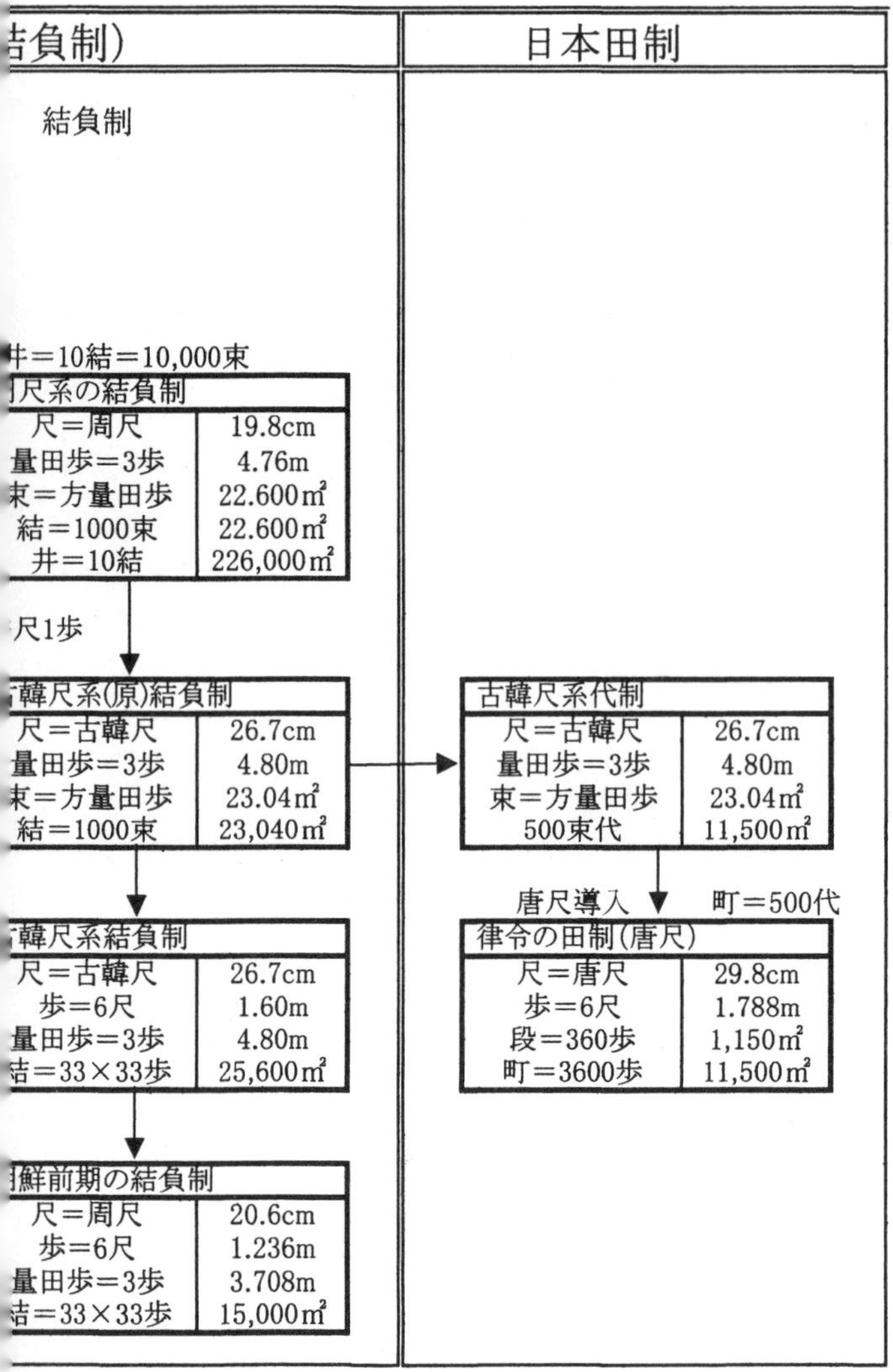

吉負制)
日本田制
結負制
井＝10結＝10,000束
尺系の結負制
尺＝周尺
19.8cm
量田歩＝3歩
4.76m
束＝方量田歩
22.600㎡
結＝1000束
22.600㎡
井＝10結
226,000㎡
尺1歩
韓尺系(原)結負制
尺＝古韓尺
26.7cm
量田歩＝3歩
4.80m
束＝方量田歩
23.04㎡
結＝1000束
23,040㎡
古韓尺系代制
尺＝古韓尺
26.7cm
量田歩＝3歩
4.80m
束＝方量田歩
23.04㎡
500束代
11,500㎡
唐尺導入
町＝500代
韓尺系結負制
尺＝古韓尺
26.7cm
歩＝6尺
1.60m
量田歩＝3歩
4.80m
吉＝33×33歩
25,600㎡
律令の田制(唐尺)
尺＝唐尺
29.8cm
歩＝6尺
1.788m
段＝360歩
1,150㎡
町＝3600歩
11,500㎡
鮮前期の結負制
尺＝周尺
20.6cm
歩＝6尺
1.236m
量田歩＝3歩
3.708m
吉＝33×33歩
15,000㎡

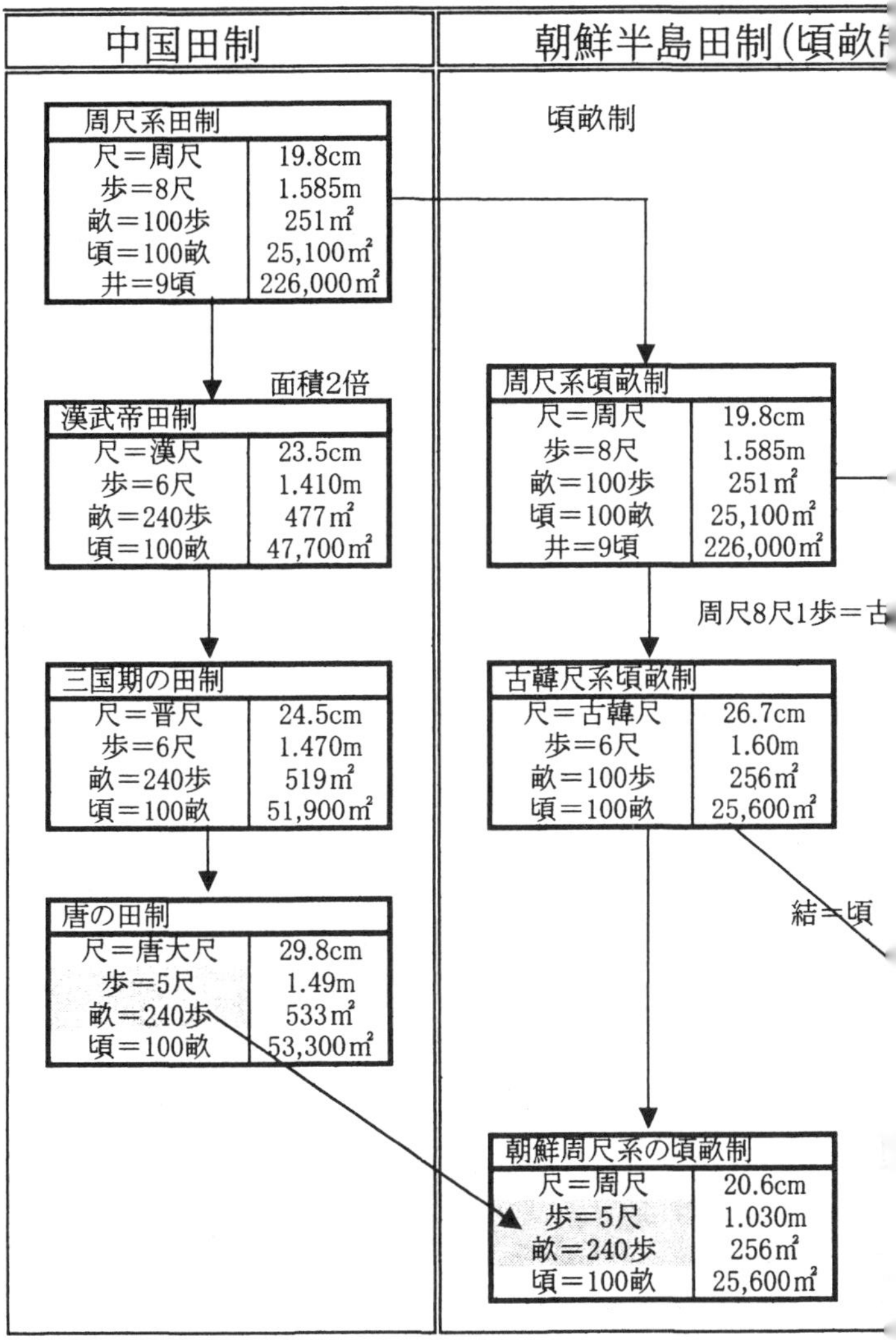
中国田制
朝鮮半島田制（頃畝制
周尺系田制
尺＝周尺　19.8cm
歩＝8尺　1.585m
畝＝100歩　251㎡
頃＝100畝　25,100㎡
井＝9頃　226,000㎡
面積2倍
漢武帝田制
尺＝漢尺　23.5cm
歩＝6尺　1.410m
畝＝240歩　477㎡
頃＝100畝　47,700㎡
三国期の田制
尺＝晋尺　24.5cm
歩＝6尺　1.470m
畝＝240歩　519㎡
頃＝100畝　51,900㎡
唐の田制
尺＝唐大尺　29.8cm
歩＝5尺　1.49m
畝＝240歩　533㎡
頃＝100畝　53,300㎡
頃畝制
周尺系頃畝制
尺＝周尺　19.8cm
歩＝8尺　1.585m
畝＝100歩　251㎡
頃＝100畝　25,100㎡
井＝9頃　226,000㎡
周尺8尺1歩＝古
古韓尺系頃畝制
尺＝古韓尺　26.7cm
歩＝6尺　1.60m
畝＝100歩　256㎡
頃＝100畝　25,600㎡
結＝頃
朝鮮周尺系の頃畝制
尺＝周尺　20.6cm
歩＝5尺　1.030m
畝＝240歩　256㎡
頃＝100畝　25,600㎡

図９　古代東アジアの土地制度の変遷図

それは、古代土地制度が中国、朝鮮半島、日本で共通のものであったという、いわば「壮大な仮説」がいよいよ現実化したということである。

内容について詳細に説明したいが、それは読者の希望するところではないだろう。ただ、筆者の研究の結実である「東アジアの土地制度の変遷」については、ぜひ表を見ていただきたい。中世・近世に関しては、この本ではふれることができなかったが、従前の研究成果に筆者の研究結果を加えて作成したものである。文献については、筆者の論文一覧に掲載しているので参考にしてほしい。

尺度史などという学問は、間違いなくニッチな分野である。しかし、無形でありながら、有形遺物のごとく多くのことを語るのも尺度である。

八、古韓尺の出土例はあるか

最後に、古韓尺の出土例について述べておこう。もっとも誰もが認める形で、古韓尺のものさしが出土しているのであれば、もっと早く紹介している。それこそが決定的な証拠だからであるが、残念ながら、決定的なものはまだ見つかっていない。

しかし、古韓尺らしきものが浜松市伊場遺跡から出土している。伊場遺跡は、JR浜松工場近辺にある弥生時代から平安時代にかけての複合遺跡で、ものさしは出土層から奈良時代のものと判定されている。現存長は二十二・九センチであり、断面形状は半円形、その上面にほぼ等間隔（二十六～二十八センチ）に八ヵ所刻線が付いている。浜松市教育委員会『伊場遺跡遺物編1・2・3』（一九七八）ではこの単位長さが当時の尺度の二十九センチ強（二十九・八センチ）に比較し、かなり短いことから、「公的に用いられた物差ではなく、私的に用いられた物差」と考察している。

このものさしはいま浜松市博物館に保管されている。実物は三片に破断しており、報告書の写真の形から、一部離脱があるものの組み立てた形は同一である。ただし保存薬が上塗りされたため か線刻が見にくく、目視ではかろうじて判別できるものの、写真撮影結果では明瞭さを著しく欠くものとなってしまった。しかし逆に、報告書の写真では見過ごされていた、五寸に対応する刻線をかすかながら四本認めた。写真とその模写図を図10に示す。結果を整理すると次の通りである。

［寸の刻線間の長さから］　推定尺度長　二十六・七センチ
［五分の刻線間の長さから］　推定尺度長　二十六・九センチ

すなわち、平均すると二十六・八センチになり、古韓尺に一致する。奈良時代に入ってからも古韓尺の例として法隆寺・法起寺があるので、時代的にもあり得る話である。だから、かなり有力な証拠なのである。

もうひとつの例は、奈良県の石神遺跡で発掘された国内最古級の木製定規（七世紀後半）である。定規は池の跡から出土した。木製で図11の写真でわかるように、残存長さが約十センチ、幅二・七センチ、厚さ〇・五センチで、三・二センチの位置に切込みがひとつと、二・六センチ間隔の切込みが三カ所あった。また写真にはみえないが、二センチ刻みにいくつか標があるという。写経用の定規と判定している。

報告者の見解によれば、この定規は、いわゆる天平尺（二十九・八センチ）で作られたとしていて、三・二センチは一寸一分、二センチは七分一厘で、『延喜式』の規定の書出し位置と行間に一致するという。二・六センチは横線の基準としているが、天平尺としての換算は示されていな

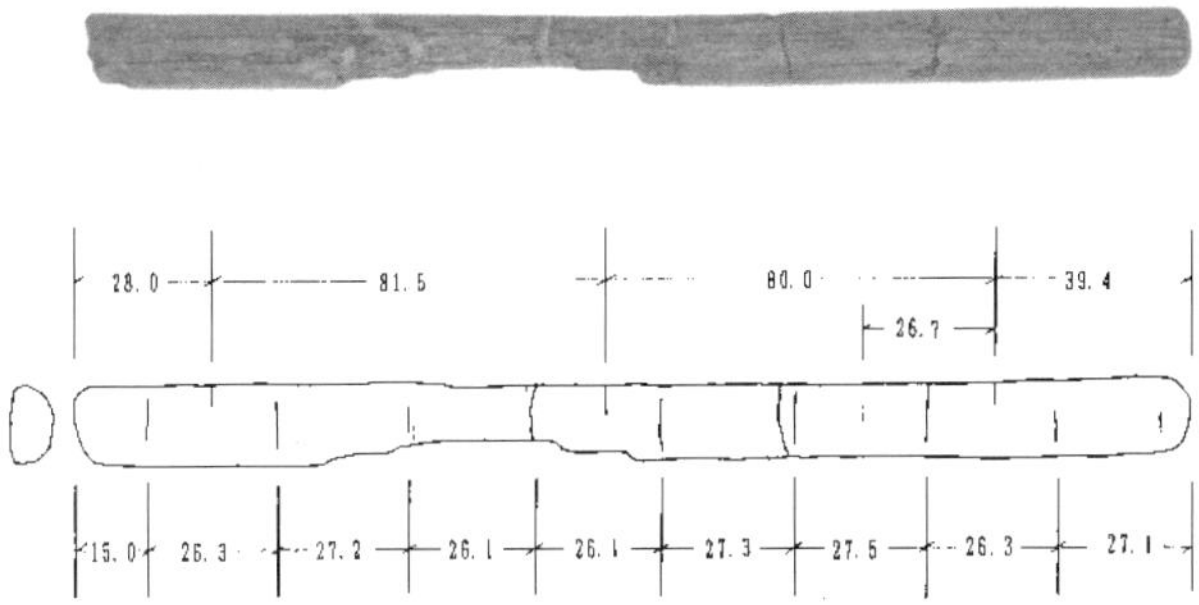

図10　伊場遺跡から出土した古韓尺の写真と模写図

図11　奈良石神遺跡から出土した七世紀後半の定規

い。写真でみるかぎり、二・六センチの間隔は定規の端側が短く、残りの二箇所は定規の幅と同じなので、二・七センチと読み取れる。実際は二・六〜二・七センチであったとみてもよいだろう。

ところで天平尺が使われ始めたのは、七世紀後半である。逆にいえば前代の尺度すなわち古韓尺も使われていた時期である。したがって、この定規を古韓尺基準としたらどうなるであろうか。三・二センチは一寸二分、二センチは七分五厘、二・六〜二・七センチは一寸ちょうどになる。天平尺の当てはめより、「完数」としてはよく合っているのである。

いずれ、どこかから古韓尺が出土することを信じている。

第四章

金属考古学上の諸論争

筆者の職業としての専門は、金属工学である。だから金属に関連した歴史や考古学については当然興味を持っていた。しかし、金属関係の歴史や考古学に関していろいろと書くようになったのは、会社の現役を退いてからである。古韓尺の研究などで「変わったサラリーマン」ではあったが、多少は自制していたわけである。

金属考古学の分野では、ながい間の蓄えがあったので、ある意味で賑やかなデビューであった。何を取り上げても一味変わった視点から書けた。急速に知人も増えた。いや正確にいえば、昔の知人の中にも同好の方が多く、デビュー直後から「鉄の考古学」では一軍扱いであった。『バウンダリー』という材料系のユニークな雑誌がある。名称が示すように、学際的な雑誌であるが、編集者の小林文武氏が変わった方で、理系誌でありながら、理系を飛び出した記事が歓迎されていた。その雑誌に三十四回にわたり連載したのが『金属を通して観る歴史』である。毎回、一万字以上書いたので、結構な分量となった。書くことによって学び、また新たな着想を得て書く日々であった。

連載記事は、素朴な疑問との格闘であった。そこでは通常のテーマになり得ないことがむしろ重要であった。

弥生時代・古墳時代の鉄や銅の価格はいくらしたのか。年間消費量はどのくらいあったのか。輸入が得か自家製が得か。なぜ銅鏡は割れて出土するのが多いか。なぜ平安時代の仏像は木彫になったか。なぜ日本が金、銀、銅、鉄の生産で一度は世界一になったのか。

その中には、金属の考古学の世界で大きな争点となっていることもいくつか含まれている。例えば、次のようなテーマである。

弥生時代には本当に製鉄が行われていなかったか。

日本の古代に間接製鉄法が本当にあったか。

東大寺の大仏には硫化銅が使われたか。

これらについては、一応、論文の形を整えて筆者の意見として学術誌に掲載している。特に従来学説側から反論が出なかったところをみると、単なる個人的な見解というわけではなく、ある程度認知された意見といってもよいだろう。それらについて以下に紹介したい。

一、弥生時代には本当に製鉄が行われていなかったか

日本の国家成立時期をどうみるか。これはいうまでもなく、古代史分野における最大のテーマである。広開土王碑文の「倭」の問題、宋書倭国伝の「倭の五王」の問題、江田船山古墳と稲荷山古墳の王名「ワカタケル」をめぐる問題、三角縁神獣鏡の産地問題、前方後円墳体制論の問題など、あらゆる問題が、大和政権の成立時期をどのようにみるかと関連して議論されている。

当然のことであるが、日本における製鉄開始時期の問題も、この大和政権の成立時期の問題と密接に絡んでいる。その開始時期が、古墳時代の前期、中期まで遡れるか否かによって、議論の帰趨が左右されるほど重みのある問題なのである。

では現在、日本における製鉄開始時期はどのようにみられているのであろうか。

一言でいえば、「五世紀代後半に始まった」というのが、ほぼ定説である。それは、それ以前に明瞭な製鉄遺跡が出ていないこと、それ以前の鉄滓がすべて、金属学分野出身の有力な研究者達によって、製錬滓ではなく鍛冶滓だと認定されていることによっている。

製鉄開始時期を五世紀後半とする「定説」は、「大和政権による朝鮮半島からの鉄素材の独占的な入手や分配」と結びついて、全国統一国家をイメージする学者達には好意的に受け入れられ

ている。しかし、弥生早期の曲り田遺跡から鉄が出てから従来の年代観でも八百年近くも製鉄技術を持たなかったとすれば、世界史的にみて、極めて異常な状況であり、概して、鉄分野に近い考古学関係者は、鉄国産化時期を繰り上げたがっている。もっとも曲り田遺跡の鉄については、最近、炭素十四年との関係から、弥生中期とみる意見もあり、新たな年代観では六百年近くの空白となるが、状況理解は変わらない。

論理的にいえば、未だ発見されていないだけで、これから発見される可能性も十分にある。事実、より古い遺跡が次々に発見されているから、それは時間の問題だとして、自己の論理を展開することもできる。しかし、「五世紀代後半に始まった」という金属学サイドの見解には極めて重いものがある。

はたして、これら金属学サイドの鉄滓判定に、絶対的な信をおいてよいのであろうか。かつて弥生時代の製錬滓とされていた鉄滓が、後に鍛冶滓に訂正されたこともあり、製錬滓の判定に対して「遺跡をはなれて断定できるか」との意見や疑問も強い。

したがって、鉄国産化時期を繰り上げたがっているグループからは、鉄滓の判定に疑義があるが、技術問題が絡むと専門家以外にはなかなか発言しにくい面もある。

偏見かも知れないが、歴史や考古学分野においては、第一次資料を提出した研究者に、その解釈を委ねるという風習がある。特に、分析などの科学的な知識を必要とする分野では、分析を担当した研究者が、その産地や製法の推定にまで深く関わるのが普通である。いわば一般の考古学者は「他人の持ち歌は歌わない」のである。

しかも、よくあることであるが、産地はどこか、製法はどうなっているかなどの質問に対して「わからない」とは答えにくいので、分析値以外の考古学的な情報まで加味して、推論を述べる傾向がある。

このような状況は、古代製鉄の開始時期をめぐる鉄滓の判定問題にも感じられるのである。なぜか。それは製錬滓の判定基準が、国際的な事例と、かなり乖離しているからである。

鉄滓判定基準の現状

問題に入る前に、用語の解説を必要とするであろう。

鉄を作る工程には、鉄鉱石や砂鉄（酸化鉄）から粗製の鉄を取り出す工程「製錬工程」と粗製の鉄を使える鉄に変える工程「精錬工程」がある。それぞれの工程で、鉄の滓《かす》が大量に発生し、それが遺跡に残留している。工程が異なるので、その鉄滓には差異があり、外観観察の他に分析とか顕微鏡観察を併用するとほとんど識別できる。

ほとんど識別できるといったのは、逆にいえば正確に識別できない微妙な場合もあるということである。特に、もし製錬方法が異なれば、鉄滓も異なるのが当然で、判定がより複雑微妙になる。

ところが、日本における製鉄遺跡は古墳時代後期以降しか知られていないので、たいてい製錬方法が似通っている。したがって、同じような製錬工程を想定すれば、製錬滓の判別はより安定して正確である。

しかし、もし弥生時代に製鉄が行われていたとすれば、その方法は異なっていた可能性がある。一言でいえば、より小規模な方法であったに違いない。

そうすると古墳時代の製錬を基にして判定した結果は間違っている可能性もある。このようなことは、考古学サイドからはなかなか指摘できないが、鉄の製錬の本質まで遡れば、当然の疑問なのである。

日本と異なる欧州の判定

鉄滓の判定は分析値だけで行うわけではないが、組成が最も重要な判定基準であることは間違いない。ただ、分析値にはいろいろな成分があり、それぞれ判定に当たって意味をもっている。その中で、製錬滓と精錬滓の分別をするのに、最も重要なのは、鉄滓に含まれる鉄成分の合計比率と酸化ケイ素（SiO_2）の比率である。ここに鉄成分の合計というのは、鉄滓中に存在する各種の酸化鉄と金属鉄の鉄成分の合計のことである。

一般的にいえば、鉄鉱石や砂鉄から鉄を取り出した後に残る製錬滓は鉄分が少なくなり、酸化ケイ素が増える。一方、精錬滓は、粗製の鉄を再加熱して製品の鉄を作るので、その時にできた鉄の酸化物が多くなる。

これを日本の場合とヨーロッパの場合について比較した結果が図1と図2である。ただしヨーロッパの場合、精錬滓の適切な例がないので残念ながら表示できない。

この比較を行うとすぐわかることは、古代日本の鉄滓とヨーロッパの鉄滓に大きな違いがある

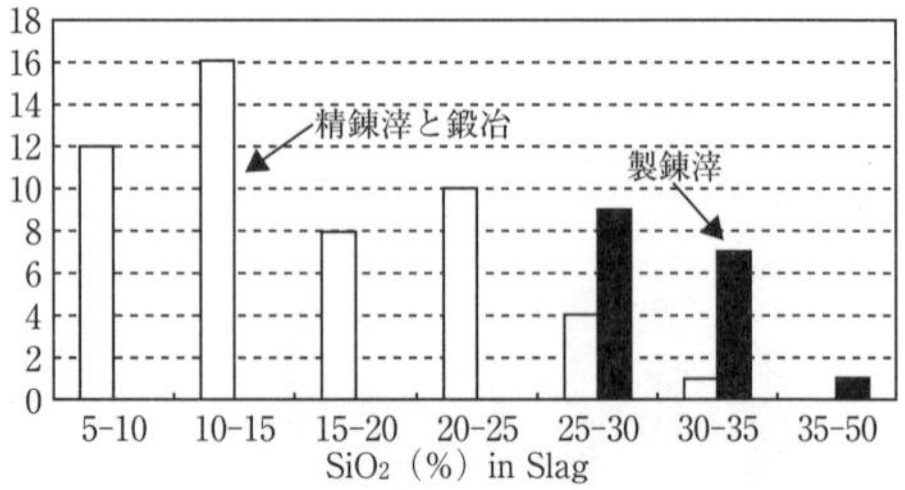

⑴古代日本の製錬滓と精錬滓の SiO_2(%)分布

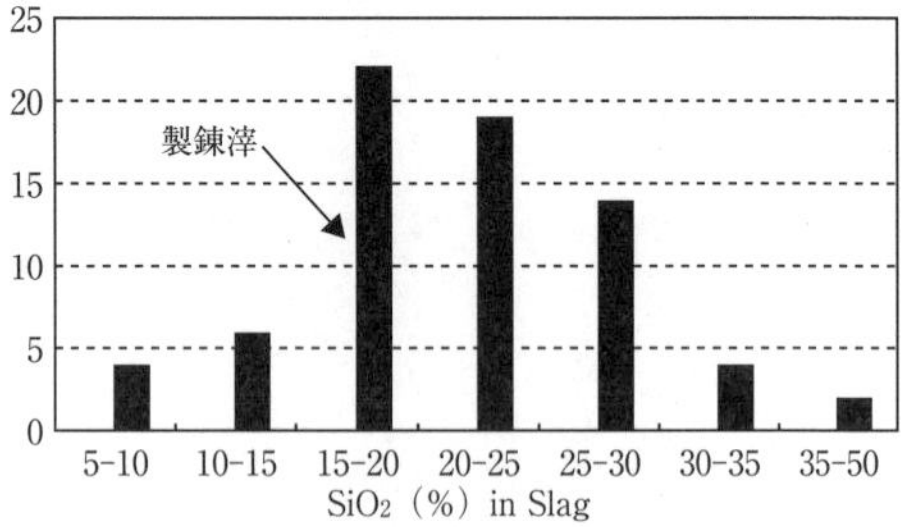

⑵ヨーロッパの製錬滓の SiO_2(%)分布

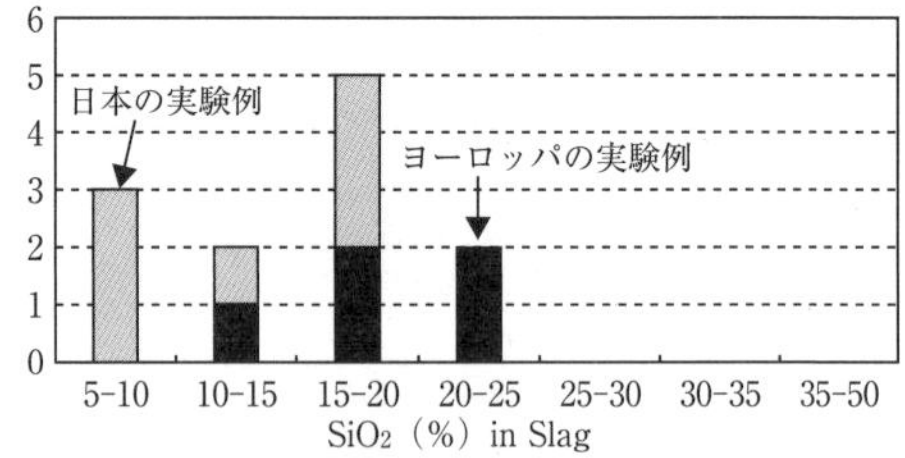

⑸古代製鉄復元実験の製錬滓の SiO_2(%)分布

図１　日欧の製錬滓と精錬滓の成分比較⑴

ということである。日本の場合、製錬滓は酸化ケイ素が二十五パーセント以上、合計鉄が五十パーセント以下なのに、ヨーロッパでは酸化ケイ素が十五パーセントから二十五パーセントに集中しているし、合計鉄も五十パーセントを超えるものが多くある。参考のために、日本やヨーロッパで行われた古代製鉄の復元実験によって得られた製錬滓を一緒に示すが、その成分は日本の実例よりもヨーロッパに近い。

一方、精錬滓（鍛冶滓を含む）をみると酸化ケイ素が二十五パーセント以下、合計鉄が五十パーセント以上が多く、ヨーロッパの製錬滓と成分的に重なり合っている場合が多い。ヨーロッパの基準に照らせば製錬滓と精錬滓の識別が難しいということである。

これは、おそらくヨーロッパと日本の間で原料や製錬方

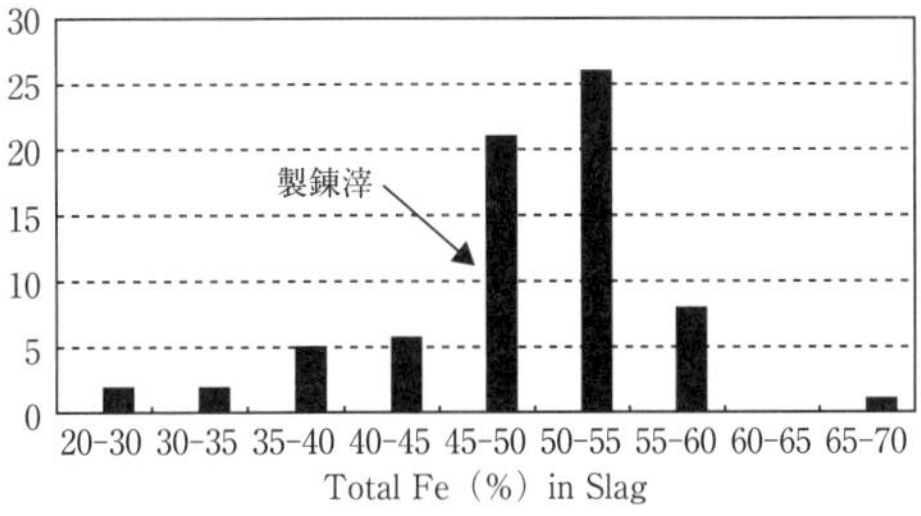

(4)ヨーロッパの製錬滓の合計 Fe(%)分布

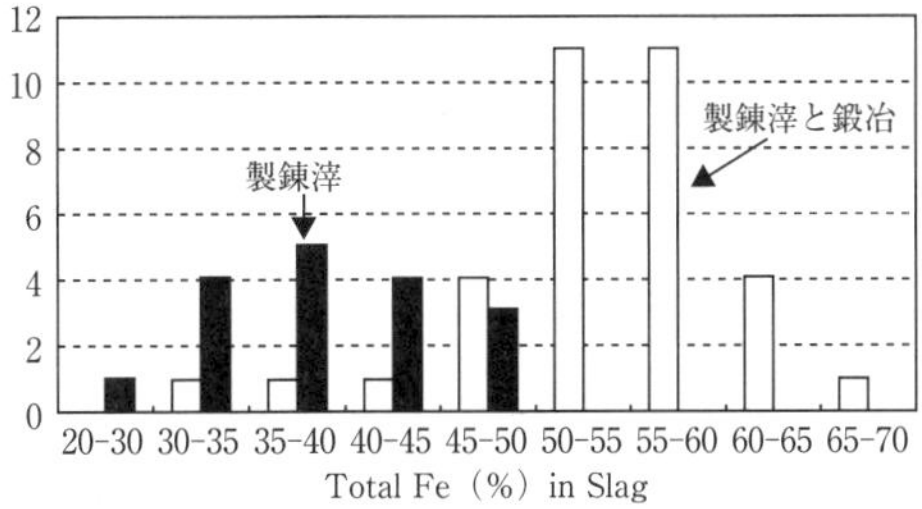

(2)古代日本の製錬滓と精錬滓の合計 Fe(%)分布

図２　日欧の製錬滓と精錬滓の成分比較(2)

法に違いがあったことに原因が求められよう。一言でいえば、（比較した資料だけでいえば）日本の古墳時代の製錬技術はかなり進んでいたということである。

弥生人は鉄を知っていた。鉄を知っていれば、鉄を入手したくなる。その場合、交易によるか、自家製によるかが問題になる。一般に、鉄を作る技術を知らなかったから鉄を作らなかったと考えがちであるが、それは正しくない。

いつの世の中でも、そこには経済原則がある。交易などによって安価に鉄が入手できれば、何もコスト高の原料や技術によってわざわざ自分で鉄を作る必要はない。しかし、もし入手が困難なら、例えコスト高であっても鉄を作るのが常識である。要は、製鉄技術があったかなかったではなく、コスト競争に耐えられる原料や技術があったかなかったかなのである。鉄の専門家にもいろいろな意見があろうが、少量でよければ、すなわちコスト高でもよければ、鉄なぞ簡単に作れるのである。

しかしコスト競争に遅れをとれば、コスト高の技術など一気に消え去ってしまう。アフリカにおける原始的な製鉄がヨーロッパから安価な鉄のスクラップがもたらされて一気に駆逐されたことがその証左であろう。すばらしい技術をもっていた「近代たたら」でさえ、近代製鉄法の前に、明治末には消え去った。

弥生時代の製鉄を考える時には、このような経済原則を考えてみることが重要である。釣り針のように少量でも貴重な鉄製品は自家生産していたかも知れないのである。その場合の製錬滓は精錬滓の成分に近く、古墳時代の常識で考えれば、製錬滓とは判定されない。だから、弥生時代の鉄滓に製錬滓と判定されたものがなくても製鉄が行われなかったという証拠にはならない。

しかし、ここまでなら、ある種の常識である。すくなくとも、製鉄技術の本質を知っていれば理解できることである。ところが、鉄滓判定結果を具に検討してみると、判定基準にゆらぎがあるようなのである。すなわち純粋に技術的な事実によって判定しているとはいえず、関連する諸状況を考慮しての判定も多かったのではないかと思われる。

既に、鉄滓の簡単な判定は合計鉄をみることでもできると述べた。もちろん、厳密にいえば、その合計鉄の内容が判定には重要である。すなわち鉄には酸化第一鉄（FeO）と酸化第二鉄（Fe_2O_3）があるが、鉱石の還元が進めば酸化第一鉄の要素が増え、酸化第二鉄の要素が少なくなる。一方、精錬滓は酸化第一鉄も酸化第二鉄も多く含む。この関係をグラフで判定する方法が当然精度が高い。

改良した鉄滓判定基準

筆者が従来の製錬滓と精錬滓の判定について、酸化第一鉄、酸化第二鉄との関係で整理してみた結果を図3に示す。ほぼ、識別は問題なく行われているが、領域がオーバーラップしている場合もある。これらの中には、判定の誤りによるものも含まれているかも知れない。

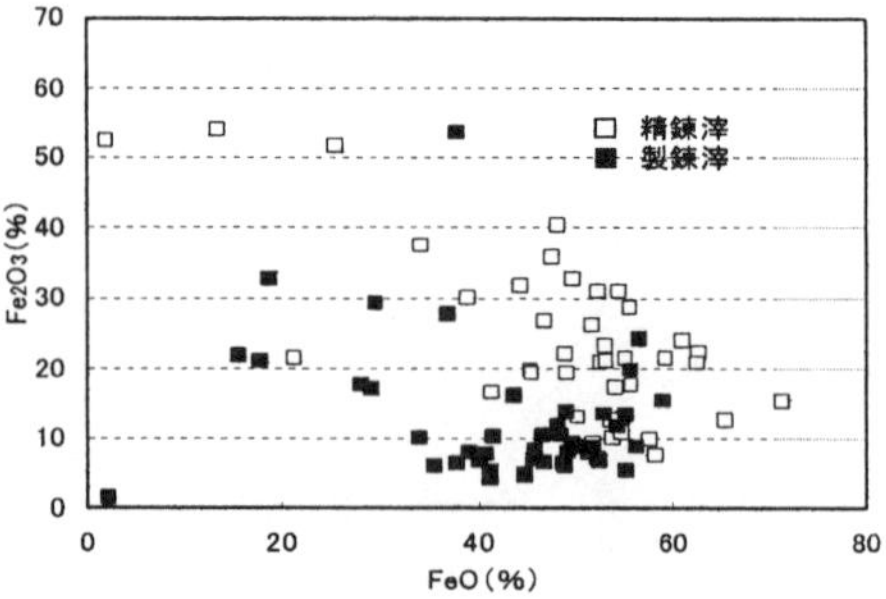

図3　日本の鉄滓判定と FeO/Fe_2O_3 の関係

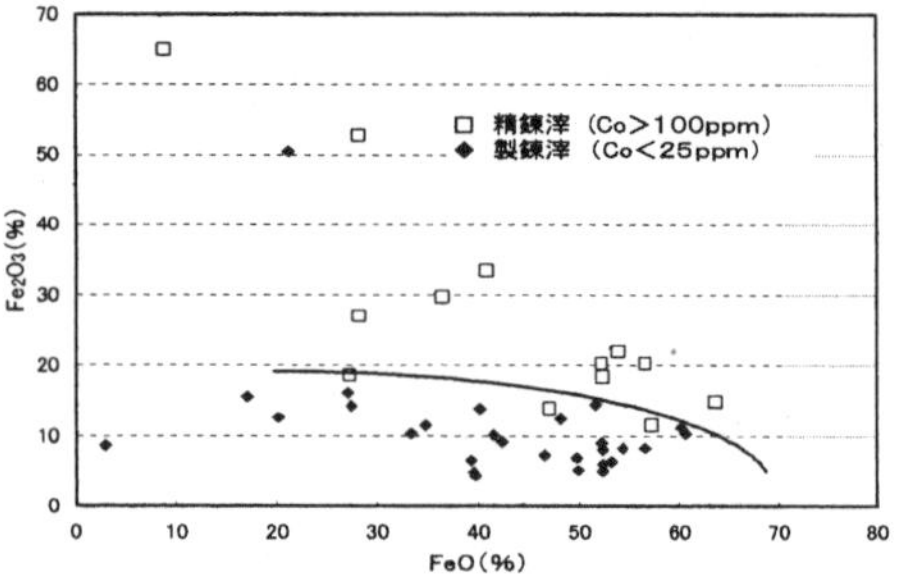

図4　Co 成分により改良した鉄滓判定図

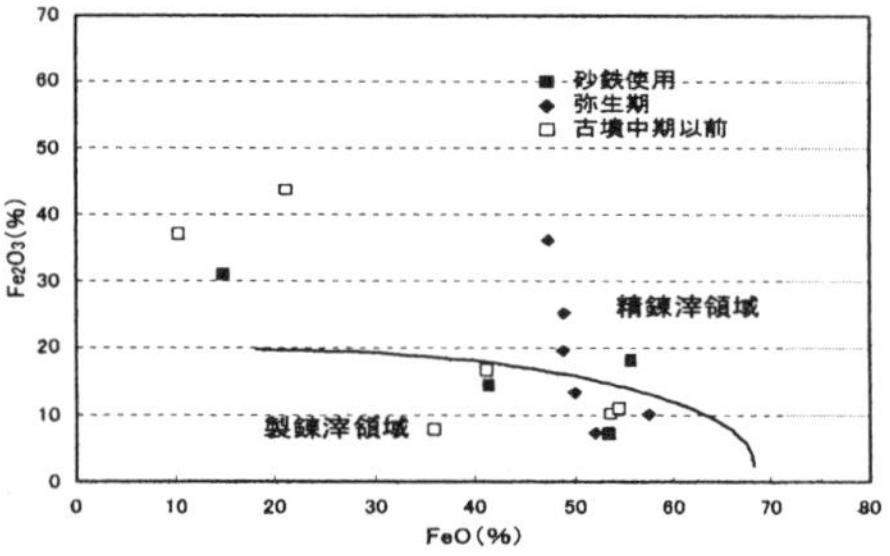

図5　改良判定図上の古墳中期以前の鉄滓

そこで、筆者が考え出した方法は、鉄滓の微量成分すなわちコバルトの分析値を活用して、判定の精度を高める方法である。コバルトは鉄と似通った性質がある反面、鉄よりも酸化され難く、還元しやすい性質がある。このことは、製錬滓でははコバルトが鉄よりも減少し、精錬滓には鉄よりもコバルトが濃化することを意味している。この関係を酸化第一鉄と酸化第二鉄の関係に反映させると、より信頼性の高い鉄滓の判定が可能になる。

このようにして、信頼性の高い資料のみを用いて、筆者が作成した鉄滓判定図を図4に示す。これを用いて鉄滓の判定をすれば、古墳時代の鉄滓であっても、より精度が向上するはずである。そこで、この判定基準を基にして、弥生時代の鉄滓と古墳時代中期以前の鉄滓について図示してみたものが図5である。

これをみると明らかなように、弥生時代や古墳中期以前の鉄滓のなかにも、製鉄滓と判定してもおかしくないものが、数多く含まれている。

これは、どうしたことであろうか。古墳中期以前の鉄滓がすべて精錬滓と判別されていたのは、何も原始的な製錬法のせいばかりではなかったのである。

なぜ、このようなことになったのか。それは鉄滓による判定を迫られた時に、「わからない」と答えたのでは、期待に応えることにはならないので、出土状況なども勘案して、コメントすることが多かったからではなかろうか。微妙な鉄滓を製錬滓であるなどと判定すれば、大騒ぎになることも心理的な負担であったろう。

そしてその判定結果がひとり歩きし始める。権威ある鉄の専門家が精錬滓と判定したのだからと、一般の考古学者はそれを覆せない。その判定に従うか、判定を無視するかのいずれかになる。これは炭素十四法の年代に対する反応とも似ている。

なお、誤解のないように付け加えておきたいことは、筆者が弥生製鉄があったことを主張しているのではない。弥生製鉄がなかったという証拠が乏しいといっているだけなのである。

専門家は判定を迫られると「わからない」といい難い。大部分の判定について、自信のある判定をしていても、微妙な判定になると簡単ではない。判定方法に個人技術的な要素があれば、すなわち密室での判定が可能であれば、状況判断を加味した判定が生まれるのは当然である。

鉛同位体比の産地判定がそうだった。だから筆者は、年輪年代法についても、理系の視点でいえば、情報公開が乏しいので、大部分に誤りがないとしても、微妙な判定の時に、「わからない」といい難いことがあり、無理に判定しているのではなかろうかと疑っている。だからブラインドテストに協力的でないのだろう。

専門家は貴重な存在であるが、その専門性は公開されたものでなければならない。理系の考古学関係者は、専門家として存在している場合が多いが、留意してほしい点だと思っている。

二、古代日本に間接製鉄法があったか

現代製鉄のように、いったん溶銑を作り、それを転炉精錬して鉄とする方法を間接製鉄法といっている。これに対して、鉱石から固相あるいは半溶融状態で鉄を取り出す方法を直接製鉄法と称しており、歴史的には世界いずれの地域でもこちらが先行した。

間接製鉄法が始まったのは、ヨーロッパでは十四世紀頃といわれているが、中国では漢の時代に既に「炒鋼法」と称する間接法が行われていたという。そのため、中国では西欧優位な技術史観への反証としてもてはやしているが、技術の詳細は必ずしも明らかではない。

さて、それでは日本においてはどうであったろうか。

周知のように、江戸時代の近世たたらは、銑もケラも作ったので、半間接法とでもいうべきであるが、中世以前の製鉄法に関しては、直接製鉄法とするのが大部分の意見である。ところが、古代日本にも、間接法が存在したとする学説がある。それは韓国において間接法すなわち「炒鋼法」が行われていたというのが準定説となっていることからの影響もあるだろう。学説であるから、いろいろの見解があるのは当然であるが、問題となるのは、それらが確定学説のように紹介される場合があることである。

前から繰り返し述べているように、考古学分野における理系専門家の意見には、偏りが含まれていても、そのまま放置されている場合が多い。研究者が特殊な知識を持つ少数に限られ、一般考古学関係者からは批判し難い実状があるからである。しかも、例えば、遺物分析の専門家が金属の製造方法や金属物理を熟知しているとは限らないように、理系はむしろ専門が細分化されていて、考古学のような多様な要求に応えるには、とても少数の学者だけが代表できるほど簡単ではないのである。

筆者とても、金属の専門家であるが、知っている分野は限られている。しかし、金属物理に関しては、職場経験をもち、大学院で教えているので一応の専門家といえるであろう。その目で、この間接法製鉄論議をみると、違和感がある。そのことを書いてみたいのである。

古代製鉄の理解のため

勢いよくほとばしり出る溶銑や溶鋼。そのイメージから古代の製鉄法を想像するとだいぶ様子が異なる。鉄はかならずしも溶かして作られたとは限らない。古代製鉄になじみの薄い読者のため、筆者の視点で若干解説しておきたい。

鉄が溶かされずに作られていたのは、小規模炉では還元性を維持しながら鉄を溶かすほどの高温を得ることが困難であったことによる。すなわち、木炭を一酸化炭素（CO）までの燃焼に留める場合と炭酸ガス（CO_2）まで燃焼する場合とでは、発熱量に三〜四倍もの違いがあり、還元性を優先すると温度が上がらず、還元された鉄（千五百度の融点）を溶かすことができなかったのである。

そのため、古代製鉄では、還元されずに残っている鉄滓の方を溶かして分離する方向に向かった。酸化第一鉄（FeO）の融点は千四百度に近いが、酸化ケイ素（SiO_2）など造滓成分を含むようになると千二百度程度まで下げることが可能だからである。これが古代の直接製鉄法である。もっとも、未還元酸化物を溶融除去してしまえば、還元された鉄は吸炭し始め、千百五十度近くまで融点を下げる。もし炉中に存在する白熱木炭に直接触れるようにでもなれば、パチンコ玉状に溶融してしまい銑鉄ができる。このようにして溶けた銑鉄を作ることも可能である。しかしこの銑鉄はヨーロッパではピッグアイアン（ブタ鉄）と称して役立たない鉄であった。炭素が高くて鋳物にしか使えず、甲冑や刀剣を作るには、酸化して脱炭する必要があったからである。この酸化脱炭は、現代では別工程の転炉によって行われる。そのため間接製鉄法という。

さて問題は、この酸化脱炭工程である。この場合は木炭を炭酸ガス（CO_2）まで燃焼させることができるので、高温を得ることは比較的容易である。だから融点千百五十度の銑鉄なら比較的に簡単に溶かせる。しかし脱炭が進めば、鉄ができて融点が千五百度まで上がってしまい固まってしまう。溶解した鉄でプールを作り精錬することは極めて困難で、近代ヨーロッパにあっても、長焔を生かした反射炉を使えるまでは、溶融プールを使っての精練には成功しなかった。したがって江戸時代は、大鍛冶と呼ばれる半溶融状態の精錬で酸化脱炭を行っていたのである。それが、古代の朝鮮や日本において、溶融プールを作って酸化脱炭精練をしていたとなれば、技術史的には画期的なことであり、それだけに仮説の検証には慎重さが必要なのである。

韓国の炒鋼法研究

考古学関係の報告書には、いわゆる炒鋼法と称する間接製鉄法の存在を前提として、鉄遺物を分析しては、炒鋼法によって作られたものだと載せている例が多くある。それはおそらく韓国において、炒鋼法を実験的に実証したとの研究報告があることによっているだろう。

しかし、報告書を読めば、それは電気炉で加熱しながら、五時間もかけて製錬した結果であり、とても実証とはいい難い。なぜならば、その温度をどうやって維持したかが最大の問題なのに、電気炉を使ったのでは全く無意味だからである。しかも、その電気炉を使った実験においてさえも、炭素を〇・五パーセントまでしか下げることができず、遺物の平均的な炭素量である〇・一パーセントにはとても及んでいないのである。

通常なら、これで反論は終わりである。しかし、間接法の存在の根拠として挙げられていることに何も触れずに切り捨てるのは礼に反するであろう。

間接法のひとつの根拠として用いられているのは燐の組成なので、その点について述べておきたい。

それは、日本の中世製鉄遺跡からチタンを含みながら燐の高い鉄滓や鉄遺物がしばしば見つかるが、チタンは砂鉄から入るのに、砂鉄は燐が低く、従来の直接法では作れないという主張である。だから、燐の高い輸入銑鉄に砂鉄を脱炭材として使用した間接法だろうというのが趣旨である。

しかしこの認識には誤認がある。

炒鋼法では脱燐はできない

まず、燐の低い砂鉄を使っても燐の高い鉄滓や銑鉄は生まれる。例えば、日本鉄鋼協会の『たたら製鉄の復元』でも、燐が〇・〇三五パーセントの砂鉄を使いながら、〇・一パーセント以上の銑鉄ができている。探せば、このような事例はいくらでもある。日本における砂鉄と鉄滓の燐の分布を比較してみても、鉄滓の燐は二倍ほど高い。それは理論的な検討からも十分に裏付けられることで、何の不思議もない。

むしろ、燐に注目するなら、もっと重要なことがある。

中国、韓国、日本の鉄遺物を通して共通する傾向は、鋳鉄では燐の含有量がたいてい〇・一パーセント以上なのに対して、鉄では一桁低いことである。したがって、「炒鋼法」などの間接製鉄法は、銑鉄すなわち鋳鉄を素材として低炭素の鉄を作る方法であるから、この工程で一桁の脱燐をしなければならない。しかし、熔けた鉄のプールを作り、酸化脱炭する方法では燐を下げることはできない。我々は、酸性転炉では脱燐ができなかった歴史をよく知っている。高石灰滓を使用した現代の転炉でさえ、吹錬で最初に除かれるのは炭素であり、脱燐は炭素が〇・五パーセント以下になってからしか起こらない。古代の鉄滓は本質的には酸性転炉の場合と異ならないのであるから、とても脱燐反応が十分に起こるとは思えない。

もし脱燐が起こったとするならば、それはパドル法のように固液共存状態の低温で攪拌を伴いながら精錬した場合である。しかし我々が知っているパドル法の錬鉄は通常〇・二〜〇・三パーセントの燐を含んでおり、決して〇・一パーセント以下の燐ではない。したがって炒鋼法では銑に含まれている〇・一パーセント以上の燐を一桁下げるのは極めて困難であったと考える。

そうなれば消去法で、鉄遺物中の低中炭素材は、最初から直接製鉄法によって作られた可能性が高くなる。少なくとも、直接製鉄的な鉄が存在していたと考える方が素直な理解であろう。もちろんこのことは銑鉄を作る技術があったことを否定するものではない。鉄も銑鉄も古代では一工程で作っていたと考えるのが自然なのである。

三、東大寺大仏には硫化銅鉱石が使われたか

お国自慢をする訳でもないが、現存するブロンズ像で、世界最大のものが、奈良東大寺の盧舎那仏像であり、第二位が鎌倉の阿弥陀如来像である。奈良の大仏は、高さ十四・九メートル（当初は約十六メートル）、重量が約四百トン、鎌倉の大仏は、高さが十二・四メートル、重量が約百二十トンである。

世界の歴史をひもといても、おそらく奈良の大仏が最大である。世界の七不思議として知られる前四世紀のロードス島の太陽神ヘリオンは、像高三十二メートルと伝えられているが、これは立像である。

この奈良東大寺の大仏は、世界最大のブロンズ像であるばかりでなく、その主原料の使用量、産地あるいは入手経路、そして精錬や鋳造方法などについて、文献的にも考古学的にも、かなり詳細に判明している希有の例である。これに比肩し得る事例は、世界を見渡しても、近世に至るまで見出せないはずである。しかも、日本における確実な産銅の歴史は、この大仏に始まっている。金属の歴史を調べるに当たって、こんなに恵まれた事例はない。

その中で、この大仏の鋳造に当って、硫化銅鉱を使ったか否かで意見が分かれている。すなわ

ち、東大寺大仏の銅が山口県の長登銅山からもたらされたことは文献的にも考古学的にも確かなことで、その銅山跡からは二十基ほどの炉跡が発見されている。いずれも焼土面や炉底部のみの遺存で、製錬炉としての復元案にも、火床炉と円筒竪型炉の両案あり、原料鉱が酸化銅鉱に限られたのか、既に硫化銅鉱の酸化精錬が行われていたのかをめぐって意見の対立がある。概要が『季刊考古学』六十二号(一九九八)の「古代・中世の銅生産」特集に紹介されているので参照してほしい。

総じて、硫化銅鉱の酸化精錬を肯定しているのが流れのようである。

結論からいうと、筆者の意見は硫化銅鉱の酸化精錬には至っていなかったというものである。ひとつは社会学的な研究結果であり、もうひとつは大仏の組成の金属学的な研究による。

製錬の難しい硫化銅鉱

人類が銅を使用し始めたのは自然銅からである。日本でも秩父今宮神社に十五キロの自然銅が残っている。

次に使用されたのが、酸化銅鉱である。銅鉱石には、酸化銅鉱と硫化銅鉱があり、技術的に簡単に銅を取り出せるのは、酸化銅鉱系すなわちマラカイト(孔雀石、$CuCO_3 \cdot Cu(OH)_2$)や赤銅鉱(Cu_2O)などである。これらであれば、炭火で強熱するだけで、銅を得ることができる。

しかし、これらの酸化銅鉱系は、地上にわずか一パーセント程度しか存在せず、その他の九十九パーセントは硫化銅鉱系すなわち黄銅鉱（$CuFeS_2$）や黄鉄鉱（FeS_2 + Cu置換）などで、酸化脱硫と還元の二段処理を要し、より発達した技術を必要としている。しかも、硫化銅鉱使用の難しさは、二工程を必要としていることではなく、実は大量に存在する鉄を除去することにある。純粋な硫化銅なら酸化させて酸化銅を作ってしまえば、後は同じ工程であるからたいして難しくない。

したがって、古代日本において、世界に先駆けて硫化銅鉱を使ったとすれば、これも技術史的には異様なことなのである。

そこで硫化銅鉱使用説の根拠に当たってみた。おそらくその最大の根拠は、長登銅山から銅鈹のような組成、すなわち鉄を十パーセントも含む銅硫化物が発見されていること、粗銅にも硫黄が一パーセントも含まれていることにあるだろう。硫黄がこれほど多ければ、硫化銅鉱に直結するのも無理がない。しかも、長登銅山跡には硫化銅鉱を焙焼処理するための焼窯跡が見つかっているとの見解もある。これで一般の方なら硫化銅鉱の使用に納得するであろう。

ところが議論は単純ではない。長登銅山跡の粗銅も中村遺跡や国秀遺跡から出土した粗銅も、高い硫黄の他に、砒素と鉄を二パーセント以上も含んでいるからである。もし本当に硫化銅鉱を使って酸化精錬を行ったのなら、脱硫よりも先に砒素や鉄が酸化され除去されてしまう。変な話であるが、硫化銅鉱を使えば製品銅には逆に硫黄も鉄も少なくなるはずなのである。

それに対して、酸化銅鉱の場合、炭火で強熱還元すれば銅が得られるので、硫黄や鉄を酸化して除去する機会がない。だから、粗銅に鉄や硫黄が多いということは、むしろ酸化銅鉱の製錬であったことを示すのである。銅鈹のような組成の銅硫化物が見つかったのも同じ理由で、酸化製錬が行われなかったため、硫化物が残り、それが分離され銅鈹として残ったのである。

それではなぜ硫黄や砒素、鉄が入ってきたのかとの反論もあろう。それは長登銅山が接触交代鉱床であり、もともとは硫化銅鉱床の上に形成されたもので、常に硫化銅鉱の混入を受けたからである。だから筆者は硫化銅鉱が混じって使用されたことに異論を唱えているのではない。本格的な硫化銅鉱精錬の段階には至っていなかったといっているのである。

更に、くどいようであるが、筆者の得意な分野なので、長登銅山の銅鉱滓について、精錬時の酸素分圧を計算してみた。その結果も、酸化精錬ではなく、還元精錬であることを示していた。

その他にも、長登銅山跡の製錬跡からは酸化銅鉱は見つかっているが、黄銅鉱は見つかっていない。このような状況の中で、技術史的にも位置付けの困難な硫化鉱の酸化製錬をなぜもちだしたのであろうか。どうも銅山跡の遺物に硫黄が多いという単純な事実から、短絡して冶金学的な検討や技術史的な検討を十分に経なかったように思われてならない。

国銅尽して鋳佛を止む

それよりも、実は日本における産銅の生産量推移をみれば、奈良時代の銅製錬法が硫化銅鉱の酸化製錬に至っていなかったことなど自明のことだと思える。

筆者が、日本に残る梵鐘を基にして、時代別の銅生産の推移を求めたグラフがあるのでそれを最後に示そう。図6は日本に残る梵鐘の重量を略算したものであるが、平安時代には、如何に銅が乏しかったか一目同然であろう。

東大寺の大仏は「国銅を尽して」しまい、それ以降の鋳佛を止めてしまったのである。鎌倉の大仏の鋳造が始まるのは、東大寺の大仏開眼の天平勝宝四（七五二）年から実にちょうど五百年後の建長四（一二五二）年である。それも宋銭の鋳潰しによるものであった。

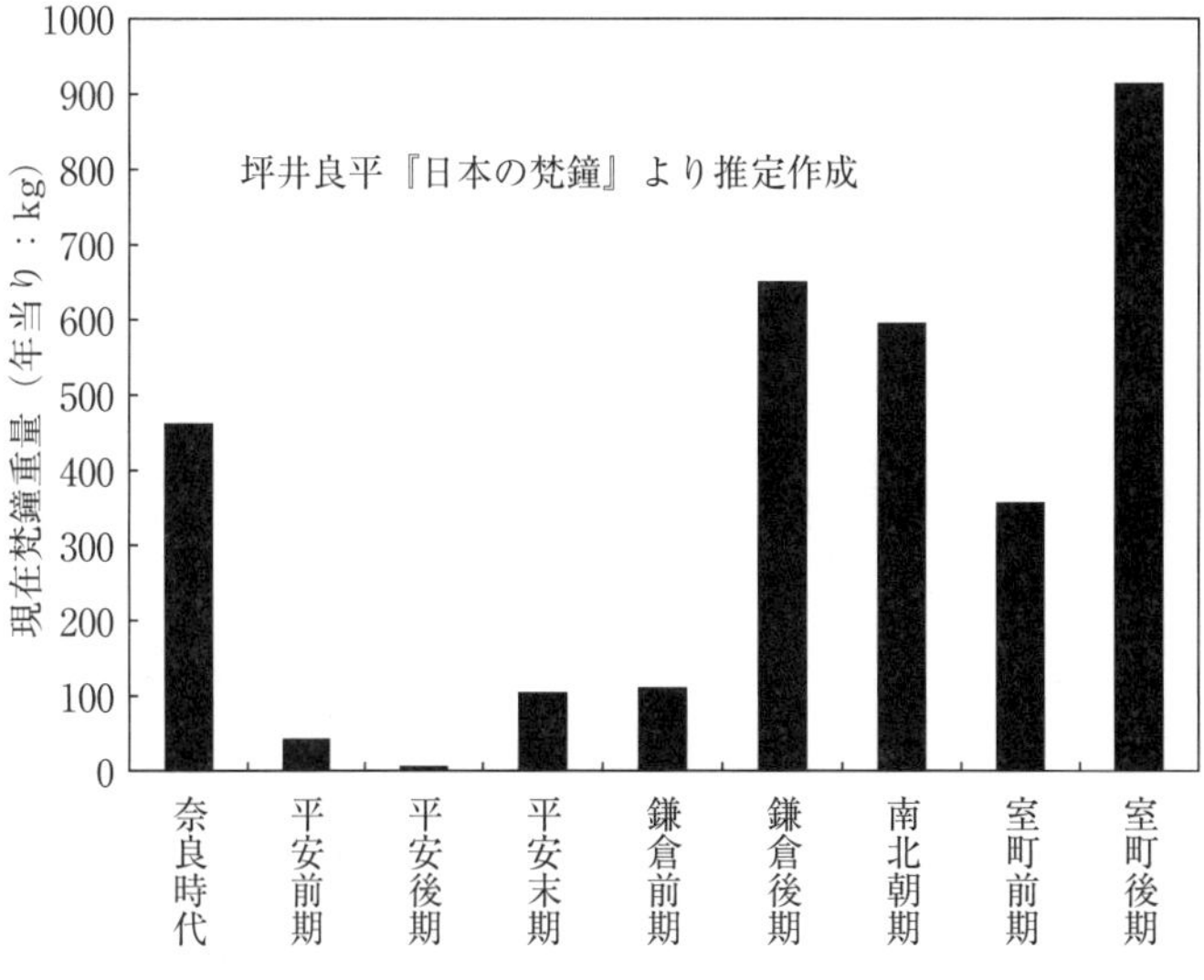

図6　現存梵鐘重量の時代別推移

四、古墳時代の鉄や銅の価格はいくらしたか——金属価格の推移は歴史を雄弁に語る

製品の価格や生産量ほど技術を雄弁に語るものはない。もし世界各地の金属の価格やその生産量の歴史的な推移を知ることができるならば、そのことからだけでも金属製錬技術の水準を、ある程度議論し得るであろう。

しかし、現近代史はともかく、近世以前の金属価格やその生産量についてまとめた資料など皆無である。もちろん、特定の金属、特定の地域、特定の時期について、価格や生産量を断片的に言及している場合はあるが、あまりにも空白部分が多く、相互間の関連付けや一覧性の点で、微視的に過ぎる。

このように、世界各地、各時代の金属価や生産量の推移を総合的にまとめることは、砂上に楼閣を築く思いがあるが、もし不完全であっても、一覧性のある資料にまとめ上げることができるなら、その果実は、単に金属製錬技術の歴史研究に資するばかりではなく、あるいは、歴史そのものの記述としても、極めて有効な手段となり得るであろう。

そのような観点から筆者は、かねてから不確かな資料でも数多く収集し、一定の方針のもとで、比較・対照・配置してみることで、おぼろげながら具体像を浮かび上がらせようと努力してきて

いる。

金属価の歴史的推移

まず、筆者が世界各地の金属価の推移をまとめたものを表1に示す。表中の数値には、現段階での筆者のイメージを数値化したものが含まれているが、全く無から生まれたものでもない。算定基礎は「金属を通して歴史を観る（5）」『バウンダリー』（二〇〇〇・五）に示してあるので参考にしてほしい。

表示は全て、米価などとの比価によっている。度量衡が異なり、通貨が異なる中で、金属価をローカルな通貨単位や計量単位で表示しても意味を為さないからである。

さて、このような表を作成した目的のひとつは、古墳時代や弥生時代の鉄や銅の価格について手がかりを得たいからである。鉄がどの程度の貴重品であったか、銅がどの程度の貴重品であったかの理解なしに、古代社会を論じてもむなしい。

おおまかにいえば、古墳時代の遺物として発掘された鉄の量は、全て合計しても五トン程度である。また、弥生時代の遺跡から出土した銅も五トン程度であり、古墳時代の三角縁神獣鏡などの銅は合計してもわずかに二トン程度である。いわば小舟で運べる重量である。

それに対して、漢代の地方王侯の曾侯乙墓からは十トン以上の青銅器が一度に出土している。このように比較すると、漢では銅の大量生産が行われていて、コストが安かったに違いないと思

表１　各種金属の比価推移（対米穀比較）

		金/穀	銀/穀	銅/穀	鉄/穀	金/銀	銀/銅	銅/鉄	金/銅	金/鉄
メソポタミヤ（BC2500 頃）						8	25		200	
古代オリエント（BC2000 頃）						6	240		1500	
ペルシャ（BC500 頃）						12	120		1500	
ローマ（BC200 頃）						10	110		1100	
（BC70 頃）		30000	2500			12				
中国	前漢	6000	2000	20	5	3	100	4	300	1200
	唐	12000	2000	12	5	6	160	4	1000	2400
	北宋（1070 頃）	20000	2500	16	3	8	160	5	1300	6000
	明　（1400 頃）	20000	4000			7-8				
日本	奈良	8000	2500	28	6	3	100	4	300	1250
	平安（延喜式）	9000	2900	25	7	4-5	80	3	400	1300
	平安（1152 頃）	10000	2000	80	6	5	25	12	120	1600
	鎌倉（1298 頃）	12000	4000	50		3	75		220	
	室町（1450 頃）	20000	3700	9		5-6	400		2200	
	戦国（1580 頃）	12500	1250	6		10	200		2000	
	江戸（1680 頃）	12000	1000	6	2.5	12	160	2-3	1900	5000
	江戸（1770 頃）	17000	1400	9	2.2	12	160	4	2000	8000
	江戸（1830 頃）	20000	2000	14	1.8	10	140	7	1600	11000
	明治（1890 頃）	14500	850	6	1.35	17	140	4.5	2400	11000
	大正（1925 頃）	5200	200	3	0.37	26	70	8	1800	14000
	昭和（1960 頃）	4000	70	0.7	0.12	57	100	6	5600	30000
欧州	英国（14 世紀）	24000	2000	9	4.8	12	220	2	2700	5000
	英国（1519 頃）	45000	3800	9		12	400		4900	
	欧州（1542 頃）					12	170		2000	
	英国（1600 頃）	17000	1100	7.9	1.9	15	140	4.5	2200	9000
	英国（1782 頃）	10500	710	6.8	1.3	15	100	6	1550	8000
	英国（1830 頃）	8600	550	5.9	1.1	16	90	8	1440	8000
	英国（1847 頃）	7900	506	6.1	0.63	16	83	10	1300	13000
現在の世界の状況		20000	350	3.5	0.6	57	100	6	5600	30000

い至る。日本で作るよりも輸入する方が合理的であった時代であろう。問題は代替として何を輸出したかであるが、表1をみれば、漢代ならば銅の二十倍程度のお米を提供すれば物々交換が成立したはずである。逆にいえば、その頃、弥生時代や古墳時代の銅はいくらぐらいだったであろうか。お米の五十倍くらいだったのではなかろうか。

さて、古墳時代の銅の出土品が合計して二トンだといったが、実際の消費量は一桁か二桁大きかったかも知れない。二桁多かったとしても、毎年の銅消費量は一トン位であり、その対価のお米は二十トンに過ぎない。こんな理解の仕方が今の考古学では不足していると感じているのである。これも理系の視点であろうか。

ついでに面白いことを紹介しておこう。金の価格と穀物の値段を比較した結果は、古代ローマも中国の宋、明代も、日本の室町、江戸期も、英国の十四世紀から十七世紀も、現代の世界相場も大体二万倍である。また銅と鉄の価格比はいつも大体四倍である。だから、価格の比較には何らかの意味があるのである。

さて、日本における古墳時代の鉄の価格について知るためには、奈良時代の鉄の価格がどうであったか知る必要がある。

それでは今まで、奈良時代以前の鉄価格について、歴史学界ではどのような認識を持っていたのであろうか。

出典はいちいち示さないが、例えば「中国地方の周防の価格は東海道の尾張・駿河に比較して異常に安く、二〇分の一程度にすぎない」などとの記述がある。これはどうしたことであろう。表1を概観しても、金属価が一桁異なるなどということは、異様なことである。

もちろんこのような記述は文献資料があってのことである。それは周防、尾張、駿河の三国の正税帳に示された六件の史料から得られた結論である。

しかし、同一文化圏内に一桁もの価格差が存在することなど信じ難いし、関東以北の地域で飛鳥時代以前の製鉄遺跡が数多く見つかっていることから考古学的にも、技術史的にも信じ難い。どこかに間違いがあるのではないかというのが、理系の視点である。

奈良時代鉄価の再検討

この問題は奈良時代の鉄価をどのように理解すべきかに直結していてきわめて重要なので、やや詳しく紹介しておきたい。

まず、問題の三国の正税帳六点の史料を示す。

（A）周防国正税帳［天平十年（七三八）］

（1）釘四十二隻（各長五寸重五両）料鉄十三斤十四両（小所得十三斤一両所損十三両）価稲三束

四把五分（以一束買四斤）

（2）鉄四百四十斤（熟損二百廿斤斤別八両得二百廿斤）価稲百三十二束（以三束充十斤）

（B）尾張国正税帳［天平六年（七三四）］

鐶并廻等料鉄十七斤直稲百二束（斤別六束）

（C）駿河国正税帳［天平十年（七三八）］

（1）横刀七刃料鉄五十八斤三両（刃別八斤五両）直稲二百六十一束九把（一斤直四束五把）

（2）鞘料鉄二斤十両（口別六両）直稲十一束八把（一斤直四束五把）

（3）鉄六十七斤八両（具別一斤十一両）直稲二百八十八束一把（一斤直四束五把）

これらの結果を整理すると、次の通りである。

周防国正税帳	（1）	鉄一斤	〇・二五束
	（2）	鉄一斤	〇・三〇束
尾張国正税帳		鉄一斤	六束
駿河国正税帳	（1）（2）（3）	鉄一斤	四・五束

ここに、束は稲穎の単位で当時の米五升に相当し約三キロである。一方、重量単位の斤には大称と小称があり、大称なら約〇・六キロ、小称なら約〇・二キロである。和銅六（七一三）年からは全て大称を用いることになっているが、小称も残っていたとする見解もあり、これが史料解

釈における混乱の原因にもなっている。
したがって上記の結果を鉄価と米価の比で整理すると

周防国正税帳　（斤：大称基準）　一・二五〜一・五
　　　　　　　（斤：小称基準）　三・七五〜四・五

尾張・駿河正税帳（斤：大称基準）　二十二・五〜三十

となり、確かに地域別に大差がある。それゆえに歴史学者は前述のような記載をしているのである。

しかし、ここに示された内容は、結論的にいえば鉄価ではない。すべて加工賃なのである。考えてみれば、鉄は調として国に納められるものである。それ自体が、租穀と同じく税収として入ってくるものであるから、鐶、横刀、鞘などを作らせる時に、発注者側が倉庫から現物支給する方が自然である。束の単位で示される加工賃は、労務費や消耗品など、新たに必要とする経費の支給分を示したものであり、鉄素材はあらためて購買する必要はない。

もちろん、筆者はそんな簡単な推論で、結論を出したのではない。『延喜式』や『東大寺修理所修理記』あるいは『造法華寺金堂所解』の記述と逐一照合して、太刀の加工賃や釘の加工賃を比較した結果である。

今までの歴史学界では、いわば、古代における鉄価という極めて重要な問題でさえ、史料に書いてあったからといって、二十倍もの価格差を異常とも感じずにそのまま紹介していたのである。

鉄価の東西格差問題

奈良時代の鉄価を示すと考えられていた正税帳六点の史料が加工賃にすぎなかったことから、これをもとにして東日本の鉄価が著しく高かったとする説は成立たなくなった。しかしこれとは別に、鉄価の東西格差を示す別史料がある。それは『延喜式』の禄物価法である。

図7は原島礼二氏が作った「鉄一挺の束価地図」である。

これは『延喜式』の禄物価法にある各種の調庸品の租米との価値換算表を、そのまま地図上に示したものであるが、出雲・石見・安芸や畿内が鉄一挺当り四~五束と割安なのに対して、

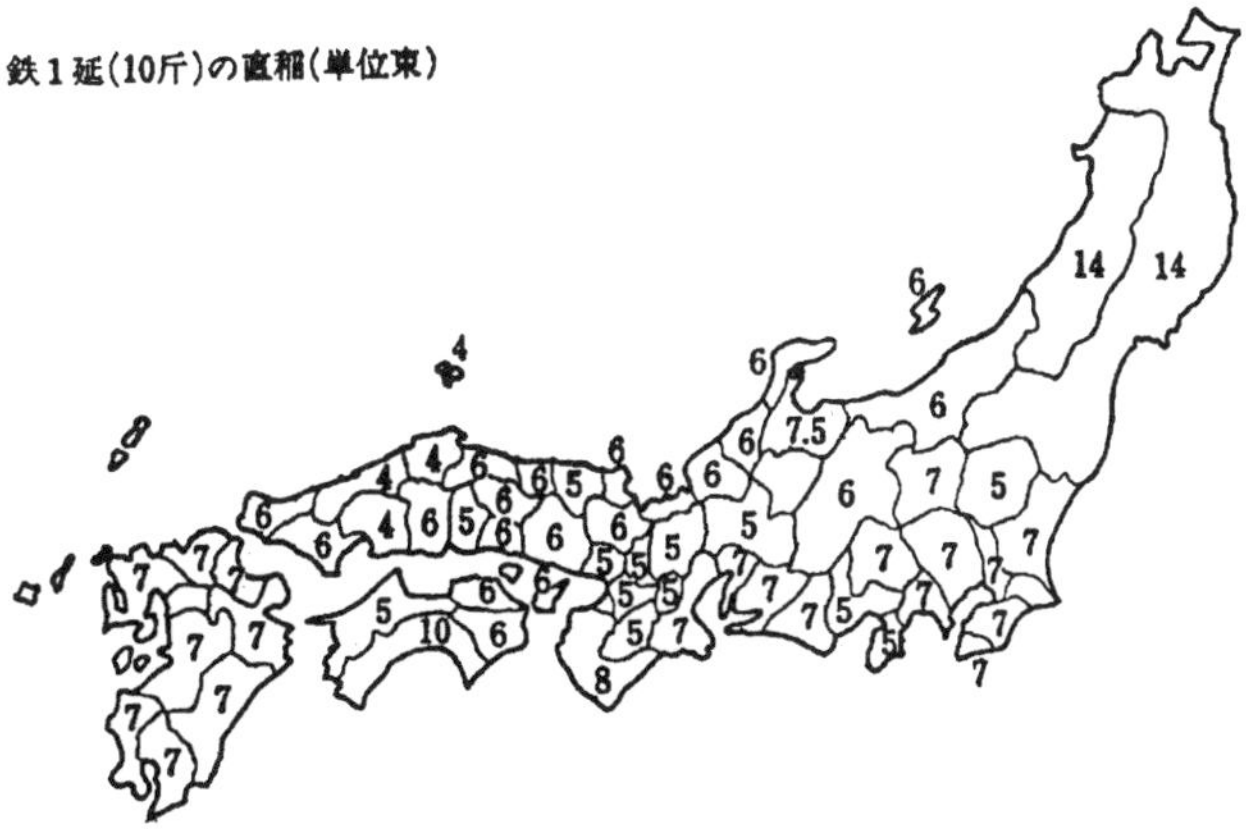

図7　鉄一挺の束価地図

(原島礼二「文献にあらわれた鉄」『日本古代文化の探究・鉄』1974)

関東などでは七束と割高で、陸奥や出羽に至っては、十四束と三倍にも達している状況を明示している。これをみると、『延喜式』の時代になっても、未だ製鉄面で東日本が大きく遅れていたと受け取れる。事実そのように主張され、解説されているのである。

しかし、その解釈にも疑義がある。同一の時代に、価格差が三倍もあるということが、技術史的に認めがたいということの他に、この禄物価法とはどういう性格のもので、誰を対象に書かれたものかという問題である。

律令社会において、税制は租庸調の三種に分かれていた。租とは、土地に賦課された稲頴すなわち束で納める税であり、庸とは、もともとは成人に課せられる京における力役を意味していたものであるが、後に布（庸布）や綿（庸綿）で代納するようになったものである。問題の鉄は、調として徴収されているが、これも本来貢納品であり、京に届けるのが原則である。

このことは、税を納める場所にかかわる。すなわち、租穀はその地方の郡衙の正倉に納めるのを原則にするのに対して、庸布や鉄は、京まで届けることが原則である。したがって、租である米価（束）と調である鉄価を比較する場合に、誰がどこで比較しているかの視点が重要になる。都からみれば、関東の租米は、一駄（六十キロ程度、米二十束に相当）につき百束もの陸送運賃を支払わねばならないのであるから、かなり割引かれて評価されてもやむを得ない。もちろん実際面で、関東から米が運ばれることなどはなかった。

史料を調べると庸米の価格は地域によらず同一価である。だから運送費の嵩まぬ近国では物納、比較的に遠い国からは銭納であり、そこには経済原則が成り立っている。

一方、租穀の場合をみてみると、その評価は、下野国の一斗当り三文（米換算六文）から近江国の二十五文（米換算五十文）まで、極端な差がある。概観してみても、遠国の租穀ほど銭価が低く示されている。

このような事実は、禄物価法にも当然反映されるはずである。なんとなれば、禄物価法の換算表は、平安京の貴族階級や官吏を対象としているものである。その証拠に、五位よりも上級の貴族が、禄を給う場合、もし駿河や信濃や能登や伯耆よりも遠国の場合は、国が運賃を負担することが明示されている。

禄物価法に示された鉄価すなわち原島氏の「鉄価地図」が、東で表示されていることに注意すれば、それは相対的な表示であり、鉄が高いのか租穀が安いのか区分し得ないことに気付くはずである。

このように考えると、原島氏の「鉄価地図」が東北や遠国で鉄生産が低調であった証拠とはなり得ないことになる。

平安・鎌倉時代の鉄価問題

平安時代の鉄価については、『延喜式』に鉄・米比価を示す記載がふたつある。第一は、禄物価法の項で、畿内における鉄価は「一挺（三斤五両）五束」とある。

これによれば、鉄一挺は約二キロ、米五束は十五キロであるから鉄価と米価の比は七・五である。前述のようにこれは都での給付基準である。

また、第二は主計上の諸国の調の項で、そこには丁につき「鉄二挺、……、米六斗」とあり、それを等価とすると、鉄二挺（四キロ）と米六斗（三十六キロ）の関係から、鉄価と米価の比は九となる。ここに調は現地納入税であるから、都に比べ米価は割安に評価され、相対的に鉄価が高くなったのであろう。

平安時代の鉄価格については、その他に『平安遺文』中にも散見される。東大寺封物の場合、米一石が鉄五挺で、鉄・米比価にして六である。

また『東大寺修理所修理記』の康平元年の鉄釘素材価格は、挺あたり三十升で、鉄・米比価にして九である。

平安時代後期の例では、久寿二年の「石山寺丈六仏支度」に鉄一挺代二疋の史料がある。仁平二年には、米一石は十疋であった（鳥羽法皇五十歳宝算）ので、ここでも米一石で鉄五挺である。すなわち、鉄・米比価は六である。

鎌倉時代になると、史料が極度に少なくなる。その中では、唯一ともいうべき史料が「筑後鷹尾社宝殿上葺用途日記」である。弘長三年の本史料には「鉄五束（但十二貫用途五石）但釘料」の記事がある。これは、鉄五束の重量が十二貫で、その代金が五石と理解できるので、鉄・米比価は六・六七となる。

鎌倉時代の鉄価について、もうひとつの史料は弘安八年の「筑後瀬高下荘鎮守宝殿修理用途注進状」で、そこには「鉄一束代八百文」とある。ここに用いられた束の重量がわからないが、もし弘長三年の「筑後鷹尾社」の場合と同一なら二・五貫である。この推定が正しければ、この頃米一石銭一貫であるから、鉄価と米価の比は五・一二と計算される。なお、正応二年の「東大寺修理新造等注文案」に「鉄三十七束百廿九丁」の記載がある。鉄三十七束が百二十九丁（挺）の重量と読むならば、束は七キログラムすなわち約二貫である。上述の推定を裏付けるものといえよう。

以上のように、これらの資料でみるかぎり、平安時代から鎌倉時代にかけての鉄価と米価の比は、ほぼ六〜八と考えて大過ない。この値は奈良時代の鉄価と米価の比とほぼ完全に一致している。

古代鉄価の国際比較

日本の古代鉄価について、米価との比を六〜八と算出したが、この値について国際比較をしておきたい。まず古代中国ではどうであったろうか。

中国の前漢代の物価を示すほぼ唯一の史料である『史記』貨殖伝に、百万銭と等価な財貨として、穀物千鍾（鍾は十斛すなわち千升で、容積二百リットル、重量百五十キロ）、漆器千枚、銅器千鈞（鈞は三十斤、七・五キロ）、鉄器千石（石は百二十斤、三十キロ）、馬二百匹、牛五百匹、丹沙千斤（二百五十キロ）、絹布・真綿・細麻布千鈞、棗栗三千石とある。これに基づくと鉄器価と穀物価の比は五である。漢代の鉄器は鋳鉄を意味するので、これを鉄価と読み替えて鉄価と米価の比を五とみることができよう。

唐代の鉄価を示す史料はほとんどないが、七世紀初頭の高昌国で、钁鉄一文／斤、調鉄四文／一斤五両との史料がある。钁鉄は鍬用で鋳鉄と思われ、調鉄は錬鉄であろう。一方、七世紀初の米価は貞観三年に豊作で三～四文／斗である。平年作の場合を五文／斗（五キロ）として、米鉄比価を求めると、鉄素材の調鉄で鉄価と米価の比は四・八である。

更に北宋になると、鉄価は慶暦八（一〇四八）年に、毎斤二十四～二十五文とあり、また熙寧七（一〇七四）年に二十文の例がある。この頃の米価は平均的にみれば斗（五キロ）当たり五十文であるから、鉄価と米価の比は四～五である。

一方、古代の西洋社会における鉄価を示す史料はまだ探し出すことができないでいる。最も古い例としては英国エドワードⅡ世の治世（一三一二～一三七七年）の鉄価がハンドレットウェイト（五十・八キロ）当たり七シリングとある。また十四世紀前半の小麦価格についても八ブッシェル当たり六・三シリングとある。八ブッシェルは一クォーターであり、二百九十リットルすなわち二百二十キロ程度である。したがって鉄価と穀物価の比は四・八である。

以上を総括すると、中国や英国の古代社会あるいは中世社会では、鉄価と米価の比がほとんど五近辺に分布していることがわかる。日本の古代社会においても、鉄価と米価の比が六〜八と算定されており、やや高めであるが、ほぼ一致していることに注目する必要があろう。

なお、日本の江戸時代の鉄価と米価の比はおおよそ二である。一見無関係にもみえる鉄価を歴史的地域的に評価することの有意性がここに示されたといえるであろう。

したがって、このような延長線上で古墳時代の鉄価をみると、おぼろげながら想定できる。それは古墳時代の製鉄遺跡と奈良・平安時代の製鉄遺跡の規模を比較することで精度をたかめることができよう。すくなくとも古墳時代後期には鉄とお米の比は十倍程度だったのではなかろうか。これが古墳時代前半でどのくらいだったのかが興味あるところであるが、筆者は二十倍程度だったのではないかと想像している。

エピローグ

物書きには、読んでもらえることを書くタイプと、読んでもらいたいことを書くタイプと、書きたいことを書くタイプがある。私は無条件に書きたいことを書くタイプである。

お読みいただいて、辟易されたであろうか。そうだったかとも思う。そうではなかったかとも思う。

プロローグで、考古学は人間の営みを対象としているため、政治、経済、社会、文化から理学、工学、医学、農業、漁業、繊維、土木建築などに至るまでほとんどの分野の方が、専門分野から参加できると述べた。しかもロマンと推理の楽しみが溢れている。だから考古学は、国民的に最も人気のある、開かれた学問分野だと思っている。

ところが、考古学を専門としている考古学界は必ずしも開かれてはいないように見受ける。旧説を守ろうとする力が最も強いのが考古学界で、新学説を無視しては、在野のアマチュアに大きな業績を持っていかれている。他人の「持ち歌」は歌わぬ風習があるので、必要がなければ他人の研究に口を出さない。特に特殊知識を持つ専門家は、一般考古学者からの厳しい批判に晒されることが少なく、過去の間違いを修正できずにいる場合がある。

本書は、考古学上の争点をめぐって、筆者が如何にして定説と付き合ってきたかの歴史である。

青銅器鉛産地定説、三角縁神獣鏡魏鏡説、弥生五百年遡上説、高麗尺定説、製鉄古墳時代開始説、古代間接製鉄法、硫化銅鉱使用説など、よくも批判ばかりしてきたものだと思う。日本で初めて実証主義を唱えた重野安繹氏は、根拠の曖昧なものは全て切り捨てて「抹殺博士」との異名を奉られたが、筆者も似ているのかも知れない。しかし、筆者は、主観的には、好奇心の赴くところに従っただけのことだと思っている。目的が、批判よりも新たな学説の展開にあったことは、ある意味で十分にご理解いただけたかと思う。

視点を変えて考古学をみる。それは、今の私達にとって何も特別なことではなく、自分の専門分野から考古学を覗いてみることだと思う。意外に面白いテーマがころがっていて、何かを発信してみたくなるはずである。そう感じて下さった方は、筆者の一方的な語りにそれほど辟易されなかったのではなかろうか。それと共に、本書では筆者の「二毛作人生」についても、ところどころで紹介してきたので、共感して下さった方も居られると思っている。

本書は、すべて学術論文として発表済みの論文を再編集したものであるが、結構楽しい作業であった。こちらが楽しいと思った分だけ、あるいは関係者が不愉快な思いをされたかも知れない。内容的にはすべて論文上で書いたことであり、批判的なことがあっても、それは個人的なことではない。固有名詞を必要最小限にとどめたのは、多少の配慮のつもりである。引用文献についての記載も煩雑さを避けるため、最小限としているが、原典等については、巻末に示した筆者の関連論文に明記されているので、参照願いたい。

最後に、アマチュア研究者としての気持ちをひとつ。いつか一度は考古学を職業とする方々に、こんな文章を書いてみたいと思っていた。

有力な仮説があると、みんなで引用する。みんなが引用するから、おそらく正しいのだろうと次の研究者もそれを引用している内に仮説がいつのまにか定説になる。それに異を唱えるアマチュアがいると冷笑を浴びせる。かくして定説が肥大化する。

しかし誰かがいった。軍隊と研究は多数決がなじまないと。私も想う。研究は最も高尚な遊びだと。いうなれば、アルバイトをしながら、売れない小説や絵を書いているところに研究の醍醐味がある。だから職業的な研究者は自戒すべきだ。本来は高尚な遊びなのだから、研究費も自弁すべきものなのに、多額の研究費の他に、給与さえ貰っていると。それがアマチュアの研究に冷笑を浴びせるとは何事かと。

要は考古学を職業としている方々が、如何にめぐまれているかを述べたかっただけであるが、ちょっと過激すぎたかも知れない。

筆者は、職業生活を終えてからも、韓国の若い学生たちと新鮮な毎日を送り、年平均で四篇の論文を発表し続けている。このようなエキサイティングな「二毛作の人生」は、まちがいなく妻・和子の「早く会社を卒業して、韓国にいってらっしゃい」という言葉で始まった。私が嬉々としているのを喜んで見守ってくれている妻には本当に感謝している。また私の韓国行きの願望を快く受け入れて下さった韓国国立慶尚大学の故・姜東湖教授（元法学部長、日本文化研究所長）をはじめ、職場でご一緒願っている材料工学部の許甫寧教授、厳龍洙教授にも、心からお礼申し上げたい。足掛け七年間に渡る日韓の往復生活の中で生まれた友人は、会社時代の友人よりも多い。それを書くと、またもう一冊の本が必要である。

最後になってしまったが、本書の出版にあたっては、古代史・考古学の大先達である大和書房の大和岩雄氏から声をかけていただき、編集面では制作部の佐野和恵さんと小野春枝さんに大変お世話になった。あまり制約のないなかで、のびのびとした気分で本書を作り上げることができて、心から感謝している。

第一章に関連する筆者の論文

「鉛同位体比による青銅器の鉛産地推定をめぐって」『考古学雑誌』八五巻二号（二〇〇〇）。

「三角縁神獣鏡・泉屋博の解析方法は重大な誤り」『邪馬台国』八七号（二〇〇五・四）。

「鉛同位体比から見た三角縁神獣鏡の製作地」『情報考古学』十一巻一号（二〇〇五）。

「鉛同位体比から見て三角縁神獣鏡は非魏鏡」『東アジアの古代文化』一二九号（二〇〇六・秋）。

第二章に関連する筆者の論文

「炭素十四による弥生時代遡上論の問題点」『東アジアの古代文化』一二七号（二〇〇六・春）。

「炭素14年較正問題の研究課題」『古代学研究』一七七号（二〇〇七）。

「鉛同位体比から見た弥生期の実年代に関する一試論」『考古学雑誌』九一巻三号（二〇〇七）。

第三章に関連する筆者の論文

『まぼろしの古代尺・高麗尺はなかった』吉川弘文館（一九九二）。

「『考工記』の尺度について」『計量史研究』一九巻一号（一九九七）。

「《三国史記・遺事》記事による新羅王京復元と古韓尺」『百済研究』三六輯（二〇〇二）。

「結負制の復元と代制の起源」『韓国古代史研究』三十号（二〇〇三）。（韓文）

「出雲風土記の里程に現れた古韓尺」『百済研究』三七輯（二〇〇三）。（韓文）

「古墳築造企画と代制・結負制の基準尺度」『考古学雑誌』八八巻三号（二〇〇四）。

「古代日韓の土地制度における基本尺度」『計量史研究』二六巻二号（二〇〇四）。

「高麗尺説論拠の総合批判」『朝鮮学報』一九五輯（二〇〇五）。

第四章に関連する筆者の論文

「古代日本に間接製鉄法があったか」『ふぇらむ：鉄鋼協会誌』五巻十号（二〇〇〇）。

「日本の古代鉄価とその国際比較」『鉄と鋼』九一巻一号（二〇〇五）。

「鉄滓・鉄遺物の分析をめぐって」『鉄鋼協会・鉄の歴史』（二〇〇三・六・一五）。

On Criterion for Smelting or Refining Slag in Ancient Iron Making, 5th BUMA, Gyeongju, Korea, 2002

「金属生産量の歴史（2）銅」『バウンダリー』（一九九九・二）。

「奈良大仏の銅の製錬」『バウンダリー』（二〇〇〇・三）。

「梵鐘と銅産の推移」『バウンダリー』（二〇〇〇・五）。

理系《りけい》の視点《してん》からみた「考古学《こうこがく》」の論争点《ろんそうてん》

2007年8月20日　第一刷発行

著者———新井《あらい》　宏《ひろし》
発行者——南　暁
発行所——大和《だいわ》書房
東京都文京区関口1-33-4
電話 03(3203)4511　振替 00160-9-64227
本文印刷——信毎書籍印刷
カバー印刷－歩プロセス
製本———田中製本印刷
装丁———福田和雄

ISBN978-4-479-84068-8

http://www.daiwashobo.co.jp